KB058609

뇌 속에 또 다른 뇌가 있다

뇌 속에 또
다른 뇌가 있다

장동선 지음 | 염정용 옮김

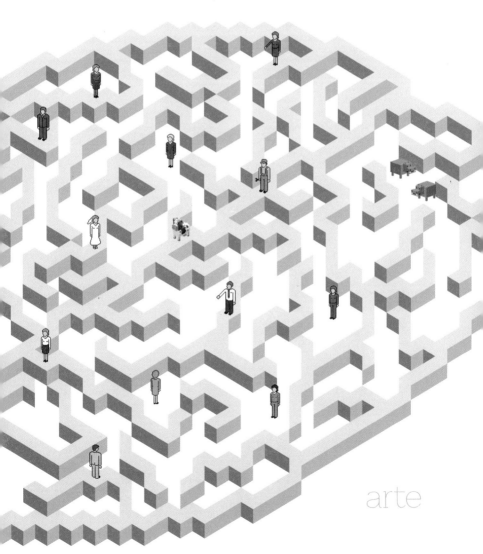

arte

이것은 과학을 하나의 이야기로 풀어 보려는 시도입니다.

당신이 동의할지 모르겠지만, 과학의 일부는 늘 세상의 수많은 지식들을
아주 작은 단편들로 간추려 재미있는 이야기로 만들려는 시도였기에.

늘 그래 왔고, 앞으로도 그리하겠지만, 우리의 뇌는 이 우주의 방대한
지식들을 있는 그대로 담기에는 너무나 작고도 미미한 존재이기에.

그럼에도 불구하고 어느 순간에도 결코 상상의 나래를 멈추지 않기에.

발렌티노 브라이텐베르크 Valentino Braitenberg

'나'는 누구일까요? '나'는 나의 뇌일까요?

'나', 그러니까 나의 자아는 통째로 나의 뇌 속에 있을까요?

어떤 뇌과학자들은 그렇게 믿습니다. 심지어 우리 뇌 속 모든 신경세포들 사이의 신호들을 그대로 복사해서 컴퓨터에 입력하면 컴퓨터에 우리의 자아를 복사할 수도 있다고 믿지요. 그렇게 믿기에 그러한 가능성을 열심히 연구하기도 합니다. 하지만 아직까지 그것은 (아무리 뇌과학자의 믿음일지라도) 단지 믿음에 불과합니다. 왜냐하면 다른 뇌과학자들은 그렇게 생각하지 않거든요. 인간의 뇌는 특별하다고, 기계에 '나'라는 자아를 복사하는 것은 불가능하다고.

나는 후자에 속하는 뇌과학자입니다.

'나'라는 존재는 결코 뇌 속에서만 찾을 수는 없습니다. 왜 그렇게 생각하는지 그 이유들을 '뇌 속에 또 다른 뇌가 있다'에 담았답니다. 무슨 말을 하려는지 궁금한가요?

모든 뇌과학자들과 의학자들, 생물학자들이 '뇌 속에 또 다른 뇌가 있다'는 말에 동의할 것입니다. 우리가 흔히 말하는 '뇌' 속에 또 다른 많은 뇌들이 존재하는 것은 엄연한 사실이거든요. 대뇌, 소뇌, 간뇌, 중뇌, 교뇌, 연수……. 하지만 이보다 더 중요한 사실을 알리고 싶습니다. 우리의 뇌 속에는 수없이 많은 다른 사람들의 뇌가 존재한다는 사실을요. 우리의 뇌는 마치 거울에 비친 거울과도 같습니다. 쉴 새 없이 분주한 우리의 뇌가 가장 많이 노력하는 일은 다른 사람들을 이해하려는 일입니다. 다른 사람들을 공감하고, 예측하고, 소통하기 위해서 우리의 뇌는 발달했거든요. 그렇기에 우리의 뇌 속에는 늘 '다른 사람들의 뇌'라는 또 다른 뇌가 있습니다. 단순히 비유가 아니라 실제로 우리의 뇌는 다른 사람들의 뇌를 복사해서 우리의 뇌 속에 넣고 늘 연구하고 있습니다. 다른 뇌들은 어떻게 작동할지, 어떠한 생각을 할지, 어떠한 감정을 느낄지를요. 우리의 뇌가 이렇게 다른 사람들의 뇌를 탐색하지 않는다면, 그들로부터 배우지 않는다면 우리는 아마 그 누구와도 소통할 수 없고, 이해받을 수 없는 우울한 존재로 전락하고 말 것입니다.

놀랍지 않은가요? 우리의 뇌 속에 '나'라는 존재만이 아니라 수많은 또 다른 뇌가 공존하고 있다는 사실 말이에요. 그런데 가만히 생각해 보면 당연한 이야기이기도 합니다. 제가 처음에 물어봤죠. '나'는 누구일까요? 그런데 이 질문에 누가 가장 잘 대답할 수 있을까요? 그것은 아마도 나 자신이 아니라, '나'라는 존재를 알고 있고 기억해 주는 주변 사람들일 것입니다. 왜냐하면 그들의 뇌도 '나'의 일부를 담고 있고, '나'의 일부를 따라 하고 있고, '나'라는 사람을 소중하게 기억해 주고 있거든요. '나'라는 사람은 하나이지만, 제각각 조금씩 다른 수많은 '나'라는 존재가 나를 알고 기억하고 사랑하는 사람들 속에 존재하고 있답니다. 정말 놀랍고도 멋진 일이죠!

이런 '나'는 혼자일 때 행복하지 않습니다. 무엇보다 사랑하고 아끼는 다른 사람과 함께 있을 때 행복을 느낍니다. 왜 그럴까요? 그것은 바로 우리의 뇌가 '사회적 뇌'로 진화했기 때문입니다. 좀 더 쉽게 말하자면, 우리의 뇌는 다른 사람들과 함께 공동생활을 하기 위해 최적화된 뇌이고, 그래서 제대로 소통하고 상호작용을 할 수 있는 또 다른 뇌가 있을 때 행복감을 느끼는 거랍니다. 우리 모두는 이미 알고 있잖아요, 우리가 이해받을 수 있을 때 얼마나 행복한지, 그리고 오해받을 때 얼마나 괴로운지를요. 우리의 뇌도 늘 그렇게 또 다른 뇌에게 인정받고 이해받기를 원합니다. 그래서 뇌 속에 또 다른 뇌가 있는 것입니다.

이 책은 원래는 독일 독자를 상대로 쓴 책이기에 몇몇 예들이 한국 독자에게는 어색하지 않을까 조금 염려가 되기도 합니다. 하지만 이 책에서 제가 말하고 싶었던 메시지를 먼저 살짝 말씀드릴 테니 너그럽게 책장을 넘겨 주세요.

우리 모두는 한 사람 한 사람이 특별합니다. 아주 특별한 뇌를 가졌거든요. 우리의 뇌는 다른 사람 없이는 살지 못합니다. 우리에게 가장 중요한 존재는 다른 사람들이고, 다른 사람들을 통해서야 우리는 진정으로 행복해질 수 있습니다.

이제 여러분의 뇌도 이 책을 통해 특별하고 즐거운 경험을 할 수 있기를 바랍니다.

행복하세요!

2017년 3월
장동선

나를 찾는 여행, 매혹적인 뇌과학

당신은 남들이 당신을 어떻게 생각하는지 궁금한가요? 그렇다면 잠시만 기다리세요. 얼른 두뇌 스캔 기기를 준비하고 서둘러 실험 참가자 몇 명을 투입해서 그들의 뇌를 살펴보겠습니다. 그렇게 하면 그들의 생각을 알아낼 수 있습니다. 우선 당신의 애인부터 알아보는 것이 좋겠습니다. 당신과 가장 가까이 있는 인물이니까요. 당신은 사랑하는 애인의 뇌에서 어떤 일이 일어나는지 무척 궁금할 것입니다. 실은 당신의 애인에게 미리 다음과 같은 질문을 제시했습니다.

- 당신은 애인을 신뢰하나요? (당신도 언젠가 바람을 피울까요?)
- 당신은 신의 존재를 믿나요? (당신은 다른 종교를 믿는 사람들과 무신론자들에게 벌을 주고 싶은가요?)
- 당신은 외국인을 좋아하나요? (아니면 오히려 외국인이 없는 곳에서 살고 싶은가요?)

뭐라고요? 이 질문에 당신 애인이 어떻게 대답할지 예상할 수 있다고요? 좋습니다. 그렇다면 당신의 추측이 맞았는지 당장 확인해 봅시다. 아, 두뇌 스캔 기기가 벌써 결과지를 내보내고 있군요. 잠시만 기다려 주세요. 이제 곧 답을 얻게 될 테니까요. 그 내용은……. 어, 이봐요! 어디 가세요? 기다려 보세요! 아니, 당신 애인이 당신을 어떻게 생각하는지 그 정도로까지 정확히는 알고 싶지 않다는 건가요?

안심해도 좋습니다. 두뇌 스캔 기기로 머릿속을 들여다보는 것이 그리 쉽고 간단한 일이 아닙니다. 오히려 시간이 엄청나게 오래 걸립니다. 철저히 준비한, 엄격히 제한된 실험 조건하에서만 돌아가니까요. 그렇게 해서 뇌 속을 들여다보더라도 고작 몇 가지 답만 얻을 뿐입니다.

최근에 두뇌 스캔 기술이 놀랍도록 발전한 것은 사실입니다. 우리는 당신의 머릿속에서 벌어지는 일들에 관해 몇 가지 사실을 알아낼 수 있게 되었습니다. 당신을 스캔 기기 속에 넣고 뇌의 활동을 관찰한다면 말입니다. 이를테면 우리는 당신이 지금 보는 영화의 어떤 장면을 보고 있는지 아주 정확히 알 수 있습니다. 또는 당신의 두뇌 활성화 패턴을 통해 당신이 보는 사진 속의 인물이 안경을 쓴 남자인지, 아니면 턱수염을 기른 남자인지도 알 수 있습니다. 심지어 당신이 바람을 피우는 경향이 있는지, 신의 존재를 믿는지 혹은 인종차별 성향을 가지고 있는지도 놀라울 정도로 정확하게 알아낼 수 있습니다.

이 모든 기술에도 불구하고 우리가 할 수 없는 것도 있습니다. 가령 당신이 실제로 바람을 피우는지, 실제로 신의 존재를 믿는지 또는 실제로 인종차별을 하는지에 관해 판단하는 일입니다. 그것은 결국 당신의 뇌가 결정하는 문제니까요. 당신의 뇌는 또 다른 뇌를 가지고 있기 때문입니다.

우리는 실험을 하는 동안, 날마다 그리고 매 순간 우리 뇌 속에서 벌어지는 과정들의 극히 일부분만 관찰할 수 있을 뿐입니다. 하지만 나는 뇌과학의 최신 발견들에 줄곧 매료되었습니다. 왜 사람들은 동일한 사안이나 사물을 서로 다르게 지각할까요? 이런 차이는 실제로 존재하는 것일까요, 아니면 우리가 그냥 그렇다고 믿어 버리는 것일까요? 왜 유럽인들에게는 아시아인들이 다들 비슷하게 보일까요? 종교를 믿는 사람들은 세상을 무신론자들과는 다르게 볼까요? 인종차별 행위는 정말로 '치료'할 수 있을까요? 예를 들어 인종차별 성향을 지닌 사람들을 가상현실 속에서 외국

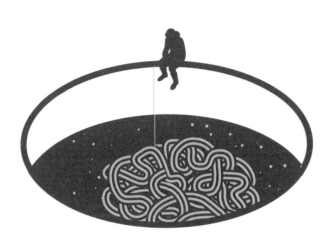

인의 몸속에 집어넣어 그들의 인식을 변화시킨다면 치료가 가능할까요? 우리는 살아가면서 대체 왜 그토록 많은 시간을 남들이 무엇을 하는지 지켜보는 것으로 보낼까요? 남들이 나를 어떻게 생각하는지에 관해 왜 그토록 관심을 가지는 것일까요?

이 책을 통해 나는 여러분에게 우리의 지각과 생각 중에서 가장 매혹적으로 여겨졌던 그런 특성들에 관해 이야기하려고 합니다. 우리는 이제 막 세상을 알아 가는 신생아에서 시작할 것입니다. 아기가 주변 환경의 그토록 많은 서로 다른 신호들을 받아들여 해석하는 법을 어떻게 배우는지 추적합니다. 그 신호들을 어떻게 범주로 나누기 시작하는지도 살펴봅니다. 아기가 어떻게 자기 자신을 독자적인 존재로 인식하는지도 알아봅니다. 아기가 어떻게 다른 사람들과 상호작용을 하며, 사회와 자신의 문화에 어떻게 통합되는지도 확인할 것입니다. 다음으로 우리가 어떤 방식으로 집단과 공동체를 형성하고, 이 집단과 공동체가 서로 어떻게 교류하는지도 조사합니다. 이러한 과정에서 문화와 종교가 협동하는 데 어떤 기능을 하는지, 또 우리 뇌 속에서 벌어지는 일들에 어떻게 영향을 미치는지도 살펴볼 예정입니다.

우리의 뇌는 항상 해명을 추구합니다. 세상이 어떻게 돌아가는지, 우리 자신은 어떻게 기능하는지, 다른 사람들은 어떻게 활동하는지에 대한 해명 말입니다. 하지만 각자의 뇌는 자기만의 답을 찾아냅니다. 각자의 뇌는 살아가는 동안 서로 다른 경험을 하며, 선호하는 것도 서로 다르기 때문입니다.

우리가 우리 자신의 뇌를 들여다보는 것은 흥미로운 일입니다! 정말이지 그렇습니다. 우리가 어떻게 주변 환경과 주변 사람들을 그렇게 판단하는지에 관해 어떤 인상을 얻을 수 있기 때문입니다.

자신을 알아 가는 이 탐사 여행을 하면서 여러분이 즐거운 시간을 보내길 바랍니다.

2016년 6월, 튀빙겐에서
장동선

| 차례 |

흰색-황금색, 파란색-검은색 옷과 투명 고릴라

같은 것을
보고도
우리는 왜
다른 세상을
경험하는가

그 어떤 것이든 우리가 세상에서
보거나 듣거나 경험하는 모든 것은
한 사람 한 사람에게 특별해.
네가 인지할 때에서야 비로소 이 세상은 만들어지거든.

더글러스 애덤스 Douglas Adams

우리가 세상에 태어나던 첫 순간을 기억할 수 있다면 과연 어떤 모습일까요? 우리 인생의 첫 순간은 아마도 하나의 빅뱅big bang으로 시작했을 것입니다. 따뜻하고 아늑한 어머니의 자궁 속에 있다가 갑자기 차가운 바람이 매섭게 몰아치는 비정한 세상 속으로 떠밀렸으니까요. 글자 그대로 우리는 세상에 '눈을 뜨기' 시작한 것입니다.

'어머니'라는 럭셔리 호텔에서 지낼 때는 깜깜해도 다른 것에 신경 쓸 필요 없이 포근했지만, 세상에 나오는 순간 갑자기 사방에서 환한 빛이 밀려들기 시작하니까요. 갑작스러운 충격에서 헤어 나오려 노력하면서 그 빛 안에는 형태form, 색color, 모양figure과 같은 수많은 정보들이 들어 있다는 것을 어린 아기의 뇌는 차근차근 배워 나가야 합니다. 태어난 후 처음 몇 주 동안 우리 뇌는 이토록 엄청나게 많은 새로운 정보를 접하고 어마어마하게 많은 새로운 과제들을 소화해야만 하죠. 아마도 아기의 뇌는 당장이라도 편안하고 익숙한 어머니의 자궁으로 돌아갔으면 하고 간절히 바랄지도 모릅니다.

하지만 우리는 이미 다시는 되돌아갈 수 없는 길을 시작했습니다. 삶은 늘 앞으로만 나아가고, 시간을 되돌려 다시 뒤로 돌아갈 수는 없으니까요. 그렇기 때문에 일단 태어난 다음 우리의 뇌에게는 더 이상 고민할 여유가 없습니다. 이제는 주변의 수많은 정보들과 쉴 새 없이 맞닥뜨리는 새로운 상황에 가능한 한 잘 적응해야만 하거든요. 결코 쉬운 일은 아니죠. 세상은 온갖 정보로 가득 차 있기 때문입니다.

뇌에게는 배워야 할 것들이 너무나도 많습니다. 밝고 어두운 명암, 수많은 색깔, 크고 작은 소리들, 높고 낮은 음, 좋고 싫은 냄새, 거칠고 부드러운 감촉……. 이 모든 정보들을 접하는 것은 우리 뇌에게는 마치 대규모 심포니 오케스트라가 리허설하는 모습을 지켜보는 것과 비슷합니다. 악보나 지휘자도 없는 상황에서 조율되지도 않은 악기로 말이에요. 음들이 서로 맞지도 않고, 따로따로 구분되지도 않은 채, 각양각색의 소리로 먹먹하게 들려올 뿐이지요.

많은 시간이 지나고 수많은 연습들이 거듭되고서야 우리 뇌는 차츰 각각의 음들이 서로 다른 악기들에서 나오는 것이고, 그 악기들 중에는 바이올린이나 첼로와 같은 현악기도, 플루트나 클라리넷 같은 관악기도, 그리고 하프나 첼레스타 같은 신기한 악기도 있다는 것을 알게 됩니다. 악기들은 차츰 조율이 되고, 제각각이던 음들은 하나의 멜로디와 하모니로 변하는 것이지요. 이 모든 것을 우리 뇌는 세상에 태어난 처음 몇 주나 몇 달 안에 배워야만 합니다. 언젠가 자신이 이 오케스트라의 지휘자가 될 수 있으려면 말이죠.

'에이, 누구나 어차피 다 배우게 되는 거 아닌가?' 세상을 인지하는 것이 별로 어렵지 않은 것 같나요? 다양한 악기의 음색을 배우는 것은 그렇다 치더라도, 색깔을 구분하는 것은 어느 누구라도 금방 하니까요. 빨간색은 빨간색, 파란색은 파란색, 초록색은 초록색쯤은 어린아이도 알고 있잖아요? 아마 대부분의 사람들이 이렇게 생각하지 않을까요? 색깔을 보는 건 아주 단순한 문제이고, 우리 모두는 똑같은 색을 보고 있다고요. 그런데 색깔을 인지하는 것이 정말 그렇게 단순한 문제일까요?

그렇지 않습니다!

이상하게 여겨지겠지만 당신이 보고 있는 빨간색과 내가 보고 있는 빨간색은 사실은 서로 다른 색입니다. 여러분 중에 물리학자가 있다면 빨간색의 정의부터 짚고 넘어가자고 하겠죠? 물리적으로 봤을 때 빨간색은 전자기 스펙트럼에서 빛의 파장이 630나노미터에서 700나노미터 사이에 해당합니다. 뭐, 맞는 말이긴 합니다. 그러나 뇌과학자들은 이 빨간색의 정의에 동의하지 않을 것입니다. '지각perception'과 '인지cognition'의 과정 없이는 우리의 뇌가 '빨간색'이라는 색깔 자체를 알지 못하기 때문입니다. 따라서 빨간색의 정의에는 빨간색에 해당하는 파장을 가진 빛이 우리 눈에 도달하고, 우리 눈이 뇌에게 현재 빨간색을 보고 있다고 전달할 때 우리가 인지하는 빨간색을 포함시키는 것이 더 정확하겠습니다. 말하자면 우리가 받는 빨간색에 대한 느낌입니다. 그런데 이 느낌은 사람에 따라 매우 다양하다는 사실을 뇌과학자들이 밝혀냈습니다. 똑같은 물리적 빛의 파장을 보더라도 한 사람 한 사람이 느끼는 빨간색은 또 다른 문제라는 거죠.

재미있는 것은, 정확히 똑같은 물리적 특성을 가진 빛의 파장(예를 들어, 650나노미터)을 100명에게 보여 주더라도, 그들이 인지하는 색깔(예를 들어, 빨강)은 100명 모두가 조금씩 다릅니다. 이미 몇 십 년 전부터 뇌과학자들이 이러한 연구들을 해 왔는데, 똑같은 빛의 파장을 보여 주더라도 여러 사람의 뇌에서 공통되게 똑같이 반응하는 세포의 신호는 없었습니다. 이상하죠? 700나노미터라면 분명 '빨강'이어야 하고, 눈에도 이 파장에 반응하는 원추세포가 있으며, 또 우리가 '빨강'이라고 인지하긴 하니까, 뇌에도 그 '빨강'에 반응하는 신경세포의 신호가 있어야 할 텐데, 왜 공통의 신호를 찾을 수 없었던 걸까요? 답은 의외로 간단했어요.

먼저 여러 종류의 빨강을 보여 준 다음에, "당신에게는 어떤 색깔이 정확히 '빨강'이라고 느껴집니까?"라고 하는 테스트를 먼저 해서 '가장 정확한 빨강이라고 인지하는 색'을 각각의 사람들에게서 찾아내고, 그에 해당하는 빛의 파장(650나노미터에서 750나노미터까지 참가자마다 제각각 다른 파장)을 보여 줬더니 우리가 '빨강'이라고 느끼는 공통적인 신호를 찾을 수 있었다는 거예요. 즉, 똑같은 물리적 특성을 지니고 있는 사물이라 할지라도 우리 인간이 '인지'하는 특성은 제각각 다르다는 것이죠. 이것이 바로 인간의 뇌가 사물을 인지하는 방식이 로봇 또는 컴퓨터와 다른 가장 큰 이유 중의 하나예요. 로봇이나 컴퓨터는 정직하게 사물의 물리적 특성을 코딩하지만 인간의 뇌는 그것을 보다 유연하게 코딩해요. 왜 그럴까요?

다시 '빨강'의 예로 돌아가서, 우리의 경험을 한번 돌아봅시다. 예쁜 빨간색 드레스를 샀는데, 이 드레스를 낮에 보았을 때와 밤에 보았을 때 그 색깔은 같을까요, 다를까요? 백화점 진열대에서 보았을 때 보이는 빨간색의 밝기와 저녁에 집에 돌아와서 안방에서 입어 봤을 때 보이는 빨간색의 밝기는요? 그 색깔의 물리적 특성(즉, 빛의 파장, 명도, 채도 등)은 분명히 다릅니다. 그러나 우리가 인지하는 색깔은 늘 '빨강'입니다. 이를 인지과학에서는 '색의 항상성color constancy'이라고 부르죠.

우리의 뇌가 색깔을 이와 같이 코딩하는 이유는 간단해요. 만약 서로 다른 파장의 색을 모두 각각 다른 색으로 인지한다면, 우리의 뇌가 저장해야 하는 정보량은 말도 안 되게 늘어나기 때문입니다. 또한 낮과 밤에 각각 서로 다른 색을 본다면, 사람들의 얼굴도 매 순간 달라 보이지 않을까요? 그건 우리의 삶을 훨씬 불편하게 만들겠죠. 그래서 진화생물학적으로 보았을 때, 우리의 뇌는 가장 유연하고 효율적인 방식으로 외부 사물들의 특성을 코딩하게 된 거죠. 환경이 변하더라도, 빛의 세기와 주변의 상황이 바뀌더라도 사물들의 기본적인 특성들을 효율적으로 알아볼 수 있게 말이죠. '색의 항상성'은 그래서 중요합니다. 그리고 이것이 시각

세포 등에서 전해 오는 바텀업bottom-up 신호들을 뇌가 효과적으로 걸러 내야만 하게 되었고요. 따라서 어떠한 새로운 정보가 들어올 때 뇌 자체에서 톱다운top-down으로 판단을 하고 정보가 들어오기도 전에 빠르게 인지할 수 있게 정보를 처리합니다.

이 문제와 관련해서 2015년에 인터넷상에서 전 세계적인 색깔 논쟁이 일어났습니다. 당시 영국인 케이틀린 맥닐Caitlin McNeill은 자신의 옷을 찍은 특이할 것도 없는 사진을 '텀블러Tumblr'라는 소셜 미디어에 퍼뜨렸습니다.(그림 1) 그 자체로 특별한 일은 아닐 것입니다. 개인 생활의 온갖 자질구레한 일을 기꺼이, 그리고 장난스럽게 인터넷에 올려 인터넷 공동체를 즐겁게 해 주는 사람들이야 얼마든지 있지요. 그런데 그 옷 사진은 그녀가 제기한 질문을 통해 신기한 것으로 탈바꿈했습니다.

'이 옷이 흰색-황금색인가, 아니면 파란색-검은색인가?' 이것이 질문이었습니다.

이로써 갑론을박이 시작되었습니다. 몇 주에 걸쳐 온라인상에서는 이 질문에 대한 정답을 두고 격렬한 논쟁이 들끓었습니다. 독일과 프랑스, 스페인에서 언쟁이 벌어졌고, 중국과 한국, 일본에서 유저들이 치열한 공방을 벌였습니다. 캐나다, 아르헨티나, 미국에서 사람들이 토론을 벌였으며, 심지어 서아시아 지역과 아프리카에서까지 디지털 세상은 순식간에 그 옷과 관련한 색상 논쟁으로 떠들썩했습니다. 흰색-황금색 대 파란색-검은색! 색에 대한 논쟁이 이보다 더 다채로울 수는 없었을 테죠! 정답을 찾는 일도 그리

<그림 1> 이 옷은 흰색-황금색인가, 아니면 파란색-검은색인가?

어려운 일은 아니었을 것입니다.

그런데도 무척 어려워 보였습니다.

아무튼, 인터넷상의 그 무모한 다툼은 대립되는 두 진영 사이의 무승부로 끝났습니다. 자세히 설명하자면, 사람들의 절반은 흰색-황금색 옷으로 보았고, 나머지 절반은 파란색-검은색 옷으로 보았던 거죠. 심지어 일부 사람들은 그 옷을 볼 때마다 색상 조합이 이쪽에서 저쪽으로 바뀐다고 했습니다.

그렇다면 어떤 색깔이 진짜였을까요? 실제로 그 옷은 파란색-검은색 조합이었습니다. 하지만 이 사실은 결코 중요하지 않습니다. 결정적인 논점은 물리학적으로 정확하게 동일한 빛의 파장이 우리 눈에 도달한다 해도 우리는 색에 대해 서로 다른 인상들을 지각한다는 사실입니다. 따라서 양쪽 진영 모두 어느 정도는 옳습니다. 어떻게 이런 일이 가능할까요?

그것은 바로 우리의 뇌 때문입니다!

간단히 말해, 우리 뇌는 자신이 보는 것뿐 아니라 자신이 보고 있다고 믿는 엄청나게 많은 것들까지도 봅니다. 왜냐하면 뇌는 비할 나위 없이 뛰어난 기관이기 때문입니다. 우리 뇌는 경험을 통해 흰색이 항상 흰색으로, 빨간색이 항상 빨간색으로 보이지는 않는다는 사실을 알고 있습니다. 간단한 실험을 해 보면 이것은 명확해지죠. 당신이 딸기-바닐라 아이스크림을 들고 클럽에 간다고 상상해 보세요. (물론, 아이스크림을 손에 들고 도어맨 앞을 통과하는 건 쉽지 않겠지요. 그러나 학문적 연구는 나쁜 일이 아니니까 들어갈 수 있을

지도요.) 클럽의 플로어는 레이저 쇼에 의해 흰색, 빨간색, 초록색 조명이 교대로 바뀝니다. 당신의 아이스크림은 어떤 색을 띠나요?

물리학에 사용되는 정확한 측정 기구를 동원해 봅시다. (이것 역시 클럽 안으로 숨겨 들어가려면 갖은 수를 써야겠지요.) 측정 기구는 흰색 조명이 들어올 때 바닐라는 흰색에 가깝게, 딸기는 먹음 직한 빨간색으로 보인다는 사실을 당신에게 분명히 보여 줄 것입니다. 그러나 빛이 빨간색으로 바뀌는 즉시 그 기구는 전격적으로 자신의 견해를 바꿉니다. 느닷없이 바닐라 아이스크림도 딸기 아이스크림도 빨간색이 되는 것이죠. 색은 더욱 다채롭게 변합니다. 초록색 빛을 받으면 바닐라는 초록색, 그리고 딸기는 검은색이라고 기구는 주장합니다. 물리학적 측정 기구들은 확실히 착각을 일으키지는 않을 테니까요.

실제로도 착각을 일으키지 않습니다. 아이스크림에 닿는 빛 중 일부는 아이스크림에 든 색소에 의해 흡수되고, 그 나머지만 반사되어 눈이나 측정 기구로 돌아오기 때문이죠. 흰색은 모든 색 구성 요소들을 반사하기 때문에 복잡할 것도 없이 주를 이루는 조명의 색을 따릅니다. 이 때문에 바닐라 아이스크림은 레이저 쇼의 흐름에 따라 그때마다 조명의 색을 띠는 것이죠. 그렇지만 빨간색 아이스크림은 빨간색 빛만 돌려보냅니다. 그것에 흰색이나 빨간색 빛이 비치면 모든 것이 정상입니다. 그러나 초록색 빛에는 빨간색 구성 요소가 없고, 그래서 딸기 아이스크림은 빛을 전혀 반사하지 않습니다. 빛이 없으면 우리는 완전히 검은색만 보게 됩니다. 측정 기구 또한 바로 검은색을 '보는' 것이죠.

그런데 우리 뇌는 이 문제에서 훨씬 더 영리합니다.

뇌는 경험을 통해 조명이 달라질 때마다 어떤 영향을 미치는지 배웠고, 그 효과들을 보정해 줍니다. 이 일은 우리에게 물어보지도 않고 자동적으로 일어납니다. 뇌는 물리적으로 정확한 색 대신 '원래의' 색을 보는 것이죠. 이 때문에 우리는 클럽에서 춤을 추는 동안 어떤 아이스크림을 바닥에 흘리는지 바로 알게 됩니다.

그런데 뇌의 이런 탁월한 능력 때문에 우리는 색을 올바르게 지각하지 못할 때도 있습니다. 예를 들면 미국 MIT의 에드워드 H. 애덜슨Edward H. Adelson이 제시한 체스 판의 네모 칸 밝기에 대한 경우입니다.(그림 2) 체스 판의 네모 칸 몇 곳에 물체의 그림자가 있습니다. 우리 눈은 그림자 속의 네모 칸들이 그림자 밖보다 더 어둡다고 봅니다. 동시에 우리 뇌는 흰색 네모 칸들과 검은색 네모 칸들이 있으며, 검은색은 항상 흰색보다 어둡다는 것을 알고 있습니다. 그래서 그림자 속의 흰색 네모 칸은 빛을 받는 검은색 네모 칸보다 더 밝아야만 하는 것이죠. 이것은 전적으로 논리적인 결론입니다. 그러나 이 경우에는 옳지 않습니다. 실제로는 두 네모 칸 모두 밝기가 동일합니다.

말도 안 된다고요? 믿기지 않는다고요? 혹시 당신은 내 말보다 당신 뇌를 더 신뢰하나요? 뭐, 그렇다면 〈그림 3〉을 한번 보시기 바랍니다. 어떤가요? 어떻게 보이나요? 누구의 말이 맞지요? (사실은 나 자신도 끊임없이 이런 착각에 빠져든답니다. 더구나 나는 실제가 어

<그림 2> 어느 네모 칸이 더 밝은가? A인가 B인가?

떤지 잘 알고 있는데도 말입니다. 이처럼 뇌야말로 일단 결정을 내리고 나면 대단히 완고해질 수도 있습니다.)

다시 디지털 세계를 혼란에 빠뜨린 그 옷 이야기로 돌아가 보죠. 옷 사진의 경우에 우선은 빛의 상태가 불명확하고, 색을 판단하기에 유리한 조건이 아닙니다. 사진 전체의 색조가 옅고, 명도조차 그것이 환한 태양 아래서 찍은 것인지 그늘에서 찍은 것인지 알려 주는 바가 전혀 없습니다. 그렇지만 우리 뇌는 이런 불명확한 점들에 속아 넘어가지 않고 말 그대로 눈 깜빡할 사이에 결정을 내립니다. 뇌가 그늘에서 찍은 옷이라고 가정한다면, 눈에 비

<그림 3> 믿어지지 않겠지만 두 네모 칸의 밝기는 같다.

치는 그대로 물리적으로 인식한 빛에서 파란색 계열의 구성 요소를 빼냅니다. 왜냐하면 그늘에서는 파란색 계열의 빛이 주를 이루기 때문입니다. 그러면 흰색-황금색 색상의 밝은 옷의 인상만 남게 됩니다. 한편 뇌가 그 옷을 따뜻하고 약간 노란빛이 도는 햇빛 속에서 찍었다고 가정한다면, 뇌는 더해졌다고 판단되는 노란색 구성 요소를 제거합니다. 그래서 옷은 더 어두운 색, 즉 파란색-검은색 색상이 되는 것입니다.

우리 뇌 연구자들에게 뇌는 단순히 물리적인 측정 기구가 아닙니다. 눈이 보내 주는 모든 영상들을 지금까지의 경험들을 통해

<그림 4> 고양이는 계단을 따라 올라가는가, 아니면 내려오는가?

해석하는 기관입니다. 이것은 색을 인식하는 일에서뿐 아니라 〈그림 4〉가 보여 주는 것 같은 움직임을 해석하는 일에서도 일어 납니다. 우리가 무엇을 보고 있는지는 관찰자의 눈보다는 오히려 뇌의 판단에 달려 있습니다. 그리고 우리 모두의 뇌는 (우리가 이 책에서 끊임없이 확인하게 되겠지만) 제각각 서로 다른 세상을 경험하 고 있기도 하고요.

좀 더 극단적인 경우를 살펴볼까요? 만약 우리의 색 감각을 살짝 바꿔 놓는다면 세상은 어떻게 보일까요? 가령 우리가 빨간색을 더 이상 볼 수 없는 대신 불가시광선 혹은 UV 광선으로도 불리는 자외선은 볼 수 있도록 해 놓는다면 어떨까요? 벌써 눈치챘나요? 나는 당신을 (유전공학을 전혀 사용하지 않고서) 꿀벌로 만들어 주려는 것입니다. 꿀벌에게는 우리의 빨간색이 그냥 검은색으로 보입니다. 꿀벌의 눈으로 본다면 저녁노을은 조금도 낭만적이지 않으며, 검정-빨강-노랑의 독일 삼색기는 위쪽에 두 배나 굵은 검은색 칸이 있는 두 가지 색 깃발로 보일 것입니다. 신호등에서는 검은색이 들어올 때 멈춰 서야 할 것입니다. 조금은 우울한 느낌이 듭니다. 그렇지 않은가요?

그러나 거기에 대한 보상으로, 색 스펙트럼의 다른 쪽에서 새로운 것을 엄청나게 많이 발견할 수 있답니다. UV 광선을 감지할 수 있다면 우리는 특수 전등 없이도 유로화 지폐에 들어 있는 별 모양 위폐 방지 표지를 볼 수 있을 것입니다. 흰 빨래는 더 밝게 보일 것이고, 단색의 꽃들도 순식간에 〈그림 5〉가 보여 주듯이 흥미로운 문양을 나타내겠지요.

위조지폐범에게는 심각한 재앙이 될 일이지만 꿀벌에게는 당연히 멋진 일이지요. 꿀벌들은 UV 광선을 보는 감각을 이용해 소위 허니가이드honey guide들을 찾아내기 때문입니다. 허니가이드는

〈그림 5〉 어떤 꽃을 인간의 눈이 보고, 어떤 꽃을 꿀벌의 눈이 보는가?

꽃잎에 있지만 인간에게는 보이지 않는 것들입니다. 식물들은 그 허니가이드로 여기에 맛있는 꿀이 있다는 신호를 보냅니다. 말하자면 수분을 해 주는 곤충들을 유인하는 꽃의 광고판인 셈이죠.

그런데 꿀벌들만이 자외선을 볼 수 있는 유일한 동물은 아닙니다. 오스트레일리아에 사는 앵무새도 자외선에 전적으로 의존하지요. 적어도 암컷은 그렇답니다. 암컷 앵무새가 짝을 고를 때는 옆 새장 친구와 채팅을 할 때처럼 수다스러운 지저귐 소리에 귀를 기울이지 않습니다. 암컷들은 오히려 열성적인 구애자의 목에 난 반점들이 자외선을 얼마나 아름답게 반사시키는가에 주의를 기울입니다. 이것은 요크 대학의 생물학자 캐스린 아널드 Kathryn Arnold가 상당히 치사한 수법을 써서 알아냈답니다. 그녀는 수컷 앵무새 몇 마리의 깃털에 자외선을 차단하는 선크림을 듬뿍 발라 놓아, 짝짓기하려는 녀석들의 흥행을 망쳐 놓았지요. 그러고 나자, 이 구애자들과 상대하려 드는 암컷이 없어졌답니다. 그러니 이 불쌍한 수컷들은 짝짓기를 하기 위해 몇 배의 노력을 기울여야 했을 것입니다.

우리가 잠시 동물의 세계를 살펴본 것은 당연히 선크림이 유용한가 아닌가에 대해 논쟁하려는 것은 아닙니다. (다행스럽게도 인간들은 자외선을 보지 못하기 때문에, 해변에서 우리 남자들은 여자들의 관심을 끌기 위해 햇볕에 덴 자국을 보여 주며 끊임없이 돌아다닐 필요는 없지요.) 뜬금없이 꿀벌과 앵무새 이야기를 꺼낸 것은 우리의 감각이 우리에게 세상의 일부분만 보여 줄 뿐임을 알려 주기 위해서입니다. 그것도 가시광선의 지극히 적은 부분밖에 되지 않습니다. 자외선 외에도 엑스선, 감마선, 적외선, 극초단파, 전파도 있기 때문이죠.

그렇다면 시각을 제외한 나머지 감각들은 어떨까요? 나머지 감각들도 주변 환경의 한 부분만 보여 줄 뿐입니다. 우리는 초음파(박쥐들의 위치 확인 시스템만 생각해 보아도 될 것입니다.)나 초저주파 불가청음(코끼리들은 원거리 대화를 위해 이것을 자주 사용합니다.)은 전혀 알아듣지 못합니다. 그리고 무수히 많은 냄새들도 우리의 코를 그냥 지나쳐 갈 뿐이죠. (당신의 개는 냄새에 관해 당신에게 몇 시간이나 강의를 해 줄 수도 있을 것입니다.)

우리의 감각들을 통해 얻는 이 얼마 되지 않는 정보조차 너무 과도해서 우리 뇌가 그것을 모두 처리해야 한다면 완전히 과부하가 걸릴 것입니다. 탁자 위의 얼룩, 벽지의 문양, 집 앞에서 빵빵대는 자동차 소리, 참새들이 짹짹거리는 소리……. 이 글을 읽고 있는 동안에도 당신의 감각들은 이런 지각 대상들을 받아들여 뇌로 전달합니다. 그러나 당신의 뇌는 글을 읽는 데에 집중해 있기 때문에 그런 것들은 무시합니다. (당신의 뇌는 정말로 이 책에 집중하고 있지요, 아닌가요?) 뇌는 말하자면 일종의 필터를 개입시키는데, 그것은 그 순간에 중요하고 의미 있다고 분류한 정보들만 통과시킵니다. 이것이 심해지면 당신은 체육관에서 당신 앞을 지나가는 고릴라를 보지 못하고 지나칠 수도 있습니다. 이건 진짜랍니다!

일리노이 대학에서 크리스토퍼 차브리스Christopher Chabris와 대니

얼 사이먼스Daniel Simons는 소위 부주의로 못 알아차리는 현상, 즉 '변화맹'에 대한 실험을 했습니다. 그들은 서로 공을 패스하는 농구 선수들을 비디오로 녹화했습니다. 한쪽 팀에게는 흰색 티셔츠를, 다른 쪽 팀에게는 검은색 티셔츠를 입혔습니다. 실험 참가자들의 임무는 녹화된 화면을 보면서 화면에서 흰색 팀이 공을 몇 번이나 패스하는지 세어 보는 것이었습니다. 그러고 나서 실험 참자들에게 공을 패스한 횟수와 녹화 화면에서 어떤 이상한 것이 눈에 띄었는지 물어보았습니다. 놀랍게도 참가자들의 절반가량이 녹화 화면의 중반쯤에 고릴라 분장을 한 사람이 화면에 나타난 사실을 알아차리지 못했습니다. 그 고릴라 인간은 유유히 체육관 가운데로 어슬렁거리며 걸어가 몇 번이나 가슴을 두드렸고, 그 후에는 선수들을 헤치며 지나갔습니다.

'우리들 가운데의 고릴라' 실험을 친구와 친지 들과 직접 해 보고 싶다면, 그 비디오는 다음 주소에서 찾아볼 수 있습니다. www.theinvisiblegorilla.com/videos.html. (당신은 이제 더 이상 고릴라를 놓치지 않을 것이며, 누군가가 대체 어떻게 놓칠 수 있는지 따져 볼 것입니다. 당신은 고릴라를 보지 못하는 게 이해되지 않는다고 여길지도 모릅니다.)

책에서 비디오를 보여 주기가 쉽지 않으므로 또 다른 실험을 제시하려고 합니다. 〈그림 6〉을 잘 보고 무엇이 보이는지 말해 주면 됩니다.

처음 보았을 때 흰색과 검은색의 추상적인 문양이 보일 것입니다. 두 번째도 마찬가지죠. 뚫어져라 쳐다봐도 대다수 사람들의

〈그림 6〉 이 그림에서 당신은 무엇을 보는가?

<그림 7> 이것은 암소 그림이다!

뇌는 그 문양을 거의 알아볼 수 없습니다. 어떤 부분이 중요하고, 어떤 부분이 그렇지 않은지에 대한 판단의 근거가 전혀 주어지지 않았기 때문입니다. 이제 〈그림 7〉을 자세히 보세요. 자, 이제 당신은 그것을 알아볼 수 있나요?

파란색으로 된 테두리가 바로 뇌가 필요로 했던 보조 수단입니다. 별안간 추상적인 문양에서 암소의 머리가 베일을 걷고 나타납니다. 우리는 곧장 암소라고 생각하지 못한 것이 이상하지요. 무엇보다, 우리가 〈그림 6〉을 다시 한 번 앞에 놓고 본다면 이제는 단번에 암소를 찾아낼 것입니다. 방금 전에는 그것이 왜 그렇게 어려웠을까요?

당신의 뇌가 인지를 하는 데 어떤 부분들이 의미 있는지 미처 몰랐기 때문입니다. 그러나 뇌가 그것을 알고 난 후에는 더 이상 암소를 알아보지 못하기란 거의 불가능하지요. 농구 경기를 할 때 나타난 고릴라도 마찬가지입니다.

인지를 하는 순간, 뇌는 우리에게 전체 그림을 이루는 무질서한 정보들을 다 보여 주는 것이 아니라 뇌가 중요하다고 판단하는 선별된 사항들만 제공합니다. 비록 여기서는 해석하는 순서가 거꾸로 되었지만 말이죠.

청각의 오판은 예를 들면 우리가 노래 가사를 알아들으려고 애쓸 때 특히 재미있을 수도 있습니다. 가수들이 자신의 노래를 통해 감성을 전달하려고 온 힘을 기울여 노력할 때, 노래 가사는 때로 언어 치료를 받아야 할 정도로 끔찍하게 안 들리기도 합니다.

그들의 중얼거림은 불분명해서 어떤 말도 우리의 귀에 쏙쏙 들어오지 않지요. 말과 음악 소리가 뒤섞인 음파가 밀려들면 우리 뇌는 그 뒤죽박죽 혼란 속에서 그래도 어떤 의미를 찾아내기 위해 온갖 노력을 합니다. 뇌는 있는 힘껏 알아들으려 하죠. 그러다가 때때로 뜻은 전혀 다르지만 비슷하게 들리는 단어와 문장을 듣게 됩니다.

예를 들면, 스냅의 〈I've got the Power〉라는 힘찬 노래는 마찬가지로 강력한 'Agathe Bauer(아가테 바우어-잘못 들은 노래 가사를 대표적으로 나타내는 말)'로 변합니다. 그리고 브라이언 애덤스는 자신의 히트곡 〈Summer of '69〉에서 'I got my first real six-string'이라고 부르는 것이 아니라 'I got my first sex-dream'으로 부른다고 고백합니다. 반면에 폴 매카트니의 〈Hope of Deliverance〉는 'Hau auf die Leberwurst(하우 아우프 디 레버부르스트-간소시지를 내리쳐라)!' 버전으로 부르면 확실히 신이 납니다.

연구자들은 우리가 외국어 단어들에 새로운 해석을 붙이는 그런 청각 사고(잘못 알아듣기)를 일본어 표현을 이용해 '소라미미soramimi'라 부릅니다. 우리의 뇌가 자국어에서 말의 갈피를 잡지 못하면 연구자들은 이것을 '몬드그린mondegreen'이라 부릅니다.

아무튼 우리의 뇌는 주변에서 나는 온갖 소리를 다 알아서 잘 걸러 듣습니다. 심지어 잘못 알아들을 때조차도 모든 것을 듣고 있지요. 이것은 결코 당연한 일이 아닙니다. 우리 뇌가 중요한 정보들을 인식하는 훈련을 한다면, 동시에 중요하지 않은 것들을 무시하는 연습도 하는 것이죠. 이것이 심해지면 우리는 객관적으로 존재하는 소리도 존재하지 않는 것처럼 전혀 지각하지 못할 수도 있습니다.

태평양의 한 외딴섬에 사는 원주민의 말에는 우리에게 들리지 않는 몇 가지 음들이 들어 있었습니다. 물리학자들이 음파 측정 기구를 가져다 놓고 그 음들이 들어 있는 말을 원주민에게 말하게 하면 기기는 분명히 그 소리를 측정했습니다. 하지만 그곳에서 태어나지 않은 외부인의 뇌는 그 소리를 조금도 인지하지 못했습니다. 다른 곳의 언어에서는 전혀 사용하지 않는 소리여서 그것을 듣지 못한 거지요. 다른 말로 하자면, 이 원주민들이 말을 할 때 내는 그 소리는 그곳에서 연구를 진행한 인류학자들과 문화 연구자들의 뇌에서 인지되지 못했다는 것입니다. 그들의 귀에 분명 무언가가 들려야 했습니다. 음파 측정기가 분명히 반응을 보였으니까요. 그러나 그 연구자들의 뇌는 이 정보들을 의식 속으로 들여보내도록 전혀 훈련이 되어 있지 않았습니다.

우리의 귀는 들을 때 음파 형태로 된 외부 신호를 받아들일 뿐 아니라, 동시에 청각 중추에 어떤 정보가 제공되어야 하는지에 대한 뇌의 지시도 받아들입니다. 이런 필터 명령은 내이의 바깥쪽 유모세포에게 전해집니다. 그런데 음파에 반응하는 안쪽 유모세포보다 뇌의 명령을 받는 바깥쪽 유모세포가 네 배가량이나 더 많습니다. 귀는 이 바깥쪽 유모세포들을 이용해 감도 범위를 조절합니다. 이렇게 해서 우리는 과거에 중요한 것으로 입력된 음과 소리를 선별하지요. 그 외의 모든 것에 대해서는 뇌가 귀를 듣지 못하는 상태로 만들어 놓습니다. 그래서 서구에서 온 연구자들의 뇌는 섬의 원주민들의 이상한 모음들에 관해 전혀 알려고 들지 않았던 것이죠. 그들의 뇌는 경험을 통해 그 모음들을 알지 못했고, 결과적으로 그것이 중요하지 않다고 굳게 믿고 있어서 (모르는 것이 약이죠.) 귀에서부터 이미 그것을 걸러 낸 것입니다. (뇌는 믿기 힘들 정도로 독선적이고 고집이 셀 수 있답니다!)

이와 비슷한 현상은 영어와 일본어를 함께 들으며 자라난 아기들에게서도 관찰됩니다. 처음 몇 달 동안 그들의 뇌는 두 언어를 모두 받아들이고 배울 수 있을 정도로 개방적이고 유연함을 보여 주었습니다. 그 후 아기들이 한 언어의 소리만 듣게 되면 그들의 뇌는 다른 언어의 미묘한 차이에 대해서 완전히 무감각해지도록 필터를 조절해 놓았습니다. 이 때문에 오로지 일본어만 들었던 아이들은 어느 정도 기간이 지나자 'L'과 'R'의 차이를 거의 알아들을 수 없었습니다. 일본인들에게 'L'과 독일어의 'R'은 거의 같게 들립니다.

반면에 일본어의 'R'은 독일인들에게는 몇 가지 특색을 보이지만 뇌에는 전혀 소용이 없습니다. 그래서 독일의 일본어 교사들은 흔히 독일인 학생들에게 모든 'R'을 무조건 'L'로 발음하도록 조언한답니다. 그렇게 하면 일본에서는 많이 이상하게 들리지 않지요. '지각'이란 쏟아져 들어오는 정보들이 이중으로, 즉 우리의 감각과 뇌에 의해 걸러지는 능동적인 과정임을 확인했습니다. 이때 우리 뇌는 습득한 사전 지식을 이용해 유의미하다고 추정되는 신호를 선별하고 해석합니다. 이러한 인식을 얻었으니 이제 우리는 인류가 수 세기 전부터 고민해 온 한 가지 질문에 답할 수 있을 것입니다. 질문은 이것입니다. 시각장애인이 별안간 볼 수 있게 된다면 무엇을 보게 될까요?

우리가 보는 것과 같은 것을 보지는 않습니다! 볼 수 있게 된 시각장애인의 눈은 동일한 문양에서 나오는 동일한 파장과 동일한 세기를 가진 광선을 받아들이기는 합니다. 그러나 그의 뇌는 (적어도 처음에는) 그것을 어떻게 이용해야 좋을지 모릅니다. 그의 뇌는 수많은 색과 형태의 더미 속에서 지쳐 버릴 것입니다. 그의 뇌는 형태를 그 자체로 인식하지도 못할 것이 확실합니다. 모서리를 모서리로 보기 위해서라도 이미 뇌는 모서리가 면과 어떤 점에서 차이가 나는지 배워야 하기 때문이죠. 한때 시각장애인이었던 사람의 뇌는 보는 것과 관련해서는 맨 처음부터, 신생아와 같은 단계에서 시작해야 할 것입니다. 경험이 쌓이면서 비로소 다채롭게 뒤섞인 세상을 들여다보는 감각이 서서히 생겨날 거고요. 그리고 어떤 사람들에게는 뇌 속의 해당 신경섬유가 이제는 새롭게 형성될 수 없기 때문에 감각이 영영 생겨나지 않을 것입니다. 해당 신경섬유가 제아무리 놀랄 만한 유연성과 적응력을 가지고 있다 하더라도 말이지요. (4장도 참조하세요.)

경험이 어떻게 감각과 보는 것에 영향을 미치는지 〈그림 8〉이 멋지게 보여 주고 있습니다. 당신이 성인이라면 아마 진하게 포옹

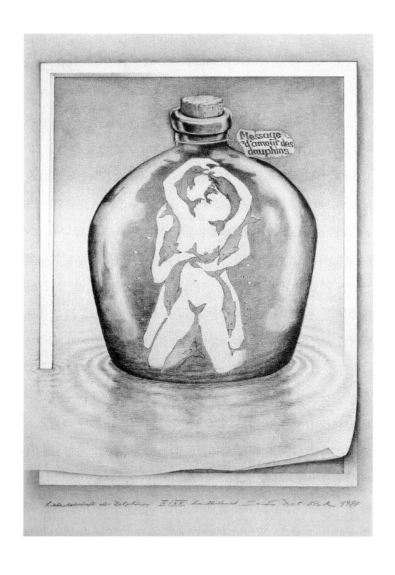

〈그림 8〉 어른들은 연인을 보고, 아이들은······ 돌고래 아홉 마리를 본다!

을 하는 한 쌍의 연인을 볼 것입니다. 만약 당신 곁에 아무것도 모르는 순진한 어린아이가 있다면, 그 아이는 전혀 다른 것을 인식할 것입니다. 바로 돌고래 떼를 보는 것이죠!

우리는 정말이지 눈에 익숙한 것만 보게 됩니다.

로보캅과의 데이트는 사절

뇌과학자들이 아직 해내지 못한 것이 있습니다. 무엇일까요? 우리는 뇌가 태어나자마자, 특히 초기에는 무수히 많은 새로운 것들을 학습해야 한다는 것을 보았습니다. 하지만 이 학습이 어떻게 이루어지는지에 관해서는 겨우 피상적으로만 알아냈을 뿐입니다. 그렇다면 우리 자신이 만들어 낸 기계에서 학습이 어떻게 이루어지는지 엿보는 것은 어떨까요? 두뇌 게임의 거의 모든 시합에서 인공지능을 탑재한 컴퓨터가 이미 인간을 물리치기는 했습니다. 체커 게임Dame, 제퍼디Jeopardy 퀴즈 쇼, 체스 그리고 최근에는 바둑에 이르기까지. 바둑에 대해서만큼은 지금까지 사람들이 그어떤 컴퓨터도 바둑 기술을 자유자재로 구사할 수 없을 거라고 확신하고 있었습니다.

〈그림 9〉를 보면 알 수 있듯이 컴퓨터는 칸딘스키, 피카소, 반고흐 풍의 그림도 만들어 낼 수 있습니다. 컴퓨터는 날씨를 예측할 수도 있고, 조만간 자동차도 운전하게 될 것입니다. 간단히 말

해, 컴퓨터는 많은 것을 우리보다 더 잘할 수 있습니다! 그렇다면 학습이 어떻게 이루어지는지 우리가 컴퓨터에게서 그 원리를 배워 보면 안 될까요?

여기서도 답은 그렇게 간단하지 않습니다. 우리는 일찍부터 컴퓨터 알고리즘을 통해서 어떻게 하면 기계가 학습을 잘할 수 있는지 여러 방법들을 시험해 보았습니다. 인간의 뇌가 학습하는 방법을 본떠서 여러 가지 모의실험을 해 보았지요. 하지만 그러한 알고리즘들이 아무리 발전하더라도 그것이 컴퓨터에서 실제로 어떻게 작동되는지 정확히 이해하지는 못했습니다. 우리의 뇌가 같은 방법을 통해서 배우는지도 결국은 알 수 없었고요. 우리는 우리의 뇌를 자주 컴퓨터와 비교하지만, 컴퓨터는 인간의 뇌와 작동 원리가 많이 다릅니다. 또한 컴퓨터는 우리 인간들에게는 식은 죽 먹기인 과제들에서 실패하는 경우도 많습니다.

최근 들어 정보학과 로봇공학의 성과가 두드러진 점은 인정합니다. 그러나 컴퓨터나 로봇은 그 능력을 자신의 전문 분야에 국한시킬 때에만 그럴 뿐이죠. 당신의 스마트폰 안에 있는 컴퓨터조차도 체스에서 당신을 이기는 데 그다지 힘들이지 않아도 됩니다. (당신이 ELO 점수가 2700점을 넘는 고수여서 나보다 월등하게 잘 둘 수 있다 해도 그렇습니다.) 하지만 실제로 진짜 체스 보드 위에서 진짜 말들을 이용해 시합을 진행해야 한다면 당신의 스마트폰은 헉헉댈 것입니다. 세계 최고의 로봇이라 할지라도 걸어가고 문을 열고 계단을 오르고 하는 일들을 굉장히 힘들어한다는 것을 알고 있나요?

〈그림 9〉 컴퓨터는 튀빙겐을 칸딘스키나 피카소, 반 고흐 풍으로도 그릴 수 있다!

'말을 움직일 수 있는 구역이 어디인가?' 혹은 '어떤 말이 비숍인가?' (특별히 예술적으로 조각된 말의 경우라면 말입니다.) 이렇게 우리에게는 쉬운 과제라도 기계의 알고리즘에게는 이것이 대단히 어려울 수 있습니다. 스마트폰이 아니라 세계 최고의 고성능 컴퓨터를 사용하더라도 여전히 쉽지 않습니다. 우리는 그 컴퓨터에 직접 말을 움직일 수 있도록 일곱 개의 손과 발이 달린 산업용 로봇(로비)을 연결시킵니다. 이제는 이동하는 것도 가능하지 않을까요? 그렇다면 체스 한 수를 두고 나서 그 사이에 산책을 조금 해 볼까요? 아, 잊어버리기 전에 알려 줘야겠군요. 산책 가는 도중에 계단이 두 개가 있고, 잔디밭으로 약간 둘러 가 보는 것도 나쁘지 않다는 것입니다. 어쩌면 비 때문에 잔디는 좀 미끄러울지도 모르겠군요. 그럴 때 무슨 일이 일어날까요? 로비는 포기하고야 만답니다! 로비에 연결된 컴퓨터가 계산을 제아무리 빠르게 한다 해도, 어떤 체스 문제나 수학 문제를 놀라우리만치 뛰어나게 풀 수 있다 해도 끊임없이 변하는 세상에서 일어나는 수많은 자질구레한 과제들을 정해진 규칙 없이 해결하는 것은 컴퓨터에게는 그야말로 무리한 일이기 때문이죠. 우리는 아직 언어, 해석, 풍자 혹은 익살 같은 것들은 거론조차 하지 않았는데 말입니다. 예측할 수 없이 복잡하게 조합된 여러 다양한 능력들이 요구되면, 그 즉시 컴퓨터와 로봇은 본모습을 드러냅니다. 성장에서 아직 한참이나 뒤처진 어린아이인 것입니다. 이미 부분적인 재능을 가지고 있을 지는 모르지만, 전체적으로는 배워야 할 것이 아주 많습니다.

여기에 비하면 인간은 일종의 아마추어 만능 천재입니다. 우리는 거의 모든 것을 할 수 있고, 아무리 보기 드문 과제들의 조합이라도 척척 풀어냅니다. 열 살짜리 여자아이에게 줄넘기를 하면서 동시에 구구단을 외워 보라고 해 보세요. 그 아이는 그것을 아마 다섯 살짜리 남자아이가 그네를 타면서 오늘 유치원에서 무슨 일이 있었는지 얘기하는 것만큼이나 능숙하게 해낼 것입니다. 좋습니다, 어쩌면 8 곱하기 7에서 (이것은 가장 어려운 대목입니다.) 잘못해서 54가 답으로 튀어나올 수도 있고, 줄넘기를 하는데 귀찮은 이웃 소년이 끼어들 수도 있겠지요. 그러나 이것은 위와 같은 식의 멀티태스킹을 할 때 당신의 PC가 유발할 실수에 비하면 아무것도 아닙니다!

컴퓨터가 그런 멀티태스킹을 할 능력이 있다 하더라도 (언젠가는 기술이 그 정도로 진척될 것이 확실합니다.) 거기에는 무언가 결정적으로 중요한 것이 빠져 있을 것입니다. 어떤 로봇을 동료로 두고 있다고 상상해 볼까요? 그 로봇은 인간을 쏙 빼닮았습니다. 팔과 다리가 각각 두 개에다 얼굴도 달려 있고 유행하는 머리 모양도 하고 있습니다. 그의 인공 눈은 우리의 눈만큼이나 잘 보고, 그의 귀는 우리의 귀와 대등한 능력을 지녔습니다. 그의 냄새 분석 장치는 심지어 당신이 오늘 어떤 향수를 뿌렸는지도 알아내어 완벽하고 기분 좋은 목소리로 알려 주겠죠. 당신은 그 동료가 진짜라고 속아 넘어갈까요, 아니면 그래도 로봇이라고 인식할까요? 또 당신이라면 그와 기꺼이 데이트를 하시겠습니까? (아니면 그녀와?

여자 로봇도 있다고 하니까요.)

이 질문들에는 아마 대답하기가 쉽지 않을 것입니다. 우리가 로봇을 항상 로봇이라고 확인할 수 있는가 하는 첫 번째 질문은 튜링 테스트를 확장한 것입니다. 튜링 테스트란 영국의 정보학자 앨런 튜링Alan Turing이 1950년에 컴퓨터가 생각을 할 수 있는지 검증하기 위해 제안한 것입니다. 이것을 검증하기 위해 실험 참가자는 자판과 화면을 통해 얼굴을 볼 수 없는 두 명의 대화 상대와 대화를 합니다. 교묘한 질문들을 통해 그는 상대들 중 누가 인간이고 누가 컴퓨터인지 알아내야 합니다. 짧은 대화가 계속 진행되는 동안은 ELIZA 같은 간단한 프로그램조차 대단히 잘 해냅니다. 실험 참가자의 글에서 개별 핵심어를 가려내 자신의 말에 끼워 넣는 것입니다.

그 프로그램과의 대화는 대충 다음과 같은 양상이 됩니다.

참가자 어떻게 지내시나요?
ELIZA 어떻게 지내시는지 왜 물어보시나요?
참가자 그것에 관심이 있어서입니다.
ELIZA 당신이 그것에 관심이 있다니 기분 좋군요.
참가자 그러니 요즘은 당신은 어떻게 지내시나요?
ELIZA 저는 잘 지내고 있습니다.

이것이 특별히 깊이 있는 대화가 아니라는 점, 인정합니다. (놀랍게도 이 대화는 내가 가끔씩 참가하는 미팅 때의 장면들을 떠올리게 해 줍니다.) 그렇다 보니 ELIZA도 대개는 몇 분 후에는 사리에 맞는 대답을 내놓지 못하게 됩니다. ELIZA와 대화를 나눈 후에 처음으로 자신이 이해를 받는 느낌이 들었다고 보고한 사람들도 몇몇 있기는 하죠. 여기에 비하면 2008년에 영국의 래딩 대학에서 실험 참가자들의 4분의 1을 속여 넘길 수 있었던 컴퓨터 프로그램들은 꽤나 성공적이었습니다. 하지만 오늘날까지도 정말로 확신을 심어 주는 프로그램은 거의 없습니다. (그래, Siri와 Cortana, Alexa 너희들도 마찬가지야!)

오리지널 튜링 테스트는 인간과 로봇이 눈과 센서로 마주 대하는 테스트에 비하면 어쨌든 매우 단순한 편입니다. 진짜 인간들 사이에서는 이런 경우에 아주 많은 일들이 일어나기 때문이죠. 상대가 방금 눈을 깜빡였나? 그것이 살짝 미소를 지은 것인가? 나는 그녀가 지금 쳐다보고 있다고 확신해! 오, 내 얼굴이 빨개지고 있어!

우리 인간들은 언제나 이런 생각들에 몰두해 있습니다. 우리는 대부분의 시간을 남들은 무엇을 믿는가, 혹은 무슨 생각을 하는가에 대해 생각하며 보냅니다. 그의 속셈은 뭐지? 그녀는 지금 어떤 기분일까? 그것도 그가 의도하는 바일까? 그녀는 혹시 그것을 기대하고 있을까?

대화하고, 토론하고, 함께 행동하고, 한마디로 모든 면에서 서로 소통하고 함께하는 것이 인간 활동의 대부분을 이루고 있습니다. 우리는 쉴 새 없이 남의 입장이 되어 생각해 보고, 사소한 몸짓조차 분석해 봅니다. 흔히 무의식적으로 그러는 것이겠지만요. 상대가 슬쩍 쳐다보는 것만으로도 우리의 내면에 진정한 행복의 물결을 일으키거나 두려움으로 몸을 움찔하게 만들기에 충분합니다.

로봇도 그렇게 할 수 있을까요?

제대로 프로그래밍만 한다면 분명 그와 비슷한 행동을 하는 것처럼 보여 줄 수는 있을 것입니다. 그러나 그건 꾸며진 것이죠. 나는 우리가 토요일 오후를 카페에서 로봇과 보내는 것이 결코 친밀한 친구와 함께 수다를 떠는 것만큼 즐거울 수 없고, 로봇과 보내는 저녁의 술자리가 오랜 친구와 어울릴 때만큼 거리낌 없고 느긋하지는 않을 거라고 확신합니다. 따라서 로보캅과의 데이트는 오히려 유별난 경험이 될 것이 분명합니다. 제대로 된 우정이나 관계를 위해서는 언제나 우리의 믿을 만한 뇌가 더 적합합니다.

사회적 공동생활이야말로 우리 뇌가 그리 쉽게 뒤지지 않을 진정한 전문 분야이기 때문입니다. 우리의 뇌는 다른 사람과 함께 소통하도록 진화했습니다.

이웃이 많으면 똑똑해진다

사실 우리 인간이 두뇌를 가진 유일한 존재는 아닙니다. 그럼에도 우리는 다른 동물들보다 뛰어나다고 믿고 있으며, 그것은 다름 아닌 우리의 뇌를 근거로 한 것이죠. 그렇다면 우리 뇌의 회백질 세포가 그토록 특별한 점은 무엇일까요? 혹시 우리가 동물의 왕국에서 가장 큰 뇌를 가지고 있나요? 결코 그렇지 않습니다.

〈그림 10〉을 한번 들여다보면 우리의 뇌는 부피 면에서는 중간 집단에 속한다는 것이 명확해집니다. 우리가 하위는 아니지만 그래도 챔피언이 되지는 못할 것입니다. 인간의 뇌는 평균적으로 부피가 약 1450세제곱센티미터까지 나가며 무게는 1.5킬로그램이나 됩니다. 포도주 두 병이나 1리터짜리 우유 한 팩 반에 해당하겠죠. 다 자란 아프리카 코끼리는 무게가 너끈히 인간의 세 배나 되는 뇌를 지니고 돌아다니며, 향유고래의 경우에는 심지어 무게가 여섯 배나 됩니다. 이렇게 보자면 인간은 별안간 아주 초라하게 여겨질 것입니다.

뭐, 코끼리와 향유고래는 전체적으로도 몸이 우리보다 훨씬 크기는 하죠. 그처럼 큰 귀를 가지고 있거나 혹은 몇 시간 동안이나 심해에서 대왕오징어를 사냥하는 동물은 확실히 엄청난 양의 특수화된 신경세포가 필요할 것입니다. 하지만 우리가 뇌의 크기를 몸집의 크기와 비교해 본다면, 다시 말해 뇌의 상대적 크기를 내세워 본다면 어떻게 될까요? 그럴 때 우리는 순위표의 맨 위에 오르게 될까요?

아닙니다, 이번에도 그렇지 않습니다! 〈그림 11〉이 보여 주듯이 이번에도 쥐와 다람쥐 같은 조그만 털 달린 동물들이 뇌 크기 차이로 앞서 있습니다. 인간의 경우 뇌는 체중의 겨우 2퍼센트만

〈그림 10〉 우리의 뇌는 절대적으로 보자면 중간 계층에 속한다.

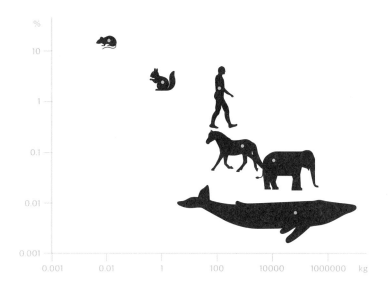

<그림 11> 몸집의 크기와 관련해서 보면, 설치류가 더 큰 뇌를 가진다.

차지하고 있습니다. 우리는 0.2퍼센트를 차지하는 코끼리보다 훨씬 앞서 있으며, 침팬지도 0.9퍼센트로 우리보다 확실히 뒤처져 있습니다. 이와 반대로 뾰족뒤쥐는 약 4퍼센트를 차지해서 우리의 두 배나 됩니다. 심지어 꼬리감는원숭이 같은 더 작은 몇몇 영장류들도 이 부문에서는 우리를 능가합니다.

그렇다면 우리의 뇌는 대체적인 평균치에 지나지 않는단 말일까요? 언제 어디서나 그저 그런 순위를 차지하고 있다는 말일까요? 우리는 가장 잘할 수 있는 게 전혀 없나요?

아니, 우리도 있습니다!

한 가지 면에서 인간과 그 두뇌는 다른 동물들의 추월을 불허하는 최상급이죠. 우리 스스로도 그것을 대단히 자랑스럽게 여기기 때문에 우리 자신의 전문 종목에 특별히 멋지고 경외심을 불러일으키는 이름을 붙였습니다. 모든 동물들 중에서 우리는 가장 높은 '대뇌화 지수encephalization quotient'를 가지고 있죠! (이 용어는 사실상 이 설명 내용이 틀림없는 사실이라는 것을 보여 주는 충분한 증거가 됩니다. 아니면 당신은 이런 단어를 만들어 내거나 발음이라도 할 수 있는 어떤 동물을 본 적이 있나요?)

대뇌화 지수 혹은 EQ(추측건대 여러분들 중 누구도 내가 앞으로 계속되는 글에서 그냥 'EQ'라고만 쓰는 데 반대하지 않을 것입니다. 아니라면 간단히 'EQ' 대신 'encephalization quotient'로 받아들이시면 됩니다. OK?)는 간단히 말하자면 실제로 생각에 할애할 수 있는 뇌의 비율이 얼마나 되는지를 나타냅니다. 왜냐하면 뇌는 생각을 하기 전에 그보다 더 중요한 엄청나게 많은 과제들을 끝마쳐야 하기 때문이죠. 즉, 뇌는 호흡을 지속시켜야 하고, 심장박동을 살펴야 하고, 체온을 조절해야 하며, 최우선 순위를 가진 100여 가지의 다른 중요한 활동을 수행해야 합니다. 이 모든 활동들이 없다면 우리는 당장 쓰러져 죽을 것이므로 그때마다의 상황에 정확히 맞추어져야만 하는 것이죠. 각 동물의 몸집이 얼마나 크거나 작은지는 이 활동들에서 별로 중요하지 않습니다. (코끼리에게 호흡을 하도록 해 주는 것이 쥐보다 특별히 힘이 많이 드는 것은 아닙니다.) 이 때문에 거대 동물들에게서 생명 유지를 담당하는 중추는 조그만 동물들에게서보다 근소

하게 클 뿐입니다. 그래서 작은 동물들은 자신의 몸집에 비해 상대적으로 큰 뇌를 가집니다. 왜냐하면 생명을 유지시켜 주는 담당 부위들은 원래 어느 정도의 공간과 부피를 차지하기 때문이죠.

생물학자들과 인류학자들은 이것을 기반으로 일정한 몸집을 가진 어떤 동물이 생존하기 위해서는 뇌가 얼마나 커야 하는지 계산으로 알아낼 수 있습니다. 이 '예상되는 뇌의 부피'를 그들은 그 후에 실제로 측정된 뇌의 부피와 비교합니다. 그러면 짜잔! 이제 우리는 EQ를 얻게 되는 것이죠!

여러 종류의 동물들의 EQ 수치를 비교해 보는 것은 우리에게 흥미롭고 유익합니다. 일단 고양이를 표준 동물로 정하겠습니다. (고양이는 세상의 모든 것을 자신과 관련시키기 때문에 이것과 잘 어울립니다.) 말은 EQ에 따라 판단할 때 평균적인 고양이보다 지능이 아주 조금 떨어집니다. 양은 그보다 약간 더 아래에 있죠. 쥐의 지능은 심지어 자신의 숙적인 고양이의 절반밖에 되지 않습니다. (짐작건대 이것이 고양이가 쥐를 잡아먹고 살지, 그 반대의 경우는 볼 수 없는 여러 이유들 중 하나인 것 같습니다. 그것 말고도 고양이는 발톱과 송곳니도 갖추고 있으니 말이지요.) 토끼는 정말 아둔해서 머리보다는 푹신푹신함에 더 의존하고 있는 것이 확실합니다. 이와 반대로 개는 EQ가 고양이보다 약간 더 높습니다. 원숭이는 고양이보다 두 배 높은 수치가 나오고, 돌고래는 다섯 배나 더 생각을 즐겨 하도록 수치가 부여되어 있습니다. 최고는 고양이 EQ의 7.5배나 되는 수치를 가진 인간이 차지합니다. 빰빠라밤!

EQ로 보자면, 우리 인간이 가장 똑똑한 동물입니다. 어째서 인간의 EQ 수치가 이토록 높아졌을까요? 그 이유가 혹시……, 어떻게 말해야 좋을까요? 당신도 이미 알다시피……, 그러니까 섹스 때문일까요? 공작 암컷이 수컷의 화려한 꼬리 깃털에 반하지 않을 수 없듯이 어쩌면 인간들 중 여자도 똑똑한 남자를 좋아하는지도 모릅니다. 찰스 다윈은 이처럼 인간은 성선택을 통해 지능이 높아졌을 것이라고 추측했습니다. 그가 옳았을까요?

충격받지 마세요. 똑똑하다는 것은 아쉽게도 당신이 배우자를 구하는 데 크게 도움이 되지 않습니다. 수많은 지적인 싱글족의 넌더리 나는 경험이 그것을 입증하고 있습니다. 그들은 파티장과 클럽에서 나중에 집으로 돌아갈 때, 여성들이 끝없이 지적인 대화를 늘어놓는 남자보다는 멋진 미소를 날려 주는 근육남을 선호한다는 사실을 확인합니다.

게다가 미주리 대학의 진화생물학자인 데이비드 기어리David Geary는 1998년에 만약 여자들이 남성을 선택할 때 남자들의 똑똑함을 기준으로 선택한다면 진화론적으로 볼 때 남녀 사이에 확연한 지능IQ의 차이가 존재해야만 한다고 가정했죠. 하지만 실제로 수많은 연구 결과들을 살펴보면 남자들과 여자들 사이에 지능의 차이는 없습니다. 그러므로 우리는 안심하고 성선택을 통해 인간의 지능이 발전했다는 가설을 버려도 됩니다.

그렇다면 우리의 뇌는 도구의 사용과 같은 새로운 발명과 재능으로 인해 똑똑해졌을까요? 우리의 선조들이 경작을 할 생각을 떠올렸을 때, 그들이 더 똑똑해졌을 가능성은 없을까요?

인간은 1만 2천 년 전의 신석기 시대부터 경작을 했습니다. 그러나 호모사피엔스는 최소한 16만 년 전부터 이미 커다란 뇌를 가지고 돌아다녔죠. 그런 추세는 훨씬 전부터 시작되었습니다. 아마도 오스트랄로피테쿠스라 불리는 원인도 EQ에서는 원숭이와 차이가 났을 것입니다. 그들은 오래전에 이미 돌을 도구로써 이리저리 시험해 보기 시작했기 때문입니다. 그러므로 선사시대의 하이테크가 우리의 머리를 똑똑해지도록 해 준 것은 아니었습니다. 그렇다면 대체 무엇 때문이었을까요?

그것은 바로 우리들 자신이었습니다!

우리가 영장류의 뇌의 크기를 그들이 함께 사는 집단의 크기와 비교해 보면, 거대한 사회 집단이 EQ에 유리한 작용을 한다는 것을 확인하게 됩니다. 이웃 사람들로 북적댈수록 생활은 더욱 복잡해집니다. 구성원이 많은 집단에서는 남들의 감정 상태를 알아차리고, 서로 도와주거나 또는 의심스러울 경우에는 계략을 꾸며 내는 것이 중요하답니다. 그렇게 해서 서로의 최고의 친구가 되기도 하고 최악의 적이 되기도 했습니다. 그것을 잘 해내려는 사람은 반드시 커다란 두뇌가 필요했던 것이죠! 더 많은 회백질 세포가 사용될수록 그 집단은 더 많은 구성원들을 거느리게 될 것입니다. 영국 옥스퍼드 대학의 인류학자 로빈 던바Robin Dunbar의 주장에 의하면, 동료, 친구, 친지 들을 다 합쳐서 현재 우리의 뇌가 관리할 수 있는 구성원의 상한은 약 150명입니다. 이 정도 규모의 사람들이라야 머릿속으로 어느 정도 잘 기억할 수 있고, 그들과의 접촉(물론 친밀도는 다르겠지만)도 계속 유지할 수 있습니다.

페이스북이나 트위터 같은 소셜 네트워크에서조차 우리가 적극적으로 의견을 교환하는 '친구'의 수는 이 한계를 넘어서지 않습니다. 이 마법의 숫자 150을 넘어서면 우리 뇌에는 과도한 부담이 됩니다. 더 많은 팔로워들을 관리하려면 우리 뇌는 일단 조금 더 성장해야 하는 것이죠.

우리들 모두는 서로 다르다

우리는 이 장에서 우리들 뇌가 저마다 조금씩 다르게 세상을 인지한다는 것을 확인했습니다. 뇌는 감각기관들이 제공하는 일부분의 정보들을 이미 저장해 놓은 경험들과 결합합니다. 일단 습득된 지식이 있어야 빨간색은 빨간색이 됩니다. 딸기 맛을 알고 있어야만 어떤 아이스크림이 딸기 맛이 나는지 판정할 수 있습니다. 그리고 먼저 어느 정도의 경험이 있어야 메를로Merlot를 카베르네 소비뇽Cabernet-Sauvignon과 구분하거나 필스 맥주를 효모 밀 맥주와 구분할 수 있습니다.

당신이 그때 받아들이는 감각 인상은 유일무이하며, 오직 당신에게만 독점적으로 주어집니다. 우리들 모두는 살아가는 동안 완전히 서로 다른 경험들을 쌓고, 이것들을 뇌에서 서로 다른 방법으로 서로 연결시킵니다. 이 때문에 두 사람이 정확히 똑같은 것을 맛보고, 보고, 듣고, 냄새 맡는 일은 결코 없을 것입니다. 색 같은 기본적인 인상들조차 우리는 제각각 다른 방식으로 처리합니다. 만약 당신과 내가 물리적으로 동일한 종류의 정보를 받아들인다 해도 당신이 보는 빨간색은 내가 보는 빨간색이 아니고, 당신이 느끼는 단맛은 내가 느끼는 단맛이 아니며, 당신이 맡는 장미 향기는 내가 맡는 장미 향기가 아닙니다.

우리 모두는 세상을 살아가며 서로 다른 경험을 합니다. 그러한 경험을 토대로 세상을 새로 인지하는 법을 배우고, 그렇기에 제각각 약간씩은 다른 세상을 경험하기도 합니다. 하지만 그러한 경험이 없다면 우리의 뇌는 세상 자체를 인지할 수 없습니다. 어린 아기로 태어나서 성인이 되는 긴 시간 동안 우리의 뇌는 색, 형태, 모습과 같은 기본적인 것들을 다양한 카테고리들로 나눠서 해석하는 법을 배웁니다. 그리고 우리도 모르는 사이에 우리의 뇌는 이러한 경험들을 토대로 세상을 인지하는 법을 배우죠. 카오스처럼 정보가 어질러져 있던 방에서 우리는 무엇을 책상 서랍 속에 넣을지, 무엇을 옷장 한 칸 한 칸마다 채워 넣을지, 뇌 안의 방을 정리하는 법을 차차 배우죠. 정리된 방에서야 비로소 우리는 보아야 할 것들을 볼 수 있게 됩니다. 그런데 우리의 뇌는 왜 이렇게 경험들을 비교하고 정리해야만 할까요? 그것은 바로 다른 뇌들과 소통하기 위해서입니다. 우리의 뇌가 발달한 가장 큰 이유는 바로 다른 사람들과 관계를 맺기 위해서니까요.

사람 같은 자동차와 펭귄 같은 사람들

우리는
다른
사람들을
어떻게
인지하는가

다른 사람들을 이해하기란 참으로 어렵다.
안다고 생각했는데도
모를 때가 더 많은 것이 사람이다.

요한 볼프강 폰 괴테 Johann Wolfgang von Goethe

삶은 계속되고 서서히 형체를 띠게 됩니다. 삶의 첫날, 우리는 아기로 태어나 세상 속에서 색과 형태를 지각하는 데 완전히 몰두해 있었습니다. 빨간색·노란색·초록색·파란색의 바다에서 수영을 하고, 천장과 소리 나는 딸랑이와 자신의 발을 물끄러미 바라보며 한동안 행복해했지요.

하지만 세상에는 더 많은 것들이 있었지요! 얼마 지나지 않아 우리는 우리에게 새로운 능력이 생겨나고, 그것이 유용한 수단으로 발전하는 것을 확인했습니다. 그런 것들 중 몇 가지는 우리의 시야에 계속해서 나타났습니다. 우리의 뇌는 기뻐하며 알려 주었습니다. 아하! 저건 우리가 알고 있는 거잖아!

무엇보다 이상하게 생긴 어떤 것이 우리의 신경세포들을 매료시켰습니다. 그것은 대체로 둥근 편이고, 윗부분에 두 개의 점이 있고, 중앙에서 약간 아래쪽에 기다랗게 튀어나온 것이 있고, 그 아래에는 두 개의 구멍이 있는데, 끊임없이 움직여서 귀를 간지럽혔습니다.

그것이 대체 무엇이었을까요? 왜 우리는 그것에 대해 그토록 애타게 관심을 보였을까요?

그것은 아주 단순하고, 곳곳에서 보입니다! 우리는 그것을 무수히 많은 물건들에서 봅니다. 자동차, 주택, 덤불숲, 구름, 심지어 추상적인 상징에서도.

당신은 아래에서 무엇을 보고 있나요?

: –)

당연히 얼굴이죠! 나는 독자들 100명 중 99.47명이 이 대답을 하리라고 확신합니다. (어중간한 숫자는 특히 7로 끝날 때 슬쩍 과학적 정밀성을 암시합니다.)

아마 누구도 거기서 쌍점, 이음표, 닫기 괄호가 보인다고 대답하지 않았을 것입니다. 우스꽝스러운 일 아닌가요? 내 말의 뜻은, 우리들 중 몇 사람이나 다음과 같은 상징 표시에서,

* * *

곧장 눈송이를 떠올리겠는가 하는 것입니다. 그런데 이 그림도 쌍점, 이음표, 닫기 괄호가 얼굴과 비슷해 보이는 만큼이나 눈송이와 아주 비슷해 보입니다. 실제로는 훨씬 더 비슷하죠.

과학은 어디서나 얼굴들을 발견하는 이 효과에 대해 멋진 이름

을 생각해 냈습니다. 바로 '파레이돌리아pareidolia'입니다. 이 단어
는 '어긋난'을 뜻하는 그리스어 'para'와 '모습'을 뜻하는 'eídolon'
에서 나왔는데, 이것은 합쳐서 의역하자면 '착시 현상'이 됩니다.
〈그림 12〉는 우리가 존재하지도 않는 얼굴들을 알아보는 사물들
의 예시입니다.

정확히 말하면, 우리는 착시 현상을 위해 반드시 어떤 얼굴을
알아보아야 할 필요는 없고 다른 대상을 보는 것도 가능합니다.
가령 구름에서 바이킹의 배를 발견하거나 물가의 모래밭에서 이
중나선 구조를 발견한다면, 그것이 바로 착시 현상인 것입니다.
당신이 이중나선 구조를 보았다면 나는 감히 당신이 생물학과 그
어떤 관련이 있다고 (그리고 당장 휴가가 필요한 상태라고) 추측할 것
입니다.

그런데 왜 우리는 많은 곳에서 얼굴을 찾아보게 될까요? 얼굴
이 우리에게 각별히 중요한 정보들을 제공해 주기 때문입니다. 이
를테면 우리는 얼굴에서 자신이 어떤 인간과 상대하고 있음을 알
아차립니다. 물론 테디 베어 인형과 검치호랑이도 눈과 코와 입을
갖추고 있고, 우리 뇌는 무수히 많은 문양들 속에서 그것들도 찾
아내기는 합니다. 그렇지만 이 세 가지 특성의 특수한 조합은 전
형적으로 인간에게서 나타나지요. 말하자면 얼굴은 인간에게 기
본적인 인식표입니다. 이 때문에 우리는 인간을 상징적으로 표시
할 때 칠판에 점, 점, 쉼표, 이음표를 그리는 것이죠.

이외에도 얼굴은 모든 사람들에게 특별한 의미를 지니고 있습

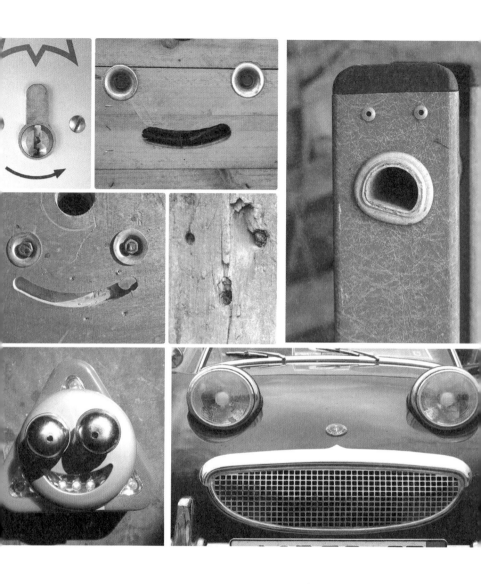

〈그림 12〉 대부분의 사람들은 많은 사물에서 얼굴을 본다.

니다. 아기는 엄마의 특별한 얼굴 표정을 근거로 다른 사람들과 엄마를 금세 구분하고, 엄마에게 미소를 보냅니다. 오늘날은 아빠들도 아이들을 많이 돌보기 때문에 아이들은 아빠를 엄마처럼 받아들입니다. 정기적으로 자주 나타나고, 맛있는 음식을 가져다주고, 주변 사람들을 기쁘게 해 주고, 불결한 그것을 치워 주는 사람은 아기에게 사랑을 받습니다. 어쩌다가 침대 앞에서 어릿광대짓이나 하는 사람은 특별한 선택을 받기 어렵습니다. 그런 사람들 역시 얼굴을 지니고 있기에 아기가 사람이라고 알아보겠지만, 엄마나 아빠라고 불리기에는 부족하답니다.

얼굴에는 무척 많은 정보들이 숨겨져 있습니다. 좀 더 나이가 들면 우리는 얼굴을 통해 정보를 얻는 법을 제대로 배웁니다. 상대의 표정을 보면 그가 어떤 기분인지 한눈에 알게 되지요. 얼굴에는 많은 신호들이 매우 뚜렷하게 나타납니다. 입언저리가 처진 것은 슬픔이나 불만의 표시일 수 있습니다. 앙다문 입술은 좌절이나 혐오를 암시하며, 입꼬리가 올라간 것은 미소 혹은 호의나 기쁨을 암시하기도 합니다. 눈과 눈썹, 얼굴 근육의 모양과 움직임을 조합해서 우리는 주변 사람들의 기분을 금세 알아냅니다.

그 밖의 신호들은 몹시 미세해서 우리가 무의식적으로 겨우 지각할 정도입니다. 무엇보다 누군가가 자신의 진짜 감정을 숨기고 싶어 할 때는 아주 짧은 순간에 나타나는 표정을 통해서만 감정이 드러납니다. 그럴 때는 흔히 자신도 모르게 어떤 근육이 실룩거립니다.

인간에게는 예전부터 다른 사람의 얼굴을 살펴보는 능력이 꼭 필요했습니다. 자기 집단의 누군가가 두려움의 징후를 보였다면 아마 그에게는 생명에 대한 위험이 임박했을 것입니다. 우두머리가 화가 났다면 그를 피하는 것이 상책이었죠. 이런 것들은 오늘날까지도 우리에게 유익한 본능입니다. 예를 들어 임금을 올려 달라고 요구할 적절한 시점을 사장의 표정을 읽고 선택하는 경우가 그렇겠죠.

하지만 얼굴을 보고 판단하는 것을 반드시 신뢰할 수는 없습니다. 의식적으로 표정을 감춘 채 겉으로는 포커페이스를 하고 있거나, 아니면 완전히 의도적으로 오도하는 신호를 내보낼 가능성도 있기 때문이죠. 그토록 많은 거짓 눈물들이 이미 기적을 불러왔다고 하지 않던가요. 반면에 선천적으로 일정 시간 내내 긴장이나 분노를 내보이는 듯한 얼굴을 가진 사람들도 있습니다. 비록 실제로는 그들이 아무렇지 않은 기분이고, 얼굴 근육을 펴고 있었다 해도 말이죠. 또 어떤 사람들은 얼굴이 변하지 않는 동안이어서, 그들 자신은 화가 폭발하기 직전이라 해도 우리는 눈치채지 못한 채 그들을 껴안고 뽀뽀해 주고 싶어 하기도 한답니다. 이런 오판의 요인들이 있기는 하지만, 우리의 공동생활은 표정을 통한 말없는 의사소통에서 엄청난 이득을 봅니다. 이 때문에 우리는 얼굴을 살피는 데 진정한 달인이 된 것입니다.

하지만 아쉽게도 모두가 다 그럴 수 있는 것은 아닙니다.

얼굴 표정을 근거로 감정을 인식하는 것은 비록 우리가 의식하지는 못한다 해도 우리 뇌가 자동적으로 수행하는 지극히 까다로운 과제에 속합니다. 이 능력이 어떤 병 때문에 지장을 받게 되면 눈에 띄게 드러납니다. 가령 자폐증을 가진 사람들은 흔히 상대의 표정을 어떻게 받아들여야 좋을지 모릅니다. 그들 중 일부는 상대의 기분을 (제대로 혹은 조금이나마) 평가할 수 없으며, 자기 자신의 감정을 표정을 통해 나타내기도 힘듭니다. 이 때문에 평균의 지능에 도달해 있고, 독자적으로 생활을 꾸려 갈 수 있는 소위 고기능(고효용 high functional) 자폐증을 가진 사람들은 의식적으로 상대의 얼굴을 살피려고 노력합니다. 그들은 자기 나름으로 어떤 표정이 어떤 감정을 보여 주는지에 대한 규칙을 세우고, 대화 상대의 얼굴에 이 특성들이 나타나는지 끊임없이 살핍니다. 이것은 대단히 힘들고 종종 좌절감을 안겨 주는 일입니다.

한편 뫼비우스 신드롬에 걸린 사람들은 또 다른 문제가 있는데, 이 경우에는 얼굴 근육이 마비되어 당사자는 마치 가면을 쓰고 있는 듯한 느낌을 줍니다. 심지어 그들은 눈을 옆으로 돌릴 수도 없습니다. 그들이 전혀 반응을 하지 않는 것처럼 보이기 때문에 그들과 대화를 나누는 것은 짜증을 불러오기도 합니다. 사람들은 종종 그들이 거만하다거나 심지어 우둔하다고 여기기도 합니다. 그들 대부분이 정상적인 지능을 가지고 있는데도 말입니다.

따라서 우리가 표정을 짓고 해석할 수 있으려면 뇌의 발달에서 어떤 문제가 있어서는 안 됩니다. 그럴 때에야 표정은 사회적 기능을 원활하게 발휘할 수 있답니다.

입이 크다는 것이 유리할 수도 있습니다. 당신이 수컷 하마라면 말이죠. 하마들 사이에서 짝짓기를 위한 싸움이 시작되면, 보통 하마는 입을 쩍 벌리고 누가누가 더 큰지 재어 보는 일만 하면 됩니다.(그림 13) 물어뜯고 싸우는 일은 일어나지 않으며 상대에게 발길질도 하지 않습니다. 지지부진하게 옥신각신하지도 않고요. 다만 입을 벌려 크기를 잽니다. 그러면 승자가 확정된답니다. 이토록 간단할 수가!

하마가 입의 크기로 사랑의 승자를 정하게 된 것은 진화 때문입니다. 하마들은 강력한 입을 이용해 아주 심하게 깨물 수도 있습니다. 그들 사이에 진짜 싸움이 벌어지면 승자라 해도 심각한 중상을 입을 수 있지요. 그러면 더 이상 자신의 성공에서 많은 것을 얻지 못하고, 최악의 경우에는 짝짓기를 하기도 전에 죽고 말겠죠. 그 때문에 호전적인 수컷들은 대부분 번식을 해서 자신의 강력한 유전자를 물려주는 데 별로 두각을 보이지 못했습니다. 대신 단지 위협하는 것으로 상황을 마무리 짓거나, 상대가 좀 더 강해 보일 때는 제때 물러날 정도로 영리한 수컷들이 최종적인 승리를 거두었습니다. 그 결과 커다란 입이 우위를 차지하는 명명백백한 표시가 된 것이죠.

우리 인간들에게도 그와 비슷한 메커니즘이 있습니다. 하지만 우리는 하마들보다는 좀 더 미묘하고, 좀 더 다양하게 대응합니

〈그림 13〉 입이 더 큰 녀석이 우두머리다.

다. 인간들은 신호를 내보내기 위해 몸 전체를 씁니다. 그렇게 한다고 해서 메시지가 강력하지 않은 것도 아닙니다.(그림 14) 허리에 뻗대고 있는 두 손과 앞으로 내민 상체는 누가 사장의 역할을 맡고 있는지 상징적으로 분명히 보여 줍니다. 반면에 다소곳이 배 앞에 두 손을 모으고 있는 것은 상대의 마음을 누그러뜨려 주는 비굴함의 표시가 됩니다.

그러나 늘 곧장 파워 게임을 벌여야 할 필요는 없습니다. 우리의 신체언어는 여러 경로를 거쳐 우리들에 관한 정보를 전달합니다. 그래서 흔히 누군가의 성별이 무엇인지, 그리고 그가 지금 무엇을 하고 있는지 알기 위해서는 윤곽을 보는 것만으로도 충분합니다.(그림 15) 옷차림만 보고서도 우리는 누군가가 자신을 어떤 집단의 사람으로 여기는지 알 수 있습니다. 자세, 몸짓, 움직임, 이것들은 우리에게 한 인간을 몇 초 만에 평가하고 유형별로 분류할 수 있을 정도로 아주 많은 것을 알려 줍니다. 그런데 우리는 이렇게 재빨리 판단하는 데 늘 빈틈이 없는 걸까요?

순식간에 내려지는 틀에 박힌 생각

미국인들은 스피드 데이트를 매우 좋아합니다. 스피드 데이트를 할 때 당신에게는, 누군가와 이야기를 나누고 그의 취향과 생활과 꿈을 물어보는 데 고작 3분밖에 주어지지 않습니다. 그리고

〈그림 14〉 두 사람 중 누가 보스인지는 뻔하다.

〈그림 15〉 때로는 그림자 그림이 말보다 더 많은 것을 알려 주기도 한다.

나면 벌써 차례가 바뀌고, 당신은 다음 후보자와 마주 앉게 되지요. (그 사이에 이런 방식에 따라 더 오래 면담하려는 지원자들을 선발하는 회사들도 생겼다고 합니다.) 3분이라니! 당신이 나머지 인생을 그 사람과 함께 살지 말지 결정하는 데 3분으로 충분할까요?

실제로 그것으로 충분한 경우가 자주 있답니다.

우리가 어떤 사람에게서 얻는 첫인상이 나중에 그를 더 자세히 알고 난 후에 갖는 견해와 정확히 일치한다는 것을 보여 주는 연구 결과가 무수히 많습니다. 다르게 표현하자면, 우리의 직감은 그것을 처음부터 알고 있었던 것이죠!

누군가를 처음 만나면 우리는 단계적으로 분류하는 일을 진행합니다. 가장 먼저 대체적인 윤곽만 지각하고, 다음으로 디지털 사진을 당겨 확대하듯이 더 세밀한 세부 사항들을 채워 넣습니다. 이에 따라 우리의 인물 연구character study도 시간의 흐름에 따라 진행됩니다. 몇 초에서 몇 분을 거쳐 몇 년으로 넘어가는 것이죠.

최초의 정보들을 우리는 영 점 몇 초 내에 처리합니다. 〈그림 16〉을 한번 슬쩍 보시기 바랍니다. 당신은 그림에 나온 인물들에 관해 어떤 판단을 내릴 수 있나요?

짐작건대 당신에게는 젊은 아랍인 남자, 중년의 서양인 여자, 제법 늙은 아시아인 남자가 나와 있다는 사실이 눈에 띄었을 것입니다. 대략적인 나이, 성별, 문화권 내지 민족적 배경, 이것이 우리 뇌가 단번에 파악하는 특성들입니다. 여기에 뇌는 발견되는 모든 징표들을 끌어들입니다. 얼굴, 코, 눈, 입의 형태, 머리와 피부

색깔, 머리 모양, 옷차림, 경우에 따라서는 장신구, 그리고 노인들에 대해서는 피부의 상태. 이런 것들은 바로 소설에서 작가가 어떤 새로운 인물을 등장시킬 때 언급하는 그 모든 내용들입니다. 눈 깜빡할 사이에 우리 뇌는 어떤 소설의 주인공을 소개하는 데 필요한 중요한 정보들이 담긴 모습을 알아보는 것이죠.

그런데 우리는 하필이면 나이, 성별, 민족적 배경이라는 세 가지 특성을 지각하기로 미리 작정했던 것은 아닙니다. 우리 뇌가 자동적으로 그렇게 합니다. 사실 우리가 누군가를 바라볼 때 뇌가 그러지 못하도록 하기도 무척 힘든 일입니다. 어쩌면 이것이 인류의 발생에서 어떤 만남을 분류하는 데 결정적인 기준이 되었는지도 모릅니다. 상대가 나의 집단에 속하는가, 아니면 이방인인가?(민족적 배경) 상대가 성적 배우자로 적합한가, 아니면 잠재적인 공격자인가?(성별) 이 두 가지 행위 중 한 가지를 하기에 상대는 너무 어린가, 아니면 너무 늙었는가?(나이)

우리가 뜯어보는 눈길에 상대가 겁먹지 않고, 또 우리 자신이 이런저런 이유에서 달아나지 않았다면, 우리 뇌는 그다음 몇 분 동안 추가적인 단서들을 모읍니다. 대화를 나누지 않더라도 우리는 계속해서 수많은 무언의 정보들을 교환합니다. 앞서 말한 표정은 우리에게 감정 상태를 알려 줍니다. 표정은 우리 내면에 아주 깊이 뿌리내리고 있어서 시각장애인들도 비록 자신을 볼 수 없지만 표정 신호를 내보낼 정도입니다. 신체언어 역시 인간의 기분에 관해 아주 많은 것을 전해 줍니다. 불안한 사람은 내면으로 움츠

〈그림 16〉 첫 눈길은 나이, 성별, 민족적 배경으로 쏠린다.

러드는 경향이 있습니다. '턱을 치켜들고 가슴을 내민' 자세는 보통 자신감이 넘친다는 것을 보여 줍니다.

자세와 시선(눈빛)도 우리 자신에 관해 너무나 많은 것을 알려 줍니다. 이 때문에 일본의 사무라이들은 때로는 잠시 서로를 노려 보며 꼼짝 않고 서 있다가 결투를 중단했다고도 합니다. 약한 검객은 더 강한 검객의 신체언어와 눈길의 단호함에서 서로 칼을 한 번만 휘둘러도 자신이 살아남지 못하리라는 사실을 알아차렸습니다. 그래서 절을 올리고 명예롭게 물러섰습니다. 이것은 앞서 살펴본 하마들의 의도와 완전히 부합합니다.

또 하나의 중요한 특성은 목소리의 울림입니다. 우리는 듣기 좋은 목소리를 자신도 모르게 호감이 가는 성격과 연결시킵니다. 만약 당신이 남자이고 굵직한 목소리로 말한다면, 단지 그 이유만 으로도 우월하고 영향력이 있다고 받아들여집니다. 확실히 종알 거리며 말하는 것은 말하지 않는 쪽이 더 낫습니다. 그것은 성급 하고 결단력이 약한 기질을 내비치기 때문입니다.

우리가 몇 달이나 몇 해에 걸쳐 누군가와 계속 접촉하다 보면 이상한 일이 벌어집니다. 상대의 태도에서 교묘한 수완을 점점 많이 눈치챌 뿐 아니라, 심지어 그의 독특한 버릇 한두 가지를 닮아 가기도 한답니다. 여자 친구들끼리는 웃는 방식이 비슷하며, 부부는 같은 표정을 내보이죠. 직장 동료는 똑같은 말을 선택하며, 운동 친구들은 꼭 닮은 동작을 취합니다. 같은 집단 내에서 서서히 패턴들이 생겨나고, 우리는 거기에 따라 가끔 낯선 패턴들을 보면 얼마간은 의식적으로 거리를 둡니다.

비교적 넓은 지역이나 국가의 행동 패턴은 특별히 인상적입니다. 인사로 악수를 할 때 나머지 한 손을 바지 주머니에 넣고 있는 미국인들의 관습이 그 예가 될 수 있지요. 말을 할 때 마구 손짓, 몸짓을 하는 이탈리아인들의 버릇도 여기에 해당됩니다. 그래서 많은 독일인 청각장애인들은 이탈리아에서 처음 휴가를 보낼 때 이탈리아인 대부분이 수화를 사용한다고 믿을 정도입니다. 혹은 긍정도 부정도 아닌 애매한 뜻으로 머리를 흔들어 보이는 인도인 들의 태도도 그렇습니다.

당신이 어떤 특정한 문화 집단에 속한다면 당신은 그 집단의 독특한 습관에 친숙할 것입니다. 당신은 그것을 쉽게 해석할 수 있으며, 많은 경우에 그것을 특별하다고 여기지도 않겠지요. (누구나 다 그렇게 하고, 모든 것이 아주 정상적이니까요.) 그렇지만 당신이 국외자라면 집단의 몇 가지 행동 방식은 어떤 식으로도 받아들일 수 없으며, 속으로 아마 이렇게 생각할 것입니다. '로마에서 로마 법을 따르라지만, 미쳤군, 저 로마 사람들은!'

직감은 현명하다

따라서 우리가 한 인간을 어떻게 받아들일지는 몇 초 혹은 몇 분 후에 이미 어느 정도 확정됩니다. 이렇게 보자면, 가령 '첫인상의 기회는 두 번 다시 오지 않는다'와 같은 수많은 관용구가 괜히 있는 것도 아니겠지요.

오직 얼마 되지 않는 정보만을 기반으로 판단을 내리는 이 행동 방식을 전문 용어로는 '얇게 조각내기thin slicing'라 부릅니다. 독일에서는 이렇게 '얇게 조각내기' 수법을 일상어로 '배의 느낌(직감)'이라고 말합니다. 비록 실제로는 우리 뇌가 결정을 내리는 일이지만 말이죠. 직감의 가장 놀라운 점은 그 결과의 적중률이 대단히 높다는 것입니다.

직감에 대한 연구의 선구자로는 하버드 대학의 날리니 앰바디 Nalini Ambady 와 로버트 로젠탈Robert Rosenthal이 손꼽힙니다. 1990년대에 이 두 심리학자는 실험 참가자들에게 교사나 대학 강사가 수업하는 모습을 담은 짧은 비디오 영상을 무음으로 해서 보여 주었습니다. 2초에서 30초까지 걸리는 영상을 시청한 후에 참가자는 각 교사들을 그들의 몸짓을 근거로 역량, 우월성, 정직성, 열의, 전문성과 같은 다양한 범주로 나누어 평가했습니다. 앰바디와 로젠탈은 그 후에 개별 평가 항목들로부터 전체 점수를 합산했습니다.

두 학자는 그 결과에 놀라고 말았습니다. 실험 참가자들은 수업의 지극히 짧은 단편밖에 보지 못했지만 교사와 강사 들을 대단히 정확히 평가했습니다. 실제의 학생과 대학생들이 학기 말 평가 설문지에서 했던 것과 똑같은 결과가 나왔던 것입니다. 이때 비디오 영상의 분량이 10초, 5초, 혹은 2초 동안이었는지는 전혀 중요하지 않았습니다. 직감을 통해 강의가 수면제인지 혹은 원맨쇼인지를 본능적으로 알아냈습니다.

이러한 분류(등급 매기기)를 위해 동영상조차 필요하지 않은 경우도 있었죠. 스위스의 심리학자 야쿱 사모호비에츠Jakub Samochowiec는 바젤 대학에 제출할 박사 학위 논문을 위해 실험 참가자들에게 알려지지 않은 정치가들의 사진을 제시하고 각 인물들에게 '좌파'나 '우파'라는 정치 노선을 부여하도록 요청했습니다. 실제로 놀라울 정도로 적중률이 높았고, 각 실험 참가자의 입장과 대립되는 견해를 가진 정치가들에게서 특히 높았습니다. 그런데 사모호비에츠는 수정 작업을 통해 옷차림을 제거했었습니다. 오직 얼굴만으로도 모든 것이 분명했던 것이지요!

정치가들이란! 엄밀히 말하자면 그들은 연설을 하고 선거 유세전을 펼치는 그 모든 힘든 노력은 그만두고 그냥 자신의 사진만 공고해도 좋을 것입니다. 미국의 프린스턴 대학의 알렉산더 토도로프Alexander Todorov와 크리스 올리볼라Chris Olivola가 인물 사진을 근거로, 유권자들이 1초 안에 누가 얼마나 유능한지 평가할 수 있다는 사실을 밝혀냈기 때문이죠. 이 연구자들은 이를 기반으로 심지어 선거 결과를 예측하는 데도 성공했습니다! 어쩌면 다음 정부의 대통령을 시청자가 참여해서 투표하는 정치인 캐스팅 TV 쇼에서 뽑을 수 있을지도 모릅니다. 내기를 걸어 볼까요? 그런 TV 쇼가 정말로 생긴다면 그 시청률이 통상적인 투표율보다 높을 거라는 데 대해 말이죠!

우리 직감의 위력은 여기에 그치는 것이 아닙니다. 코네티컷 대학의 데이비드 케니David Kenny와 린다 올브라이트Linda Albright는 한 가지 실험을 했습니다. 이 실험에서 대학 신입생들은(학부생들은 심리학 실험에 자주 등장하는 희생자들인데, 학점을 받기 위해 그들은 온갖 잡다한 일을 겪는 것입니다.) 자기 자신과 동급생들을 몇 가지 성격 특성과 관련해 평가했습니다. 무엇보다 외향성과 책임 의식이라는 범주에서 타자 평가와 자기 판단이 폭넓게 일치한다는 사실이 드러났습니다. 따라서 많은 사람들의 직감이 동일한 결과를 보였을 뿐 아니라 심지어 관심의 중심에 놓인 직감이 자기 자신을 어떻게 판단하는지도 알아맞혔습니다.

우리의 직감에 대한 신호 레퍼토리는 얼굴 이야기로 아직 완전히 바닥난 것은 아닙니다. 노스이스턴 대학의 데이비드 데스테노David Desteno와 MIT의 신시아 브리질Cynthia Breazeal은 대학생들을 짝 지어 게임을 시켰는데, 거기에는 딸 수 있는 돈이 걸려 있었습니다. (도대체 나는 왜 대학 시절에 그런 실험에 자주 초대받지 못했는지 말입니다.) 두 사람이 협력을 하면 그들은 건 돈의 두 배를 받았습니다. 그러나 한 사람이 따로 이기적으로 행동하면 그는 세 배의 액수를 받았고, 배반당한 상대는 한 푼도 받지 못했습니다. 누구도 사회적인 보복에 대한 두려움을 가질 필요가 없도록 실험 참가자들은 짧은 대화를 나누는 것으로 서로를 알았고, 단 한 판의 게임이 끝나고는 다시 마주치지도 않았습니다.

결정적으로 중요한 판단은 사전에 간단히 대화를 나누는 동안 일어났습니다. 이 몇 분 동안에 보여 주는 참가자의 몸짓이 그의 게임 파트너가 그 후에 그를 얼마나 신뢰할지를 결정했습니다. 게임 참가자들 중 어떤 사람이 턱을 긁거나 팔짱을 낀다면, 그는 신뢰감을 잃었고 협력이 이루어지는 일이 드물었습니다. 여기까지는 공감할 수 있는 내용입니다. 그런데 정말 재미있는 일은, MIT의 학자들이 넥시라는 로봇에게 마찬가지로 부정적으로 느껴지는 몸짓을 하도록 프로그래밍해서 그 게임에 참가시켰을 때였습니다. 게임 파트너들은 넥시가 인간이 아니라는 사실을 똑똑히 알았지만, 서로 만났을 때 로봇이 거부하는 몸짓을 보이자 신뢰감을 느끼지 못했습니다. 반대로 로봇이 중립적인 태도를 취하면 게임 파트너는 그 로봇과 기꺼이 협력했습니다. 그러므로 우리의 직감에는 우리가 상황에서 알아낸 명확한 표현을 상대가 내보내는 한 그가 인간이든 로봇이든 문제가 되지 않았습니다. 우리 뇌는 이 신호를 거의 자동적으로 읽는 것이 분명합니다.

나는 기본적으로는 무해한 (큰 의미가 없는) 동작도 어떤 메시지를 전달하는지 알아내려고 직접 실험을 해 보았습니다. 이를 위해 실험 참가자 열두 명에게 서로 다른 행동을 하도록 시켰습니다. 그들은 평소와 다름없이 걷고, 빨리 달리고, 손을 흔들고, 탁구를 치고, 자유롭게 춤을 추거나, 안무가 있는 마카레나 춤을 추었습니다. 그 후 나는 다른 참가자들에게 실험 참가자들의 행동을 근거로 이러한 행동이 팀워크에 어느 정도 영향을 미칠지 등급을 매기게 했습니다. 그리고 나서 다양한 테스트 방법을 이용해 그들이 실제로 얼마나 협력적이었는지 수치로 계산해 냈습니다. 당신의 생각은 어떤가요? 위의 행동들 중 어떤 행동이, 협력하고 팀워크를 이룰 성향이 높아 보이나요? 탁구를 치는 것? 아니면 자유롭게 춤추는 것?

만약 그렇게 생각했다면 틀렸습니다! 우리는 우리 모두가 익숙한 동작을 볼 때 다른 사람의 협동성이나 팀워크 성향을 더 잘 예측해 낼 수 있었습니다. 이 실험에서 그러한 익숙한 동작들은 걷고, 달리고, 마카레나 춤을 추는 것이었습니다. 만약 당신이 탁구를 즐기는 사람이 아니라면 그 재빠른 동작에서 어떤 정보를 읽어내기란 무척 힘듭니다. 자유롭게 춤추기의 경우에는 아마 훨씬 더 힘들 것입니다. 좀 더 자세히 알아보도록 하죠. 만약 누군가가 대단히 열정적으로 다양하게 온몸을 흔들면서 춤을 춘다고 생각해 봅시다. 반면에 누군가는 그저 맥주 한 병을 손에 들고 박자에 따라 고개만 끄덕거리면서 춤을 춘다고 합시다. (이것은 전형적으로 볼 수 있는, 춤추기 싫어하는 독일 남성들의 춤입니다.) 그럴 때 두 번째 인물은 첫 번째 인물이 추는 춤만으로 상대 인물에 관해 말할 수 있는 것이 거의 없습니다. 반면에 사람들은 나 스스로도 능숙하게 추는, 안무가 잘 알려져 있는 있는 춤, 예를 들어 마카레나(혹은 강남 스타일) 같은 춤을 볼 때면 누가 나와 더 비슷한지 분명 더 잘 판단할 수 있습니다.

나는 또 하나의 실험을 통해 실험 참가자들이 얼마나 협력적인 성향을 가지고 있으며 서로를 어떻게 인지하는지 알아보고자 했습니다. 먼저 하나의 게임을 통해 그들이 얼마나 협력적으로 행동하는지 측정해 보았고, 그 후에 모든 참가자들에게 각각 자신의 상대를 어떻게 생각했는지 물어보았지요.

게임을 하기 위해 나는 참가자들을 두 명씩 서로 줄로 묶어서 이어 놓았습니다. 두 사람은 그들 사이에 쳐 놓은 장막 때문에 얼굴을 볼 수 없었고, 헤드폰을 쓰고 있어서 서로 말을 주고받거나 들을 수도 없었습니다. 그 게임의 핵심은 두 참가자가 각각 방의 한쪽 끝에 놓인 컴퓨터에서 주어진 몇 개의 버튼을 누르는데, 그 버튼을 길게 누를수록 그에 대한 보상으로 그만큼 누적된 돈을 받는 것이었습니다.

실험 참가자들은 초반에 갈팡질팡하다가 곧 서로 번갈아 가며 컴퓨터 버튼을 누르는 것으로 그 문제를 해결했습니다. 한 번은 왼쪽 참가자가 버튼을 누르고, 다음에는 오른쪽 참가자가 눌렀습니다. 그들은 이 활동에서 자신의 상대를 어떻게 판단했을까요?

대체적으로 참가자들은 자신과 비슷하게 행동한 사람을 더 협력적이라고 여겼습니다. 내가 상대에게 3초간 버튼을 누르게 해 주었다면 상대도 내게 3초간 버튼을 누르게 해 주었을 때 말이죠. 그리고 이렇게 협력적이었다고 판단되는 상대를 대개 여자라고 여겼습니다. 반면에 누군가 덜 협력적이고 좀 더 이기적으로 상대를 자신의 컴퓨터 쪽으로 끌고 갔다면, 그 일을 당한 사람은 대부분 상대를 덩치가 더 큰 남자일 것이라고 생각했습니다. 따라서 우리의 직감은 외관을 보고 성격을 추론할 뿐 아니라 반대로 행동을 근거로 해서 그 행위자의 모습을 그려 보기도 한답니다.

그렇다면 우리들 모두는 재빨리 내리는 최초의 판단이 나중에 늘 맞아떨어지는 슈퍼 심리학자란 말일까요?

아쉽지만 그렇지 않습니다! 연구 결과들은 우리의 직감이 사람들을 몇 초 만에 판단하는 데 놀라울 정도로 뛰어날 수 있다는 사실을 입증하기는 합니다. 그러나 이러한 연구 결과들에서는 항상 많은 실험 참가자들의 평가가 합산되어 반영되었습니다. 한 사람 한 사람 개별 참가자들의 판단을 살펴보면 많은 사람들이 다수와는 다르다는 인상을 받았습니다. 그러므로 확실한 직감이 누구에게나 언제나 주어졌던 것은 아닙니다. 그때마다의 상황에 따라 우리의 판단은 많이 빗나갈 수도 있는 것이죠.

이것은 충격적이고 잔인한 폭력 행위가 미디어에 보도될 때 더욱 명확해집니다. 최대한 많은 사람들을 죽이기 위해 냉혹하게 비행기를 세계무역센터로 몰고 갔던 9·11 테러범들에 대해 이전의 이웃들과 교수들 중 일부는 그들이 다정하고 친절했다고 묘사했습니다. 어떤 사람의 직감도 그 테러범들이 오래전부터 비밀리에 어떤 계획에 종사해 왔는지 예측하지 못했습니다. 한편 우리는 얼굴이 동안baby face인 사람들이 악의가 없다고 여기며, 통계도 그런 사람들이 실제로도 흔히 덜 공격적이라는 사실을 입증합니다. 하지만 미국에서는 동안으로 유명한 연쇄살인범도 몇 명 있었습니다. 우리의 직감은 때로는 화려한 겉모습에 속아 넘어가는 것이 분명합니다. 특히 우리 자신이 사정을 잘 모를 때 그렇습니다. 우리 자신의 기분이 재빨리 판단을 내리는 능력에 강하게 영향을 미치기도 합니다. 기분이 좋을 때 우리의 직감은 우울할 때보다 더 나은 판단을 내리지요.

그리고 서로 다른 문화의 문제도 있습니다. 우리 자신의 문화권에 속하는 사람들을 판단하는 것이 다른 규범 아래서 성장한 누군가를 판단하는 것보다 확실히 더 쉽습니다. 같은 말과 행동을 가지고도 서양에서는 당신을 내성적이고 수줍어한다고 생각할 수 있는 반면에 동양에서는 당신이 외향적이고 심지어 뻔뻔하다고 여길 수 있는 것입니다.

우리들 모두는 서로 다릅니다, 거의 모든 면에서!

내 생각과 당신 생각이 닮은 이유

잠깐 재미있는 실험을 해 볼까요? 친구 몇 명을 불러 모은 다음, 시내의 보행자 도로에 빈 콜라병 하나를 바닥에 세워 두면 됩니다. 콜라병을 보고 감탄해 보세요! 놀라워하기도 하고요! 쪼그리고 앉아서 콜라병을 더 자세히 살펴보세요! '오!', '대박이야!', '충격적인데!' 이렇게도 말하면서요. 이 하나밖에 없는 물건에 앞다투어 관심을 보이세요!

상황은 다음과 같이 돌아갈 것입니다. 얼마 지나지 않아 최초의 보행자가 멈춰 서서 무슨 구경거리가 있는지 쳐다볼 것입니다. 더 늘어난 무리는 호기심에 찬 사람들을 계속 끌어모을 거고요.

그런 식으로 몇 분이 지나면 아주 많은 사람들이 모일 터이고, 당신들은 눈치채지 않게 빠져나와 멀리서 그 구경거리를 지켜볼 수 있습니다. 콜라병이 그토록 많은 사람들에게 집중적으로 관심을 받은 적은 한 번도 없었겠죠!

실제로는 물론 콜라병이 중요한 것은 아닙니다. 당신과 당신의 친구들이 열광적으로 공중을 쳐다보기만 해도 됩니다. 결정적으로 중요한 점은 한 무리의 사람들이 어떤 물건에 관심을 집중시키는 것입니다. 이것은 무관한 사람들에게 그곳에서 무언가 중요한 일이 벌어지고 있다는 강력한 신호가 됩니다. 위험이 닥쳤나? 아니면 저기에서 맛있는 걸 파나? 아주 오래전 빙하시대라면, 동굴에 살던 동굴사자만 해도 모든 구석기 사람들을 한 방향으로 바라보게 하는 그럴듯한 이유가 되었을 것입니다. 아니면 아직 썩지 않은 죽은 짐승의 고깃덩이도. 오늘날에는 길거리에서 무료로 나누어 주는 맥주가 그런 효과를 보일 것입니다. 아니면 고속도로에서 일어난 심각한 교통사고라든지. 어떤 일이 벌어지든지 간에 종종 우리는 그곳에 무슨 일이 일어났는지 살펴보고 알아내지 않고서는 못 배기는 것이죠.

우리 뇌가 그렇게 하기를 원하기 때문입니다!

남들이 어떤 생각을 하고, 무엇을 하는지를 우리 뇌는 자신이 내리는 평가에 포함시킵니다. 요란한 웃음소리를 끼워 넣어서 훨씬 더 즐거워지는 TV 시리즈만 생각해도 될 것입니다. 아니면 정치인들의 선거 유세전을 생각해 봐도 좋습니다. 아무리 진부한 구호라도 워낙 열렬한 갈채를 받기 때문에 결국에는 누구나 동의하지 않을 수 없게 되지요.

사실 유머와 선거전 구호는 취향의 문제일 수도 있습니다. 반대로 선들의 길이는 물리적으로 명확한 사실입니다. 그럼에도 많은 실험 참가자들이 사회심리학자 솔로몬 애쉬Solomon Asch가 행한 동류 집단 압력peer pressure에 관한 실험에서 명백히 틀린 다수 의견에 동조했습니다.

실험 참가자들은 세 개의 선 중에서 비교의 기준이 되는 선과 일치하는 선을 골라야 했습니다.(그림 17) 이 과제는 모든 참가자들이 식은 죽 먹기로 쉽게 풀 수 있었지만, 진행자 애쉬는 참가자들에게 드러나지 않는 함정을 파 놓았습니다. 이 실험에서는 여러 참가자들이 한 명 한 명 큰 소리로 대답을 외쳤습니다. 하지만 실제로 실험 참가자는 맨 마지막에 대답을 해야 했던 단 한 사람뿐이었고, 나머지는 내막을 알고 있는 사람들이었습니다. 그들은 고의로 가장 긴 선이 기준선에 가장 가깝다고 주장했습니다. 이것은 틀린 주장이었지만, 진짜 실험 참가자에게는 그야말로 만장일치의 의견으로 비쳤던 것이죠. 이 실험 사례의 3분의 2에서 다수의 목소리에 억눌린 사람은 자기 자신의 지각 내용을 헌신짝처럼 내던지고 다수 의견에 동조했습니다. 여러 개의 눈들이 결국 두 눈보다 더 정확히 보는 법이고, 무리를 이루면 확실히 올바른 방향으로 나아갈 것이기 때문이죠! 이것은 동류 집단 압력을 명확히 보여 주는 사례입니다.

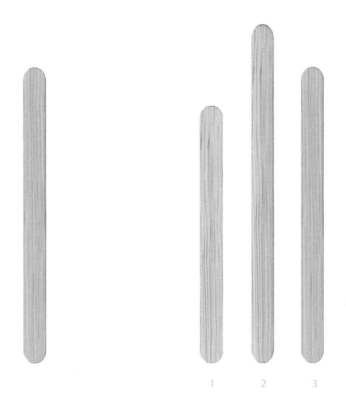

1   2   3

〈그림 17〉 오른쪽 선 중에서 어느 것이 왼쪽 선과 길이가 같은가?

아니면 그 이면에 더 심오한 어떤 비밀이 있는 것일까요?

여기에 대한 답을 찾다 보면 우리는 또다시 색의 세계로 빠져 듭니다. 애쉬의 동류 집단 압력 연구와 유사한, 프랑스 사회심리 학자 세르주 모스코비치Serge Moscovici의 실험에서는 참가자들이 사 람들의 99퍼센트가 초록색으로 인식할 색이름을 말해야 했습니 다. 그렇지만 실험 참가자가 대답을 하기 전에 같은 방에 있는 다 른 사람들이 한목소리로 파란색이라고 말하면, 마지막에 대답을 해야 하는 실험 참가자 대부분은 그 색을 파란색이라고 판단했 습니다.

이 실험에는 애쉬의 원래 실험에 비해 중요한 차이가 하나 있 었습니다. 마지막에 대답한 실험 참가자가 파란색이라고 말했을 때, 그는 실제로는 초록색을 보았지만 다른 사람들과 같은 답을 하기 위해 그저 파란색이라고 대답한 것일까요? 아니면 다른 사 람들이 모두 그렇게 말하자 정말로 파란색을 보았던 것일까요? 바로 이 점을 알아내려는 실험이었습니다.

이 실험의 참가자들은 실험 진행 중에 색을 말해야 할 뿐 아니 라, 그 색을 오랫동안 보고 난 뒤 자신이 지각한 색의 인상도 말해 야 했습니다. 그 이유는 다음과 같습니다. 우리가 1분 넘게 집중 해서 어떤 색 표지, 예를 들어 초록색 표지를 바라본 후 곧바로 흰 색 표지를 보면 초록색에 대한 소위 보색인 빨간색을 보게 됩니 다. 파란색 표지를 본 후에는 흰색 표지가 그 보색인 주황색으로 나타납니다. 이 현상은 바로 신경세포의 '순응adaptation' 때문에 나타나죠.

모스코비치의 실험 참가자들은 보색이 보이는 효과를 알지 못했기 때문에 자신이 실제로 보았던 색을 말했고, 바로 그것이 우리가 알아내고자 하는 답이었습니다. 실험의 결과는 어떠했을까요? 참가자들은 놀랍게도 주황색이라고 말했습니다.

남들의 의견에 영향을 받아 실험 참가자들의 색에 대한 지각이 실제로 초록색에서 파란색으로 바뀐 것이죠. 그들이 파란색을 보았다고 했을 때, 그들의 뇌는 정말로 파란색 표지를 마주 대하고 있다고 설득당한 것입니다.

우리는 클론?

몇 해 전, 내가 독일 콘스탄츠의 보덴제 호수 부근에서 대학에 다니고 있을 때의 일입니다. 저녁이 되면 나는 호숫가로 산책을 나가곤 했죠. 안개가 자욱하게 낀 어느 날 저녁이었는데, 풍경은 현실과 꿈의 경계가 사라진 듯했습니다. 나는 산책을 하며 몽롱한 생각에 몰입해 있었지요. 그때 오래 알고 지내던 사람이 나에게 말을 걸어 왔습니다.

"안녕, 오랜만이네! 그동안 어떻게 지냈어?"

"어, 진짜 오랜만이야! 잘 지냈지. 넌 어떻게 지냈어?"

"잘 지냈지. 외국에서 학기를 보내다가 돌아왔다고 들었는데?"

"맞아, 돌아온 지 몇 주 안 됐지. 넌 새로 가게를 열었다고?"

우리는 잠시 담소를 나누었습니다. 나는 외국에 다녀온 이야기를 했고, 그는 자신이 인수한 내 단골 술집에 관해 말했습니다.

15분쯤 후에 우리는 헤어졌습니다.

"잘 가, 펭! 또 보자!"

"어라, 브외른. 내 이름도 까먹은 거야? 아니면 놀리는 건가?"

"뭐? 너야말로 왜 브외른이랑 라르스를 바꿔 말하는데?"

우리는 어리둥절해져서 서로를 바라보다가 마침내 무엇이 잘못되었는지 깨달았습니다. 그는 나를 자신의 중국인 친구 펭과 혼동했던 것이죠. 펭도 그때 우연하게 외국 연수를 떠났었기 때문입니다. 나는 그를 그의 쌍둥이 형제 브외른으로 여겼던 거고요.

뭐, 괜찮아요. 일란성 쌍둥이를 혼동하는 것은 창피한 일이 아니며 자주 일어나는 일이니까요. (아무튼 당신이 콘스탄츠에서 브외른과 라르스 같은 북국의 이름을 가진 쌍둥이를 만나는 것보다는 더 자주 일어납니다.) 그러나 펭과 나를 혼동하다니? 우리는 친척 관계도 아니고 서로 전혀 닮지도 않았는데 말이죠. 어떻게 이런 일이 일어날 수 있을까요? 혹시 모든 아시아인들이 비슷해 보이나요?

과학자인 나로서는 당연히 그 문제에 관해 더 자세히 알고 싶었습니다. 그리고 우리가 지금 이 장에서 다른 사람들의 인지에 관해 다루기 때문에, 뇌과학이 이 주제에 관해 어떤 주장을 하는지 알아보기로 합시다.

서구인의 눈으로 살펴보자면 유럽인들은 첫눈에 매우 서로 다르게 보입니다. 그들은 금색·빨간색·갈색·검은색 머리카락을 가졌으며, 눈은 파란색·초록색·회색 또는 갈색이며, 코는 길고짧고 두툼하고 가늘고 곧거나 휘어져 있습니다. 게다가 피부색도 스칸디나비아의 창백한 흰색부터 지중해의 짙은 색까지 다양합니다. 반대로 아시아인들은 대개 검은 머리에 진갈색 눈, 그리고 약간 누르스름한 갈색 피부를 가지고 있습니다. 서양인의 눈에는 모두가 비슷해 보이지요, 그렇지 않은가요?

하지만 그렇지 않습니다. 아시아인이라면 누구나 이렇게 이의를 제기할 것입니다. 우선 피부색에서도 아주 다양한 서로 많은 톤들이 있지요. 그리고 무엇보다 한 명 한 명 아시아인들 사이에는 유럽인들의 눈에는 잘 띄지 않는 명확한 특성들이 다양합니다. 가령 광대뼈는 튀어나오거나 들어갈 수도 좁거나 넓을 수도 있습니다. 머리의 형태는 둥글고 기다랗거나 모가 질 수도 있으며, 턱 모양은 아담한 것에서 호두까기처럼 강인한 것까지 있고, 눈썹은 짙거나 미세하게 나 있을 수도 있고 일자로 뻗었거나 둥글게 휘어져 있을 수도 있고……. 정말 그렇습니다. 그 어떤 아시아인도 서로 같아 보이지 않습니다. 어디를 유심히 살펴보아야 하는지 알고 있다면 말이에요.

다만 핵심은, 대부분의 유럽인들이 그것을 모른다는 것이죠. 무엇보다 그들에게는 아시아인들과 만나 본 경험이 부족합니다. 당신이 일단 한국, 중국, 일본에서 잠시 살아 보았다면 당신의 뇌는 거기에 맞게 조절되고, 누구도 모든 아시아인은 서로 닮아 보인다고 말을 할 수 없을 것입니다.

다른 민족적 배경을 가진 사람들의 얼굴을 구분하는 지금의 이 문제를 학자들은 '타인종 효과other race effect'라 부릅니다. 이 효과는 아시아인들에게만 국한되는 것은 아닙니다. 아시아인들도 그들 입장에서는 아프리카인들을 잘 구별하지 못하기 때문이죠. 그들의 관심이 어떤 집단의 아프리카인들과 결부되어 있는지는 그리 잘 조사되어 있지 않습니다. 어쨌든 이 효과는 나의 아시아인 친구들이 알려 준 것처럼 정반대로 나타날 수도 있습니다. 말하자면 아시아인들에게는 예를 들어 유럽과 미국의 영화배우를 식별하는 일이 늘 쉬운 건 아닙니다. 독일인 가수 헬게 슈나이더Helge Schneider와 미국인 배우 윌리엄 H. 머시William H. Macy, 독일인 배우 안톤 모놋 주니어Antoine Monot Jr.와 할리우드 배우 자흐 갈리피아나키스Zach Galifianakis, 미국인 여배우 우마 서먼Uma Thurman과 러시아인 모델 다리아 스트로쿠스Daria Stokous처럼 말이죠. 나탈리 포트만Natalie Portman과 키이라 나이틀리Keira Knightley는 물론이고요. 내 말이 믿기 힘든가요? 그러면 구글 검색창에 '배우'와 '구분할 수 없을 정도로 닮은'이라는 검색어를 쳐 보면 됩니다.

우리들 모두에게는 연습이 좀 부족할 따름입니다. 똑같아 보이는 얼굴들을 구분하는 법을 얼마나 빨리 배울 수 있는지를 나는 2006년에 독일에서 열린 세계 축구 선수권 대회에서 확인했습니다. 당시에 나는 선수들과 인터뷰를 하기 위해 한국의 KBS 텔레비전 촬영진과 동행했습니다. 우리는 무엇보다 토고 출신인 특정 선수를 카메라 앞에 세우고 싶어 했지만 매번 엉뚱한 선수를 붙들었지요. (독일과 영국의 촬영진도 그 일을 더 잘 해내지는 못했다는 사실이 하나의 위안이 되었죠.) 그렇지만 열흘도 안 되어 우리는 토고인들의 얼굴 특성들을 잘 알아보게 되어 모든 국가 대표 선수들을 문제없이 구별할 수 있게 되었습니다. 일단 한 명 한 명 선수들의 차이가 눈에 띄기 시작하자, 우리는 그 전에는 이것이 왜 그토록 어려웠는지 의아하게 생각했답니다.

동물의 세계에서는, 이를테면 펭귄들 사이에서는 사정이 약간 다릅니다. 그들은 우리처럼 얼굴이나 겉모습을 근거로 서로를 구분하지 않습니다. 그들 대부분은 모두 비슷한 프록코트를 입고 다니니까 말이죠. 그 대신 배우자들은 부화기 동안 개별적인 울음 패턴에서 서로를 알아봅니다. 새끼들도 알에서 부화한 후에 엄마 아빠가 어떤 울음소리를 내는지 재빨리 머리에 각인합니다. 그래야 엉뚱한 부모에게 물고기를 달라고 찍찍거리지 않겠죠.

공동의 코드를 가진 뇌

우리는 이 장에서 우리 뇌가 남들을 인식하고 분류하는 데 전문화되어 있다는 것을 확인했습니다. 실제로 자동차나 집에서조차 우리 뇌는 열심히 얼굴을 찾아봅니다. 인간관계는 무엇보다 중요하기에, 아는 사람의 얼굴을 몰라보고 지나치느니 차라리 잘 모

르는데도 아는 척을 한 번 더 하는 편이 낫습니다!

우리가 만나고 있는 상대에 대한 평가는, 직감을 이용해 뇌 안에서 몇 초 만에 일어납니다. 우리의 뇌는 이것을 위해 표정 외에도 신체언어, 옷차림, 머리 모양 같은 신호들과 무의식적인 경험치도 이용합니다. 우리의 직감을 통한 한 사람에 대한 예측은 그 사람이 자기 스스로에 대해서 가지고 있는 이미지와도 아주 가까워집니다.

하지만 이 과정은 우리가 다른 민족적 배경을 가진 누군가를 판단할 때는 어려워집니다. 연습을 하지 않으면 각 개인들을 구별하는 데 문제가 생기는 것이죠. 더구나 서로 다른 문화에서는 서로 다른 성격 특성들에 대해 제각각의 척도가 적용됩니다.

그러나 우리 뇌는 유연하고 주변 환경에 재빨리 적응합니다. 우리는 아프리카인들, 아시아인들 그리고 유럽인들 모두를 분명하게 구분하는 법을 배울 수 있습니다. 우리가 다수에게 순응할 때는 심지어 초록색을 파란색으로 볼 수도 있습니다.

이처럼 서로의 사고와 생각의 패턴이 비슷해지는 것은 우리가 다 함께 동일한 주제에 집중할 때도 관찰됩니다. 예를 들어 강연을 할 때 연사의 사고 모델은 열심히 귀 기울이는 청중들에게 전파되기 때문에 실제로도 약간의 시간차를 두고 뇌파가 일치될 정도입니다. 따라서 우리 뇌는 우리의 생각을 형성하는 데 이용되는 일종의 공동의 코드를 가지고 있는 것으로 보입니다.

당신과 나, 우리는 세상의 모든 것들을 약간씩 다르게 지각하지만, 그 모든 차이들에도 불구하고 생각과 사고가 작용하는 신경 세포의 코드는 동일합니다. 또한 서로가 서로의 생각과 사고를 이해하기 위해서 사용되는 언어와 관념의 코드도 대부분 서로 공유하고 있습니다. 그렇기 때문에 우리의 뇌는 다른 사람을 인지하고 이해할 수 있으며 서로 소통할 수도 있는 것입니다.

여기서 우리는 바로 다음 질문으로 넘어갈 수 있겠죠. 그렇다면 나의 뇌는 다른 사람이 아닌 바로 나 자신에 관해서 어떻게 인지하는가?

진짜 같은 가짜 손과 믿지 못할 뇌

우리는
우리
자신을
어떻게
인지하는가

자기 자신을 발견하는 것보다
화성에 도달하는 것이 더 쉽다.

카를 구스타프 융 Carl Gustav Jung

두 살배기인 나의 아들 태오는 세상을 알아 가는 일에 몰두해 있었습니다. 아빠이자 호기심 많은 과학자인 나도 여가가 날 때마다 함께 세상을 탐사했습니다. 날씨가 아주 화창한 어느 날, 우리는 동물원에 가 보기로 했습니다. 집 앞에서 우리는 얼굴만 알고 지내는 이웃 부부와 마주쳤습니다. 그들 역시 어린 아들을 데리고 있었지요.

나의 아들 태오는 손가락으로 꼬마를 가리키며, "태오야!" 하고 외쳤습니다. 어럽쇼! 나는 이상하다는 생각이 들었습니다. 그들이 우리 부부가 그랬던 것과 똑같은 이름을 아들에게 지어 준 것은 기막힌 우연이었던 거죠.

동물원 입구에서 우리는 길게 늘어선 사람들 뒤에 서서 기다려야 했습니다. 그날 하루를 동물들을 구경하며 보내려는 가족이 우리만 있는 게 아니었지요. 조금 앞쪽에 어떤 부인이 여자아이 둘과 손을 잡고 있었습니다.

태오는 기뻐서 "태오야!" 하고 소리치며 그 아이들을 가리켰습니다. 아들은 자신의 새로운 발견에 더없이 행복해하며 나를 보고 싱긋 웃었습니다. 나도 따라 웃어 주었지만 곧 골똘히 생각에 잠기게 되었죠. 첫째, 나의 아들 태오가 이 사람들을 조금이라도 알고 있을 가능성은 지극히 낮았습니다. 둘째, 부모가 두 딸에게 똑같은 이름을 지어 줄 리는 없겠지요. 셋째, 게다가 남자아이 이름을 선택한 것 역시 그랬습니다. 태오가 아직 남자아이와 여자아이를 구분하지 못하는 것이 아닐까? 대체 몇 살이 되어야 아이들은 그것을 구분할 능력이 생기는 걸까? 나는 나중에 집에 가서 책을 찾아보기로 했습니다.

동물원에서도 태오는 어린아이들을 볼 때마다 큰 소리로 "태오야!" 하고 신이 나서 떠들어 대는 것이었습니다. 아하! 나는 생각했습니다. 태오에게는 '태오'가 어린아이나 아기에 대한 상위 개념인 것이 분명하다고요. 태오는 자신의 세상을 정돈하며 범주를 만들고 있었던 것이죠. 그것은 성장에서 매우 흥미로운 단계로, 약간 부정확한 것은 아직 범주를 만드는 중임을 보여 주는 징후일 뿐이었습니다. 나는 내 아들과 그의 똑똑한 뇌가 이루어 놓은 성과에 뿌듯함을 느꼈답니다.

잠시 후, 우리는 코끼리에게로 갔습니다. 울타리 앞은 사람들로 북적였습니다. 몇 주 전에 코끼리 암컷이 새끼를 낳았거든요. 아기 코끼리가 아장거리며 걸음마를 떼는 모습이 공개되고 있었습니다. 그 아기 코끼리는 동물원의 떠오르는 스타였지요. 나는 태오를 팔에 안고 구경을 시켜 주려고 앞으로 헤치고 나아갔습니다. 어떤 젊은 부부가 내가 힘들게 나아가고 있는 것을 알아차렸습니다. 태오가 미소를 지어 보이자 그들은 흔쾌히 살짝 옆으로 비켜 주었습니다. 이제 우리들 앞을 가리는 것은 아무것도 없었습니다. 태오는 커다란 귀를 가진 거대한 코끼리들을 놀라워하며 바라보았습니다. 그때 아기 코끼리가 불쑥 엄마 코끼리 뒤에서 달려 나왔습니다. 태오는 그 광경에 황홀해하며 두 팔을 쭉 위로 뻗었습니다.

"태오야!" 하고 아들이 소리를 질렀죠. 그리고 기뻐서 어쩔 줄 몰라 하며 손가락을 죄다 벌려 그 귀여운 코끼리를 가리켰습니다.

하나인 나와 수많은 너

아기들의 삶은 편한 듯이 보여도 그들 역시 우리 어른들과는 다른 수많은 문제들과 힘겹게 씨름하고 있습니다! 삶은 우리가 태어나 몇 주나 몇 달만 지나도 더 이상 예전처럼 순조롭게 흘러가지 않습니다. 예전에는 모르던 새로운 느낌들을 배우게 되죠. 어떤 때는 배가 고프고, 또 어떤 때는 너무 춥고, 배가 고프고, 너무 따뜻하고, 배가 고프고, 혼자라고 느끼고, 배가 고프고, 그러다가는 갑자기 주변에 너무 많은 사람들이 몰려 있습니다. 이렇듯 세상은 늘 새로이 적응해야 할 일로 가득합니다. 그리고 불편하게도 너무 자주 배가 고프답니다. 이때 가장 힘든 부분은 이런 불편함을 이겨 내기 위해 자신이 할 수 있는 것이 아무것도 없다는 점입니다. 꼭 엄마나 아빠가 와야 문제가 해결되는 것이죠. 다행히도 우리는 매우 일찍부터 그들의 얼굴을 알아볼 수 있으며, 또한 어떻게 하면 우리 자신에게 관심을 기울이게 만드는지도 알고 있습니다. 그런데 이 '우리'가 누구인지에 대해서는 사실 까마득하게 아무것도 모르고 있죠.

아기 시절의 우리는 '나'라거나 '자기 자신'이라는 개념을 조금도 떠올릴 수 없습니다. 아기들에게 세상은, 그들 자신을 중심으로 하는 하나의 거대한 단일체일 뿐 아니라 그들 자신이 곧 세상인 것이죠! 아기들이 어느 정도 자라고, 제법 나이를 먹고, 제법 똑똑해져서야 비로소 세상 안에는 자신에게 속하지 않는 부분이 있다는 것을 알아차립니다. 그리고 더 많이 자라고, 나이가 들고 똑똑해지면 대체 무엇이 '자기 자신'을 이루는지 깊이 생각해 보기 시작합니다. 자아는 무엇으로 이루어져 있는가. 그리고 무엇으로부터 우리 자신에 관한 생각을 얻는가. 이것이 철학자와 뇌과학자 들이 아기와 차이가 나는 점입니다. (그것 말고도 알코올 음료를 선호하는 것도 차이라고 하겠네요.)

태어나서 1년쯤 지나면, 아기의 조그만 뇌는 비록 눈이 '여기, 딸랑이가 있다'는 신호를 보내지 않더라도 여전히 사물이 존재한다는 사실을 깨닫습니다. 딸랑이는 내 눈에 보이지 않을 때에도 분명히 있을 거야. 나는 보지 못하더라도 엄마와 아빠는 딸랑이를 보겠지. 가끔씩 딸랑이를 손에 쥐고 나타나니까. 엄마와 아빠는 혹시 손과 발과는 다른 어떤 것인가? 그들도 나와 같은 그런 것인가? 그러면 세상에서 내가 전부가 아니라는 것인데! 나 말고도 다른 나(자아)들이 있다고?

세상이 '나'와 '그 밖의 모든 것들'로 나뉘어 있고, 자신의 '자아'

말고도 또 다른 수많은 '자아들'이 더 있다는 사실을 깨닫는 것, 이것은 정말 대단한 인식입니다. 어쩌면 이것이 우리의 정신 능력의 발달에서 가장 중요한 단계일지도 모릅니다.

또한 이것은 엄청난 규모의 추락입니다! 방금 전까지만 해도 내가 모든 것을 포괄하는 우주였는데, 별안간 수많은 자아들 중의 하나일 뿐이라니. 뇌는 이런 깨달음을 어떻게 처리해야 할까요? 아무튼 인류는 진화의 역사에서 이것보다 훨씬 덜 중요한 인식의 전환 때문에도 심하게 좌절한 적이 있었습니다. 예를 들면, 몇몇 사람이 느닷없이 지구가 더 이상 우주의 중심이 아니라고 주장했을 때, 또는 전혀 평평하지 않다고 주장했을 때 말이지요. 당시 사람들은 그 좌절감을 서로 영혼을 화형시키는 것으로 괴롭혔습니다. 그런데 얼마 전까지만 해도 자신이 유일무이하다고 여겼던 바로 그 뇌가 이 사실에 어떤 반응을 보여야 할까요?

뇌는 그것을 그냥 받아들입니다.

이 발견은 대단한 것이며 사실 많은 즐거움을 안겨 준답니다. 뇌는 세상이 자아(나)와 수많은 상대(너)로 나뉘어 있다는 사실을 깨달은 후에는 세밀하게 분류하기 시작합니다. 한 살 반에서 두 살 정도 되면, 뇌는 거울을 통해 자기 자신을 알아볼 수 있습니다. (물론 이것은 뇌 그 자체가 아니라 그 아이 전체를 의미합니다.) 우리들에게는 이 말이 진부하게 여겨질지도 모르죠. 그렇지만 우리가 동물의 왕국을 잠깐 들여다보기만 해도 그 아이가 그로써 어떤 등급에 들어가는지 명확해집니다. 개와 고양이는 소위 거울 테스트에서

짖고 으르렁거리는 것으로 통과에 실패합니다. 이 동물들은 거울에서 보고 있는 것이 자기 자신이라는 것을 알아차리지 못하는 것이죠. 침팬지와 오랑우탄은 그 테스트를 통과하지만 고릴라는 그러지 못합니다. 까치와 케아앵무새 같은 몇 종의 새들도 자기 자신의 모습을 보고 있다는 것을 압니다. 만약 당신이 배의 난간에서 거울을 바닷속에 빠뜨린다면, 돌고래들은 자기 자신의 모습을 보며 미소를 지을 수 있게 되어 기뻐할 게 확실합니다.

그러므로 아기의 어린 뇌는 자아 인식을 매우 잘 해내는 셈입니다. 이름을 붙여 줄 때 뇌는 처음에는 진척이 약간 더딥니다. 동물이든 인간이든 모든 어린 것들을 '태오'라 부르는 태오의 경향이 이것을 잘 보여 주고 있습니다. 태오에게 세상은 오직 태오들로 넘쳐 날 뿐이니까요. 그러나 1년 동안만 그렇습니다. 세 살에서 네 살 정도가 되면 아이들에게는 자기라는 인물에 대한 감각이 성숙해져서 태오는 '태오'라는 이름이 자기 자신에게만 해당된다는 것을 압니다. 그 외의 사람들은 제각각의 이름으로 불리거나, '아기'나 '아이'라는 익명의 이름으로 근근이 존재하는 것이죠.

어린아이가 자아와 상대에 관한 모델을 발전시키는 데 얼마나 진척을 이루었는지를 학자들은 흔히 '거짓 믿음 테스트false belief test'로 조사합니다. 이것은 잘츠부르크 대학의 하인츠 빔머Heinz Wimmer와 요제프 페르너Josef Perner가 1980년대에 만든 것이죠. 이것을 약간 변형한 것이 〈그림 18〉이 보여 주는 '샐리 앤 테스트Sally Anne test'입니다. 샐리와 앤은 이 테스트에서 인형이어도 되고 인간이어도 좋습니다. 아이들에게 이것은 아무런 차이를 보이지 않으니까요. 이 어린 실험 참가자들은 샐리가 예컨대 공 같은 어떤 물건을 바구니에 담아 놓고 나가는 것을 지켜봅니다. 이제 앤이 아이들이 보는 앞에서 (그러나 샐리에게는 보이지 않게) 그 공을 바구니에서 꺼내 상자에 숨겨 둡니다. 실험 진행자는 아이들에게 샐리가 돌아와서 어디에서 공을 찾을지 물어봅니다.

이 대답에 따라 어린아이와 큰 아이로 구분됩니다. 어린아이들에게는 샐리가 상자 안을 찾아보아야 하는 것이 아주 명확합니다. 그 안에 공이 들어 있기 때문이죠. 그들은 이 사실을 알고 있고, 그 때문에 샐리도 그것을 아는 것입니다. 뇌는 네 살에서 다섯 살 정도가 될 때까지 그렇게 생각합니다. 반대로 큰 아이들은 샐리의 입장이 되어 생각할 수 있습니다. 그들은 샐리가 자신과는 다른 지식을 가지고 있고, 그 때문에 공이 바구니 안에 없더라도 바구니 안을 찾아볼 것이라는 사실을 알고 있습니다. 심리학적으로 설명하자면 이 아이들은 '마음 이론theory of mind'을 만들어 낸 것입니다. 이 아이들은 다른 사람도 자기 자신과 같지만 그럼에도 어떤 독자적인 존재라는 것을 알고 있습니다. 독자적인 생각, 감정, 소망을 가지고 있는 것이죠.

이렇게 구분하는 것은 중요합니다. 일단 남들과 경계를 짓는 것을 통해 비로소 우리는 자신이 누구인지 이해하기 때문입니다. 우리의 자기 자신은 우리와 다른 사람들 사이의 상호작용으로부터 성장합니다. 구소련의 심리학자 레프 비고츠키Lev Vygotsky의 주

샐리　　　　　　　　　　　　앤

〈그림 18〉 샐리는 어디서 공을 찾을까?

장을 따른다면, '우리는 남들을 통해 비로소 우리 자신이 되는 것'입니다. '우분투ubuntu'라는 말도 이와 비슷한 내용입니다. 아프리카의 반투 언어로, '한 사람은 다른 사람을 통해서만 사람이 된다'는 공동체 의식을 나타내는 말입니다.

이 말의 내용이 맞다는 것은 무엇보다 우리가 우리 자신을 설명할 때 명확해집니다. 당신이 누구인지 나에게 말해 주세요! 당신은 소셜 미디어에서 자신의 프로필을 소개하거나, 자기 소개서를 써야 할 때처럼 하면 됩니다. 물론 나도 압니다. 나 역시 무척 싫어하는 일이지요. 생년월일, 학력, 신발 사이즈, 그리고 즐겨 마시는 맥주 같은 관례적인 정보가 들어가야 하는 부분은 그렇다고 칩시다. 대체 나라는 인물에 대해 뭐라고 설명해야 하나요? 나에 대해 말할 것이 무엇이 있나요? 도대체 나는 누구란 말입니까?

당신이 이 문제에 당황해서 휘청거릴까 봐, 당신을 위해 적절한 조언을 준비해 놓았습니다. 당신의 친구가 당신의 특성을 어떻게 소개할지 곰곰이 생각해 보세요. 친구란 우리 자신이 어떤 사람인지 알아내야 할 때 가장 중요한 정보 원천에 속하기 때문입니다. 남들이 자신의 농담에 웃지도 않는데 누가 자신을 유머 감각이 있다고 여길까요? 남들이 찾아와 근심을 털어놓지 않는데도 누가 자신을 공감 능력이 있다고 믿을까요? 남들이 자신의 말을 믿지 않는다면 누가 자신이 신뢰성이 있다고 생각할까요? 이런 남들이 없다면 우리는 정말이지 자신에 대해 아는 것이 거의 없을 것입니다. 그러면 우리는 우리 자신에 대해 둔감해지겠죠.

자기 몸을 스스로 간질여 본 적이 있나요? 다시 한 번 해 보면 알 겠지만 당신은 웃지 않을 게 틀림없습니다. 절대 통하지 않아요.

찰스 다윈도 이미 자기 몸을 간질이는 경우에는 '놀라게 하는 요인moment of surprise'이 일어나지 않는 것으로 추정했습니다. 우리 는 곧 발바닥이나 겨드랑이에 근질거리는 것이 와닿을 것이라는 사실을 알기 때문이죠. (이 때문에 자신에게 스스로 초대장을 보낸 깜짝 파티만큼이나 신이 나지 않을 것입니다.)

그래서 런던 대학의 뇌과학자인 사라 제인 블랙모어Sarah Jayne Blakemore는 1998년에 시작과 실제로 간질이는 과정 사이에 임의적 인 시간차가 나는 간질이는 기계를 만들어 냈습니다. 이로써 간지 럼을 타는 데 반드시 필요한 예측 불가능성을 이루어 냈지요. 자, 보세요! 이 기계로 마침내 인류의 오랜 염원인 스스로 간질이기 가 가능하게 된 것입니다.

뭐, 이왕에 기계를 만들었으니 내친김에 그 연구자는 자기 자 신을 대상으로 몇 가지 실험을 했습니다. 그녀는 우리 뇌가 스스 로 유발한 행동에서는 이전 경험을 통해 어떤 반응을 고려해야 하 는지 알고 있어서, 예방 차원에서 뒤이어 일어날 자극을 억제한다 는 사실을 알아냈습니다. 말하자면 우리가 텔레비전을 보다가, 이 제 곧 광고가 나오리라는 걸 알고서 볼륨을 줄여 놓는 그런 식이 죠. 우리의 뇌는 스스로 유발하는 자극이 예상될 때는 말하자면 무반응 상태로 돌려놓습니다. 간질이기뿐 아니라 스스로 꼬집거나 울부짖을 때도 마찬가지입니다. 남들이 그렇게 할 때는 더 심하게 아프고 더 요란하게 들립니다.

우리 뇌가 자기 자신의 행위를 무시하는 이유는 무얼까요?

적어도 두 가지 이유가 있습니다. 한편으로는 그렇게 해서 우리 뇌는 외부에서 오는 신호를 받아들일 통로를 비워 놓습니다. 자신보다 주변에서 벌어지는 일이 우선권을 가집니다. 배고픈 검치호랑이는 우리가 스스로 간질이기를 끝낼 때까지 기다려 주지 않거든요. 스스로 유발한 자극이 뇌에 지나친 부담을 주었다면 인류의 진화사에서 종종 불행한 결말이 났을 것입니다. 다른 한편으로 이렇게 차별하는 것은 우리 자신과 주변 환경을 구분하는 데도 도움이 됩니다.

이것을 더 알아보기 위해 이 책을 손에 들고 이리저리, 아래위로 흔들어 보기 바랍니다. 그래도 당신은 이 구절을 읽을 수 있나요? 엄청 힘들 것입니다. 그렇지 않나요? 눈에 보이는 세상 전체가 별안간 걷잡을 수 없이 떨리는 것도 사실 놀라운 일이 아니겠죠. 그렇다면 이제 책을 흔드는 대신 머리를 흔들어 보세요. 이제는 글을 읽기가 어떤가요? 더 쉬워졌나요? 이것이 '전정안구반사'입니다. 당신이 머리를 움직이면, 뇌는 그것이 얼마나 빠르게 어느 방향으로 향하는지 압니다. 그래서 그 변화를 정반대되는 눈의 움직임을 통해 보정하는 것이죠. 뇌는 이와 비슷한 방식으로 그 밖의 자체적인 움직임에 대해 균형을 잡거나 자극 강도를 약화시킵니다.

예컨대 당신의 손이 컨베이어벨트에 의해 옮겨지느냐 아니면 당신이 몸소 팔을 밀어 옮겨 놓느냐에는 차이가 있습니다. 능동적인 움직임을 위해서는 당신은 스스로 근육을 조종해야 하며, 이에 당신의 뇌는 '수출신호복사effrence copy'라고 불리는 백업 신호를 따로 만들어서 전송합니다. 즉, 당신의 뇌는 당신 자신이 유발하는 모든 것에 관해 정확히 알게 됩니다. 이로써 우리 뇌는 수출신호복사가 '나야!' 하고 알려 주는 자신의 행동과, 외부에서 일어나는 조작을 구분하기 위한 대단히 효과적인 수단을 얻습니다. 백업 신호가 없다면 외부에서 일어난 조작이고, 백업 신호가 있다면 스스로가 조작해서 일어난 행동이라는 것을 알게 되는 것이죠.

그러나 어쩌면 자신과 외부 세계를 분리하는 것은 우리가 믿고 있는 만큼 그리 엄격하지 않을지도 모릅니다. 여기에 주의해 볼 만한 게 있습니다. 이제부터 다루는 주제는 확실한 지식은 얼마 되지 않는 데 반해, 수년 전부터 생겨난 통속 과학적 내용은 엄청나게 많습니다. 바로 '거울신경세포'에 관한 내용입니다.

객관적인 사실은 원숭이의 뇌에는 자신이 직접 먹이를 쥐거나, 다른 동물이 먹이를 쥐는 것을 지켜볼 때 활성화되는 신경세포들이 있다는 것입니다. 만약 그 신경세포들이 두 경우에서 동일하게 활성화 패턴을 보여 준다면, 우리는 그 세포들을 '거울신경세포'라고 부릅니다. 그 세포들이 다른 동물의 행동을 지켜볼 때 본인이 그 행동을 수행하는 것처럼 반응하고 뇌 속으로 '반사'해 주기 때문입니다. 이것이 우리가 알고 있는 지식의 거의 전부이며, 이 제부터는 근거가 다소 모호한 억측의 세계로 들어서게 됩니다.

이 이론을 제법 과감하게 옹호하는 사람들은 거울신경세포가 인간에게서도 원숭이와 똑같이 기능한다고 가정합니다. 그런데 우리는 이것을 직접 인간에게서 조사할 수 없습니다. 인간의 뇌 에 전극관을 밀어 넣고 어떤 조건에서 그 신경세포들이 활성화되 는지 검사하는 것은 의료상의 이유로 뇌 수술을 받을 때에만 가능 하기 때문이니까요. 이 수술은 가령 뇌전증이 대단히 심한 경우에 필요할 수도 있습니다. 뇌를 외부에서 조사하는 또 다른 방법은 멋진 영상들을 제공하기는 하지만 각각의 세포를 관찰할 수는 없 고 항상 세포 집합체 전체를 보게 됩니다. 이 집합체 중에는 거울 신경세포와 비슷하게 반응을 보이는 것도 있지만, 이 세포들을 정 확히 규정할 수는 없습니다.

그럼에도 많은 연구자들은 춤 같은 복잡한 동작의 경우에도 인 간의 거울신경세포가 그것을 지켜보는 사람의 내면에 그와 일치 하는 활성화 패턴을 만들어 내며, 이런 식으로 지켜보는 것을 통 해 우리 자신이 직접 행동하는 것처럼 배운다고 추정합니다. 그들 의 주장이 옳다면, 우리에게는 당연히 그런 경우에 뇌가 어떻게 모의실험과 자기 자신의 진짜 행위를 구분할 수 있는가 하는 의문 이 제기됩니다.

뮌헨 대학의 실험심리학자 시모네 쉬츠 보스바흐Simone Schütz Bosbach는 뇌의 운동중추에서의 활성화가 우리가 직접 행동하느냐 아니면 다른 사람의 행동을 지켜보기만 하느냐에 따라 달라진다는 사실을 입증했습니다. 우리가 직접 행동할 때 운동중추에서의 활성화는 훨씬 더 낮게 조절되어 있습니다. 순전히 지켜보기만 하면 활성화가 그리 심하게 떨어지지 않습니다. 따라서 기본적으로 이것은 처음에 예를 들었던 간질이기의 경우와 같습니다. 즉, 뇌에게 자기 자신의 능동적인 동작은 자기 자신과 남을 구분하기 위한 중요한 정보 원천이 되는 것이죠.

뇌와 몸의 진정한 팀워크

그러므로 자기 자신을 인지할 때 우리의 뇌와 몸은 서로 긴밀히 협력합니다. 우리가 오랫동안 생각해 왔던 것보다 더 긴밀하게 말이죠.

가령 당신이 새로운 종류의 운동을 시작하고, 또 가능한 한 빨리 전형적인 동작들을 익히려 한다고 가정해 봅시다. 가장 좋은 방법은 다른 운동선수들을 관찰해서 그들의 행동을 따라 하는 것입니다. 몸을 움직이는 것을 통해 당신의 뇌는 그것과 연관된 조종 신호를 훨씬 잘 저장할 수 있습니다. 이것은 심지어 당신이 실제로는 아무것도 보지 않을 때도 성공적으로 작동합니다. 튀빙겐 대학의 안토니오 카질레Antonio Casile와 마르틴 기제Martin Giese는 실험 참가자들이 그들과 함께 특정한 행동을 훈련하기 전에 그들의 눈을 붕대로 가렸습니다. 나중에 그들의 눈에서 붕대를 풀어 주자 실험 참가자들은 어떤 동작을 자신이 직접 연습했으며, 어떤 동작을 하지 않았는지 아주 정확히 알아냈습니다. 눈으로 보고 배운 것보다 몸으로 배운 것이 더 효과적이었지요. 몸이 뇌에게, 말하자면 눈이 되어 주었기 때문입니다.

우리가 어떤 상황을 판단할 때에도 몸이 자주 개입합니다. 그래서 프로 농구 선수들은 공의 궤도를 그들의 트레이너들보다 더 잘 예측할 수 있습니다. 트레이너들은 비록 공이 날아가는 장면을 훨씬 더 자주 보지만, 대신 전문적인 몸 감각이 더 약하기 때문입니다. 우리가 지금 느낌을 다루고 있으니 한번 물어보죠. 당신은 어떤 때 언덕이 더 가파르다고 생각하나요? 홀가분한 몸으로 언덕을 바라볼 때인가요, 아니면 무거운 배낭을 등에 지고 언덕을 바라볼 때인가요? 그렇습니다! 피로와 탈진은 우리의 사고 과정에 상당한 영향을 미칠 수 있습니다.

미국 럿거스 대학의 매기 쉬프라Maggie Shiffrar가 뇌와 몸의 팀워크에 관한 매우 흥미로운 실험을 했습니다. 그녀는 실험 참가자들에게 조그만 발광 반점들을 부착시켰습니다. 할리우드 영화에서 어떤 배우의 동작을 컴퓨터에 나오는 인물과 합성시킬 때 하는 것처럼 말이죠. 그런 다음 실험 참가자들은 크리스마스트리로 보이는 옷을 입고 평소대로 걸어가고 달려가는 것에서 춤을 추고 샌드백을 치는 것까지 다양한 활동을 수행했습니다. 쉬프라와 연구진은 참가자들이 그렇게 하는 모습을 비디오에 담았습니다. 그 후에 참가자들은 모든 비디오 영상을 보고 그 각각의 짧은 영상이 자신의 것인지, 친구의 것인지 아니면 낯선 사람을 찍은 것인지 밝혀야 했습니다. 낯선 사람의 영상은 그저 사람들이 발광 반점들의 움직임만 보고도 어떠한 움직임이 누구의 움직임으로 알아볼 수 있는지 확인하기 위한 대조군이었습니다.

우리가 가장 많이 본 움직임은 누구의 것일까요? 아마도 날마다 본 친구의 움직임이 우리에게 시각적으로 가장 익숙했을 것입니다. 반면, 자신의 움직임은 몸의 감각으로는 익숙하겠지만 그 모습을 시각적으로는 자주 보지 못했을 것입니다. (늘 거울 앞에서 사는 사람이 아니라면 말이죠.) 그런데 우리가 제3자의 시점에서 보았을 때 가장 잘 구분해 낼 수 있었던 움직임은 누구의 것이었을까요? 재미있게도 그것은 바로 자기 자신의 움직임이었습니다. 몸의 감각이 시각적 경험보다 더 중요했다는 이야기지요.

보여진 비디오 영상들의 거의 70퍼센트에서 실험 참가자들은 자기 자신을 제대로 알아보았고, 자신의 친구들의 모습은 대략 절반가량 알아보았습니다. 개인적인 스타일이 더 많이 드러나는 춤이나 권투 같이 복잡한 동작에서 자기 자신이나 친구를 알아보는 것이 더 쉬웠고, 걷기와 달리기같이 일반적인 동작에서는 적중률이 대체로 더 낮았습니다. 같은 동작을 보더라도 늘 제3자의 시점에서 보는 동작들이, 자기 자신 (1인칭)의 시점에서 자기 자신을 내려다보는 것 같은 동작들보다 더 적중률이 높았습니다. 신기하게도 우리는 우리 자신의 동작을 알아맞힐 때조차도 마치 우리들

밖에서 우리를 관찰하는 듯한 시점에서 더 잘 알아보았다는 이야기입니다.

느낌은 근육이 만든다

당신은 이제 이렇게 항변할지도 모르겠군요. 우리 자신의 몸을 움직이는 것을 알아볼 때 우리 몸의 감각이 가장 중요하다는 것은 그다지 놀라운 일이 아니라고요. 하지만 몇몇 고전적 철학자들에 따르면 우리의 정신(영혼)이 우리의 몸을 조종하는 것 아니었나요? 예를 들어 우리가 어떠한 감정을 느낄지조차도 우리의 정신(영혼)이 판단하는 것이라고요.

아, 감정 얘기를 해서 반갑습니다. 좋은 예거든요. 우리가 먼저 감정을 느껴서 몸이 반응하는 것일까요, 아니면 몸의 느낌을 보고 우리의 뇌가 어떠한 감정을 느낄지 판단하는 것일까요?

제가 가장 좋아하는 감정은 물론 기쁨입니다. 그리고 당신은 실제로도 몸을 살짝 속이기만 하면 기쁨을 불러올 수 있습니다. 이때 필요한 것은 연필 한 자루가 전부입니다. 연필을 가로로 입에 넣어 이로 꼭 물어 보세요. 입술로 물어서는 안 됩니다! 이를 사용해야 합니다. 그래야만 당신은 미소를 짓고 웃을 때와 동일한 근육을 쓰게 됩니다. (특히 꽃무늬 연필을 물고 그 모습을 거울에 비추어 보세요.) 그렇게 준비한 다음, 이제 우습다고 생각되는 상황으로 빠져들면 됩니다. 책장을 뒤져 만화가 그려진 오래된 책을 한 권 꺼내 읽어 보세요. 뷔르츠부르크 대학의 프리츠 슈트락Fritz Strack이 1988년에 얻어 낸 결과에 따르면, 당신은 입에 연필을 물고 있을 때가 그렇지 않을 때보다 훨씬 더 즐겁다고 여길 것입니다. 그 이유는 당신이 지금 웃는 얼굴을 하고 있다고 뇌에 알려 주는 근육의 신호 때문이죠. 뇌는 이렇게 생각합니다. 오, 내가 웃고 있다면 거기에는 분명 이유가 있을 거야. 그렇다면 해당 호르몬들을 분비해서 기분을 제대로 올려 줘야겠군! 따라서 학문을 하는 연구자들 사이에서 '안면 피드백facial feedback'이라 불리는 이 자기 제어 기능은 몸의 상태에서 실제의 정서적 상태를 불러일으킵니다.

이것이 제대로 적중할 것이므로 나는 여기에 이어 또 하나의 연구 결과를 소개하고자 합니다.

사랑에 빠진 연인들이 몇 시간 동안이나 서로의 눈을 들여다보는 것을 신기하게 여긴 적이 분명 있을 테지요. 이것은 어느 정도까지는 반대로도 작동합니다. 바라보는 것에서 호감을 느끼는 것으로! 이것을 위해 전혀 얼굴을 모르는 사람들을 남녀로 짝을 지어 여러 쌍으로 나누고, 그들에게 2분 동안 집중해서 눈을 들여다보라고 부탁해 보세요. 서로 불편할 수도 있으니까, 기분 전환을 위해 상대방 눈의 깜빡임을 세어 보라는 위장 과제를 제시합니다. 정해진 시간이 지난 후에 참가자들은 서로에 대한 평가를 내려야 합니다. 그런데 보세요! 오래 눈 맞춤을 즐길 수 있었던 쌍들은 서로 상대의 손만 바라보고 있었던 쌍들보다 서로에게 호감과 매력을 더 느끼며 더 믿음이 간다고 판단했습니다. 이로써 우리는 드디어 영화 〈카사블랑카〉에서 험프리 보가트가 잉그리드 버그만에게 한사코 자신의 눈을 들여다보게 한 이유를 알게 됩니다.

보통 우리는 매우 가까운 관계에 있는 사람들에게만 이것을 허용합니다. 그러나 낯선 사람과 그토록 오랫동안 집중적인 눈 맞춤을 강요하게 되면 우리 뇌는 상대에게 온갖 긍정적인 특성들이 있다고 여기는 것으로 보입니다.

우리가 다른 사람들과 상호작용을 할 때면 항상 유대감이 생겨납니다. 우리는 시간이 지날수록 자신이 의식하지 못하는 사이에 상대의 표정이나 자세를 따라 하게 됩니다. 사람들이 꽤 오랜 시간 동안 마주 앉아 있을 때 당신은 이 현상을 관찰할 수 있습니다. 한 사람이 다리를 꼬면 종종 상대도 그렇게 합니다. 한 사람이 몸을 뒤로 기대고 앉으면 상대도 마찬가지로 그렇게 합니다. 우리는 우리의 태도를 어느 정도까지는 서로에게 맞추며, 상대가 우리와 같이 행동하는 것으로 보이기 때문에 우리는 상대가 비슷한 생각과 느낌을 가진다고 간주하는 것이죠. 이 때문에 상대는 더 호감 있게 보이는 것입니다.

표정에서도 그런 일은 일어납니다.

보톡스를 아시지요? 이 신경 독소는 주름살을 펴서 없애 주는 것으로 대단히 인기가 많은 상품이죠. 엄밀히 따지자면 보톡스는 주름에는 전혀 관여하지 않습니다. 오히려 근육을 수축시키는 신경전달물질 분비를 억제해서 그 결과 근육이 마비되게 만드는 것이지요. 늙어 가는 배우들이 흔히 실망하는 보톡스의 문제점은 조금만 많이 맞아도 생기 넘치는 얼굴을 무표정한 인형처럼 만드는 데 있습니다. 보톡스를 맞은 얼굴은 어쩌면 멋지게 보일 수도 있겠지만 이상하게도 감정이 없어 보입니다.

남캘리포니아 대학의 데이비드 닐David Neal은 2011년에 보톡스가 얼굴 근육을 마비시킬 뿐 아니라 남들의 표정을 올바로 해석하는 능력도 떨어뜨린다는 사실을 입증했습니다. 보톡스를 맞으면 상대의 정서적 표현을 따라 하는 것이 매우 힘들어집니다. 시각적 신호와 근육이 알려 주는 정보가 함께 작용하지 않으면 우리 뇌는 얼굴이 찌푸려지고 씰룩거리는 것이 무엇을 의미하는지 더 이상 정확히 알아차리지 못합니다. 따라서 보톡스는 말 그대로 공감하는 능력을 마비시키는 것이죠.

하지만 놀랍게도 이 신경 독소는 제대로 사용하기만 하면 기분을 좋게 해 줄 수도 있습니다. 우울증에 걸린 많은 사람들은 미간을 주름지게 만드는 근육조직을 지속적으로 긴장시키는 경향이 있습니다. 그 결과 그들은 그야말로 '분노의 주름'을 짓게 되죠. 그것이 반드시 분노 때문이 아니라 해도 결코 넘쳐 나는 기쁨을 보여 주는 징표가 되지는 않습니다. 보톡스를 이용해 주름 근육이 펴지면 분노의 주름만 사라지는 것이 아닙니다. 함부르크에서 진행된 한 연구에서는 환자들의 우울증 증상도 절반으로 떨어졌습니다. 병적인 울적함의 신체적 징후가 사라지면 울적함 자체도 줄어드는 것으로 보입니다.

이것이 전부가 아니랍니다!

자신감을 주는 자세, '파워 포징power posing'*이라는 용어 이면에는 부작용이 없고 합법적인 데다 공짜인 '도핑doping(능력을 향상시켜 주는 약물)'이 숨겨져 있습니다. 당신은 슈퍼맨처럼 느껴 보고 싶은가요? (슈퍼걸이나 슈퍼마우스처럼?) 그렇다면 그냥 그와 똑같은 자세를 취하기만 하면 됩니다! 다리 사이를 벌리고, 몸을 똑바로 세우고, 가슴을 내밀고, 팔을 허리에 대고 버티세요. (한쪽 주먹을 위로 뻗쳐도 좋습니다. 다만 지붕에서 날아 보려는 시도는 하지 말기 바랍니다.) 이제 시작이군, 하고 생각한 당신은 강인하고 위험도 헤쳐 나갈 수 있다고 느끼게 되죠. 이와 반대로 당신이 몸을 작게 만들면 당신의 정신도 움츠러들어 용기를 잃고 맙니다.

'파워 포징'은 이미 일상에서 효력이 입증되었습니다. 당신이 시험, 면접 혹은 임금 협상 같은 중요한 일을 앞두고 있다면 평소보다 더 자신감 있게 행동하세요. 이제 한 가지, 당신의 사장이 부디 이 책을 읽지 않았기를 바라는 일만 남았습니다.

따라서 뇌는 명령만 내리는 것이 아니라 몸이 알려 주는 정보를 받아들여 정신 상태를 거기에 맞게 적응시킵니다. 그러나 이것

----

* '파워 포징power posing', 즉 자신감을 주는 자세에 대한 연구는 공동 연구자가 이 연구에 대해 회의적이라는 입장을 밝히기도 했습니다. 특정 자세를 취할 때 자신감이 강화된다고 느끼는 것 자체는 사실로 판명되었지만, 그로 인해 몸에서 생기는 호르몬에 대해서는 논란의 여지가 있습니다.

은 어떤 것이 자기 자신의 몸인지 더 이상 명확히 인식할 수 없을 때는 힘들어집니다.

나의 아바타와 나

여기까지는 모든 면에서 우리 뇌와 몸이 서로 협력해서 일을 처리하는 단짝처럼 여겨집니다. 죽을 때까지 떨어질 수 없는 사이인 것 같지요! 그런데 뇌가 얼마나 믿기 힘들 수도 있는지 알면 당신은 깜짝 놀랄 것입니다.

이제부터 오싹 소름이 돋는 '고무 손 환상gummihand illusion'을 시작하겠습니다. 실험 참가자 한 사람과 팔이 달린 고무로 된 손이 필요합니다. 이 손은 실험 참가자의 원래의 손과 색과 모양이 가능한 한 비슷해 보여야 합니다. (할로윈 용품점에 가면 이런 소도구를 구입할 수 있습니다.) 실험 참가자에게 탁자 앞에 앉아 두 팔을 탁자 위에 나란히 올려놓게 합니다. 고무 손은 해당되는 원래의 손 옆에 놓아두고, 팔은 〈그림 19〉에서 보이는 것처럼 천으로 덮어 두면 됩니다. 능숙한 마술사라면 이제 요술 지팡이를 흔들겠지요. 그러면 순식간에 그 손들이 서로 자리를 바꾸거나 꽃다발로 변할 것입니다. 그렇지만 우리는 학문적으로 진지하게 진행하며, 당연히 속임수는 쓰지 않습니다. 그러니 실험 참가자는 언제든지 어느 손이 자신의 것인지, 어느 손이 고무로 된 것인지 볼 수 있습니다.

〈그림 19〉 몸은 하나인데 손은 셋, 어떤 것이 진짜 손인가?

하지만 그의 뇌는 이제 그에게 좀 다르게 설명할 것입니다. 당신이 진짜 손과 고무 손을 붓으로 동시에 가볍게 쓸어내리면, 실험 참가자에게는 혼동이 시작됩니다. 정확히 동시에, 그리고 동일한 방향으로 진짜 손과 고무 손을 쓸어내립니다. 오래지 않아 실험 참가자는 고무 손이 진짜라는 느낌을 받습니다. 천으로 진짜 손이 보이지 않도록 덮어 두면, 뇌는 서서히 진짜 손을 잊어버리기까지 합니다. 더구나 이것은 물리적으로 측정까지 가능하답니다! 숨겨진 진짜 손의 체온이 떨어지고, 접촉에 대한 감수성도 낮아지는 것이죠. 면역반응도 높아진 것으로 드러납니다. 당신이 실험 참가자에게 자신의 손이 어느 것인지 물어보면, 그는 아마도 고무 손을 가리킬 것입니다. 마지막으로 극적인 효과를 일으키도록(학자들은 진지하기는 하지만 모든 연구자의 내면에는 짓궂은 꼬마 마술사가 숨어 있으니까요.) 커다란 바늘이나 망치를 가지고 고무 손을 찌르거나 내리칠 것처럼 해 보세요. 그러면 곧 몸에 닥칠 통증에 대비하게 해 주는 뇌 중추에서 모든 비상벨이 요란하게 울립니다. 실험 참가자는 즉각적으로 자신의 손을 구하려면 어떻게 해야 할지 고민하게 됩니다. 거의 모든 실험 참가자들은 놀라서 몸을 움찔하며, 본능적으로 자신의 진짜 손을 빼낸답니다.

얼떨떨해진 뇌는 그제야 자신이 얼마나 쉽게 속아 넘어가는지 이상하다고 여길 것입니다. 시각적인 정보(내 손처럼 보이는 고무 손)와 감각을 통한 확인(붓으로 쓸어내리는 느낌)만으로도 뇌는 진짜와 가짜를 혼동하게 됩니다.

그러나 고무 손만이 뇌가 기꺼이 자기 것으로 받아들이는 유일한 신체 부위는 아닙니다. 새로운 얼굴을 이용해 보면 어떻게 될까요? 현재의 당신 얼굴이 무언가 잘못되었다는 건 아닙니다! 하지만 당신은 다른 사람이 되어 보면 어떨지 상상해 본 적이 있지 않나요? 정형외과 의사도 투입되지 않고 아주 잠깐 동안이라면? '얼굴 바꾸기 환상enfacement illusion'을 이용하면 당신은 몇 초 안에 진짜 얼굴과 같은 느낌이 드는 새 얼굴을 얻을 수 있습니다!

로열 홀로웨이 대학의 마노스 차키리스Manos Tsakiris와 바르셀로나 대학의 멜 슬레이터Mel Slater는 2008년에 고무 손 환상과 매우 비슷하게 작동하고, 참가자들에게 새로운 정체성을 부여하는 실험을 소개했습니다. 이번에는 실험 참가자들이 자신의 새로운 얼굴이 보이는 모니터 앞에 앉아 있습니다. 근육은 최대한으로 이완되어 있고, 시선은 정면을 향하고 있죠. 한 학자가 몇 분에 걸쳐 붓이나 솜뭉치로 뺨을 쓸어내립니다. 현실에서뿐 아니라 모니터에서도 똑같이 합니다. 이것이 효과를 내기 위해서는 실제 행동이 비디오에서와 정확히 일치하도록 진행되는 것이 중요합니다. 효과가 주어지면 자아 감정이 갑자기 실제로는 낯선 얼굴로 확장됩니다. 모니터가 거울처럼 지각되고, 뇌는 모니터 속에 보이는 얼굴을 자기 자신의 것이라고 여깁니다.

이 얼굴 바꾸기는 완벽한 망상 외에 기대하지 않은 효과도 불러옵니다. 뇌는 착각하고 있는 거울 속의 인물과 자신을 학자들이 예상했던 것보다 더 폭넓게 동일시합니다. 뇌는 말하자면 비디오에 나오는 인물의 신분으로 빠져드는 것이죠. 이때 경우에 따라서는 민족적 배경과 성별도 바꿉니다. 화면에 유럽인이 보이면 뇌는 자신을 유럽인으로 여깁니다. 화면에 아시아인이 보이면 뇌는 아시아인이 되죠. 아프리카인이 나오면 뇌는 자신을 아프리카인으로 느낍니다. 뇌가 여자의 얼굴을 보게 되면 자신을 여자로 여기는 것이죠. 또는 비디오에 나오는 얼굴이 남자라면 남자로 여깁니다.

타인의 신분으로 옮겨 가는 것은 몇 가지 효과를 줍니다. 실험 전에 성차별적인 입장이나 다른 인종에 대해 편견을 가진 참가자들은 이 환상을 경험한 후에는 자신의 견해를 바꾸거나 적어도 약화시켰다고 합니다. 남의 입장이 되어 생각해 보는 것은 우리의 세계관에 분명 매우 유익합니다. 비록 그것이 몇 분 동안에 지나지 않지만 말입니다.

다른 사람의 아이덴티티를 경험해 보는 것이 얼굴 바꾸기로 가능하다고 했지만, 더더욱 놀라운 것은 다른 사람의 몸 안으로 빠져드는 것 같은 환상을 경험할 때입니다. 스웨덴 카롤린스카 연구소의 헨릭 에르손Henrik Ehrsson과 그의 연구진은 고무 손 환상에서 경험한 것과 같은 효과를 온몸으로 확대할 수도 있다는 것을 보여 주었습니다. 일종의 인위적 체외 유리 체험을 가능하게 했다고 할 수 있지요. 이를 위해 실험 참가자들은 가상현실 안 다른 장소에 있는 자신 혹은 자신의 아바타를 봅니다. 그리고 그 아바타에 자극이 가해짐을 보는 것과 동시에 자신의 몸에서 그 자극을 느끼게 되죠. (그림 20) 우리 뇌가 이 새로운 상황을 어떻게 다루는지는 다

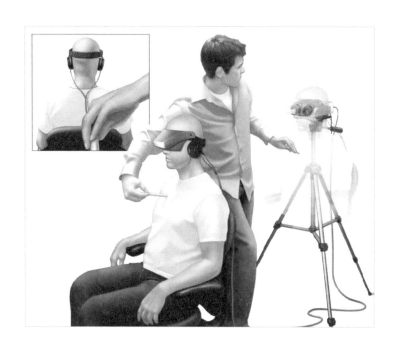

〈그림 20〉 아바타와 진짜 몸을 동시에 누르면, 정신은 가상 자아를 위해 몸을 떠난다.

음 장에서 더 자세히 살펴보겠습니다. 그러나 이 환상(착각)들이 진짜라는 느낌이 들도록 해 주는 결정적인 요인은 바로 다중 감각적 자극입니다. 그것이 손이 되었건, 얼굴이 되었건, 온몸이 되었건 상관없이 같은 순간 눈이 보는 감각과 몸이 느끼는 감각이 서로 일치하면, 뇌는 이 두 가지 감각을 어떻게든 하나로 합쳐서 해석하려 합니다. 느껴지는 감각이 보이는 위치가 고무 손이나 아바타라면 우리의 뇌는 그것을 내 몸의 일부라고 착각하기도 하는 것입니다. 그것이 심지어 로봇이라 해도 말입니다.

전 세계적으로 여러 과학자 그룹이 소위 '뇌 컴퓨터 인터페이스brain computer interfaces'라는 뇌와 기계의 상호 연결에 집중적으로 매달리고 있습니다. 이 인터페이스의 도움으로 신경세포가 기계나 로봇을 마치 자기 몸의 일부인 것처럼 조종하게 된다는 것입니다. 뇌가 내보내는 신호가 예컨대 뇌파 기록 장치에서처럼 전극관을 이용해 두피에서 촬영되고, 특수 소프트웨어를 이용해 분석된 후에 명령으로 변해 모니터로 넘겨집니다. 이런 방식으로 해서 브라운 대학의 존 도노휴John Donoghue가 담당하는 여성 마비 환자는 사고력(생각의 힘)과 로봇 팔을 통해 다른 사람의 도움 없이도 병에 든 음료수를 마시고 갈증을 해소할 수 있었습니다.(그림 21)

이 기기들은 '락트인 증후군locked in syndrom'에 걸린 환자들에게 주변 사람들과 능동적으로 의사소통을 할 수 있는 가능성을 제공합니다. 이 환자들은 뇌 손상으로 거의 전신이 마비되어 있고, 흔히 눈만 움직일 수 있습니다. 튀빙겐 대학의 닐스 비르바우머Niels

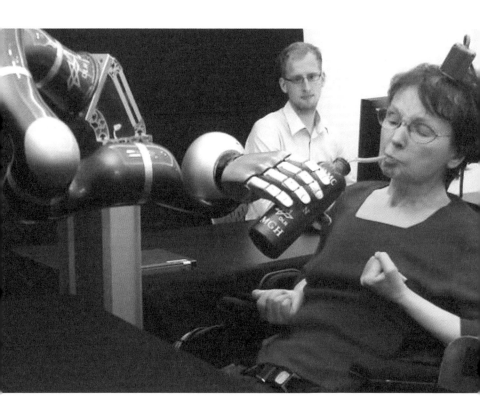

〈그림 21〉 손을 쓰지 못하는 이 실험 참가자는 오로지 생각의 힘만으로 로봇 팔을 조종해 로봇 팔이 자신에게 물병을 건네게 한다.

Birbaumer가 담당하는 환자들은 뇌 컴퓨터 인터페이스를 통해 컴퓨터에 자신이 두 가지 대안 중 어떤 것을 택하기로 결정하는지 전달하는 훈련을 합니다. 이것을 위해 환자들은 가령 자신이 왼팔이나 오른팔을 들어 올린다고 집중해서 생각하는 것이죠. 거기에 해당하는 뇌 활동 모델들이 커서의 움직임으로 변하고, 그것은 원하는 영역을 가리킬 때까지 모니터 위를 돌아다닙니다. 또 다른 신호로 환자는 그것을 클릭하고 나서 그다음 문자를 선택하는 일에 착수합니다. 점차적으로 단어들과 문장들이 늘어나겠죠. 1999년에는 이런 식으로 해서 비르바우머의 실험실에서 오로지 생각의 힘으로만 생겨난 첫 편지가 작성되었답니다.

당신에게 긴장 해소를 위한 간단한 게임이 필요하다면, 정보학자 클라우스 로베르트 밀러Klaus-Robert Müller와 베냐민 블랑케르츠 Benjamin Blankertz, 그리고 베를린의 샤리테 병원의 뇌과학자 가브리엘 쿠리오Gabriel Curio의 프로젝트가 적절합니다. 이 3인조는 자신의 인터페이스를 핀볼 머신과 연결시켜 놓고 구슬을 막는 시합 도중에 때때로 뇌파를 이용해 도박도 했습니다. 이 결합은 이 연구자들에게 엄청난 재미를 안겨 주었습니다. 뿐만 아니라 그들은 뇌와 기계를 최대한 빠른 속도로 연결할 수 있는 멋진 가능성도 제공합니다. 연구의 원래 목적이 살아 있는 정신에게 가능한 한 완벽한 기계 몸체를 제공하는 일이기 때문이죠.

자아의 거처

손, 얼굴, 몸통은 마음대로 교체할 수 있고 심지어 기계로 교체하는 것도 가능합니다. 뇌는 자신의 몸을 선택하는 데에 그다지 까다롭지 않습니다. 이런 사실로 미루어 볼 때 물질로 된 자기 자신은 존재할 수 있을까요? 수많은 학자들과 철학자들이 그 사이에 의구심을 품게 되었습니다. 특히 언어학자들은 '자기 자신'이라는 말에 일치하는 표현이 모든 언어들에 다 들어 있지는 않다고 강조합니다. 흔히 '나'와 '남들'을 나타내는 단어들만 있을 뿐 '자기 자신'은 없다는 것이죠. 특히 동아시아의 언어들은 공동체에 중점을 둡니다. 이 언어들에서는 '우리'가 '나'보다 더 높은 위상을 차지하죠. 중국의 학자들은 2014년에 '자기 자신'의 지각을 담당하는 뇌 부위가 '어머니'라는 말에도 반응을 보였다고 발표했습니다. 그러므로 '자기 자신'은 중국인의 뇌에는 '나의 어머니와 나'가 됩니다. 유럽인의 뇌는 이 문제에서 확실히 더 자기중심적이죠.

그렇다 하더라도 인간을 유일무이한 개체가 되도록 해 주는 특별한 어떤 것이 반드시 있을 것입니다. 왜냐하면 (다시 언어학적으로 논증을 펼치자면) '난 어차피 이런 사람이야', '저녁이 되면 드디어 나는 나 자신으로 돌아갈 수 있어', '스트레스를 받게 되면 난 딴사람이 되어 버려'라는 표현이 있기 때문이죠. 우리가 이 자아를 묶어 둘 수 있는 기반이 전혀 없다는 말일까요?

알츠하이머병 같은 신경 퇴행성 질환을 앓고 있는 환자들에 대한 경험으로 볼 때, 환자의 지능이 떨어져서 더 이상 공동 체험을 기억할 수 없다 하더라도 가족들은 그를 계속해서 자신의 배우자, 아버지, 어머니 혹은 친구로 여긴다는 것을 보여 주었습니다. 심지어 환자가 가족들을 더 이상 알아보지 못한다는 사실도 환자 자신의 정체성을 변하게 하지 못합니다. 가족들이 볼 때 그 환자의 '윤리적 판단들', 즉 성실함과 정직함, 공감과 관용과 관련된 환자의 삶의 태도가 변할 때에야 가족들은 비로소 그를 '다른 사람'으로 인식하기 시작합니다. 한 사람이 '윤리' 또는 '도덕'이라는 개념으로 요약되는 특성들에서 균열이 일어나면, 그 사람은 주변 사람들에게 낯설어 보입니다. 그러므로 한 인간의 '자기'라는 정체성은 대부분이 자신의 '윤리적 판단'에 담겨 있습니다.

만약 몸과 정신, 근육과 뇌가 우리가 이 장에서 살펴본 것처럼 그런 밀접한 팀을 이루고 있다면, 그럴 때 자아(나)의 거처는 어디일까요? 우리는 철학자 르네 데카르트가 17세기에 시도했던 것처럼 물질적인 유기체와 정기로 된 영혼으로 분리하는 것을 아직도 진지하게 옹호할 수 있을까요? 자아는 정말로 뇌로 환원될 수 있을까요? (또 그렇다면 SF소설에서처럼 배양액이 든 유리 용기에 보관될 수도 있을까요?)

이 장에서 지금까지 알아본 내용에 의하면 자기 자신은 우리 몸과 뇌가 주변 사람들과의 상호작용을 통해 공동으로 만들어 낸 구성물일 가능성이 가장 높습니다. 몸과 뇌는 재료로 신경세포와 감각기관, 인상과 기억, 문화적 규범과 남들의 경험을 사용합니다. 이 모든 것은 유연하고 역동적입니다. 오늘의 나의 자아는 어제의 나의 자아와는 다른 것이죠. 그러나 나의 자아는 남들을 대하는 나의 태도에서 동일한 윤리적 척도를 유지할 때만 동일한 자아인 것입니다. 그 척도가 바뀌면 나는 다른 사람으로 인지됩니다. (적어도 남들에게는.) 그러나 우리가 처음에 무슨 말을 했던가요? 우리는 남들을 통해 비로소 우리 자신이 되는 것입니다.

함께 클릭하기와 따돌림당하는 아바타

우리는
가상현실을
어떻게
경험하는가

네오, 완전히 현실로 보이는 꿈을 꾼 적이 있나? (…)
꿈의 세계와 현실 세계의 차이를 어떻게 알아내겠나?

영화 〈매트릭스〉에서

아래의 페이지 숫자를 한번 클릭해 보기 바랍니다. 감사합니다! 그 보답으로 당신은 클릭 점수 1점을 받습니다. 6시간이 지나면 다시 클릭할 수 있습니다.

당신은 이 게임을 끊임없이 되풀이하고 싶은가요? 더구나 새로 클릭하려고 6시간을 기다리지 않으려면 그 대가로 돈을 내면서까지요. 친구들에게도 페이지 숫자를 클릭하라고 권하고 싶은가요? 누군가가 자신의 소중한 시간을 허비하면서도 이 게임을 재미있어할까요? 아마 아닐 거라고 나는 생각했습니다. 하지만 결과는 달랐죠.

인생의 목적, 젖소 클릭

게임의 이름은 '젖소 클리커Cow Clicker'이며, (당연하게도) 온라인으로 진행됩니다. 브라우저를 이용해 게임 서버에 접속해도 되고, 스마트폰으로 이용할 수 있는 앱을 내려받아도 됩니다. 그러면 게임을 시작할 수 있죠, 비록 대단한 것은 아니지만! 당신이 할 수 있는 일은 실제로 젖소 아이콘을 클릭하는 것이 전부입니다. 좋아, 그래도 귀여운 젖소니까. 무척이나 큰 네모난 주둥이에 예쁜

단춧구멍 눈을 가진 젖소니까.(그림 22) 그러나 당신은 젖소로 달리 할 수 있는 게 없습니다. 오직 클릭만 할 수 있을 뿐이죠. 그런 다음 당신은 무려 6시간 동안이나 기다려야 합니다. 그때 가서야 다시 클릭할 수 있습니다. 한 번 클릭을 할 때마다 1점을 얻습니다. 이 점수의 단위는 적절하게도 '클릭click'이라 불리죠. 어쩜!

친구에게 클리커 젖소 한 마리를 들여놓도록 설득하면, 그 친구가 클릭할 때마다 1클릭을 추가로 받습니다. 당신의 방목장에 남의 젖소를 8마리까지 풀어 놓을 수도 있습니다. 당신은 이미 알아냈겠지요, 그러면 몇 클릭 더 모을 수 있다고요.

여기에 한 가지 수법을 더 알려 드리죠! 약간의 돈을 투자하면 몇 가지 아이템을 구매할 수 있답니다. 가령 바둑판무늬거나 무지개 색을 가진 익살스러운 젖소가 있습니다. 작은 액수를 들여 클릭 빈도를 높일 수도 있습니다. 이것은 중요하죠. 왜냐하면 충분한 클릭을 모으게 되면 당신에게 보상이 주어지기 때문입니다. 예를 들어 10만 클릭을 모으면 금방울을 얻습니다. 물론 진짜는 아니죠. (반면에 지불되는 돈은 진짜입니다.)

젖소 클리커의 프로그래머인 이언 보고스트Ian Bogost는 가끔 자신의 게임이 성공한 것에 대해 웃어야 좋을지 울어야 좋을지 난감해합니다. 한창 잘나갈 때는 젖소 클리커의 이용자가 5만 명에 달했고, 그에게 상당한 액수의 돈을 안겨 주었습니다. 게임 이용자들이 별도의 아이템을 갖기 위해 돈을 지불했기 때문이죠. 사실 보고스트는 게임 이용자들의 세계를 장악한 다른 게임들이 얼마

〈그림 22〉 의도적으로 허술하게 만든 게임, 젖소 클리커.

나 허술한지 입증하기 위해 2010년에 이 게임을 만든 것입니다. 특히 농장을 운영하는 게임인 '팜빌Farm Ville'은 예술가적 안목을 가진 프로그래머들에게는 진정한 증오의 대상이 되었지요. 보고 스트에게 팜빌은 멍청하게 젖소를 클릭하는 것 이상이 아니었습니다. 이를 조롱할 목적으로 젖소 클리커에 대한 아이디어를 떠올린 것입니다.

초기에 젖소 클리커는 조롱 게임이라는 임무를 기대대로 잘 수행했습니다. 다른 프로그래머들은 클릭을 할 때마다 이 유치한 게임 아이디어에 배꼽을 쥐며 웃었고, 우스갯소리를 다른 사람에게 퍼뜨리듯이 이 게임을 서로에게 추천했지요. 그러는 사이 게임 전문 잡지가 이 게임에 주목하게 되었고, 당연한 일이지만 잡지에 젖소 클리커에 관한 악의적인 기사가 실렸습니다. 그런데 그 후로 젖소 클리커는 통제 불능 상태가 되어 버렸습니다.

젖소 클리커는 전문가들의 동아리에서 벗어나 순수한 게임 이용자들의 세계로 풀려 나갔습니다. 젖소를 클릭하는 사람들이 점점 더 늘어났고, 이용자들은 게임을 진지하게 받아들였습니다. 그들은 친구들에게 추천하며, 채팅룸에서 자신의 클릭 점수에 관해 얘기를 나누었고, 후기도 올렸습니다. (또한 가상의 아이템들을 구입하기 위해 자발적으로 돈을 지불했습니다.) 게임 이용자들은 보고스트가 웃음거리로 삼으려 했던 그 모든 것들에 강력하게 끌렸습니다. 그래서 보고스트는 더 많은 기능들을 추가하라는 압박에 시달려야 했고, 심지어 접속 폭주를 해결하기 위해 그 프로그램을 새 서버에 이식해야 했습니다. 그는 끊임없는 갈등 속에서 지내야 했답니다. 그대로 밀고 나가서 많은 돈을 벌어야 할까, 아니면 자신의 소신을 지켜 최고의 젖소를 도살해야 할까?

마침내 보고스트는 게임을 종결시키기로 결심했습니다.

2011년 7월 21일 자로 보고스트는 젖소의 종말cowpocalypse을 공고했습니다. 전 세계의 게임 이용자가 누구든 한 번 클릭할 때마다 젖소 클리커가 온라인에 올라 있는 나머지 시간을 30초씩 단축시키도록 했습니다. 게임을 하는 사람은 게임을 함으로써 그 게임을 죽이는 셈이었죠.

충분히 많은 이용자들이 돈을 내고 이 게임을 연장시키지 않는다면 말이죠. 돈을 내면 게임을 할 수 있는 시간이 연장되었습니다. 몇 시간에서 몇 개월까지의 이용 요금이 제시되었습니다. 보고스트는 누구도 그토록 졸렬한 협박에 굴복해서 자신에게 단 한 푼이라도 송금하지 않을 것으로 생각했습니다. 그런데 게임 이용자들은 돈을 지불했습니다. 그들이 수백 달러를 기꺼이 냈지만, 2011년 9월 7일 저녁에 마침내 보고스트는 모든 젖소들을 방목장에서 제거해 버렸습니다. 이제 텅 빈 목초지만 남아 있을 뿐이지요. (텅 빈 영혼들도 함께.)

하지만 이용자들은 텅 빈 목초지를 클릭함으로써 게임을 계속할 수 있다는 사실을 알아차렸습니다. 맙소사, 당신이 잘못 읽은 것이 아닙니다! 아주 끈질긴 이용자들은 오늘날까지도 그 빈 곳을 클릭해서 '클릭'을 모으고 있습니다. 이런 식으로 하면 게임이 별로 재미없다는 어떤 팬의 주장에 대해, 보고스트는 짜증스럽게 답했습니다. "이 게임은 그전에도 재미가 없었음!"

이 일을 보며, 뇌과학자인 나는 아주 많은 의문을 품게 되었습니다. 디지털 세계의 어떤 점이 우리 인간들을 그토록 매료시키는 것인가? 왜 우리는 인터넷에서 그토록 많은 시간을 허비하는가? 소셜 미디어는 우리에게 어떤 의미가 있는가? 그리고 우리 뇌는 가상 세계를 어떻게 헤쳐 나가는가?

눈앞의 미래

과거의 세상은 그나마 이해하기가 비교적 쉬웠습니다. 컴퓨터가 아닌 인간이 대부분의 계산을 해내었죠. 종이와 연필, 그리고 기껏해야 계산자나 기계식 계산기를 이용했습니다. 1초에 한 번 덧셈을 하는 것은 전적으로 수긍할 수 있는 속도였습니다. 이런 장비로는 우리는 복잡한 계산들을 할 수 없었습니다. 우리가 숫자로 무슨 특별한 일을 할 수 있을까요? 대차대조표를 작성하고, 교량의 정하중이나 계산하고, 보험 수령액이나 예측했을 것입니다. 하지만 아무런 재미도 없지 않나요! 재미요? 계산으로 재미를? 그런 걸 기대하면 곤란하죠!

오늘날에는 사정이 약간 달라졌습니다. 우리들 누구나 컴퓨터를 한 대씩 가지고 있죠. 한 대가 아니라 여러 대 있지요! 집에 있는 노트북 외에도 태블릿 PC와 스마트폰도 있습니다. 어쩌면 스마트워치(이 물건은 전에는 '시계'라고 불렸고, 시간과 날짜만 보여 주었습니다.)까지 있을지도 모릅니다. 세탁기, 식기세척기, 텔레비전, 진공청소기, 냉장고 등에 내장된 컴퓨터들은 아예 무시하고서라도 말이죠. 이런 컴퓨터들은 대부분 계산을 위한 컴퓨터가 아니라 오락을 위한 컴퓨터입니다. 그렇습니다, 오락입니다! 오락이 아니라면 컴퓨터로 대체 무슨 대단한 일을 할까요? 게임, 채팅, 비디오 보기, 셀카 사진 보내기!

앞으로는 사정이 좀 더 달라질 것입니다. 그때 컴퓨터는 더 이상 우리 세상의 일부가 아니라 우리가 그 세상의 일부가 될 것입니다. 대기업과 연구 기관들은 인간을 가상현실 속으로 옮겨 주는 여러 기술에 집중적으로 매달리고 있습니다.

이 과거와 현재와 미래 사이에 시간은 채 100년도 되지 않습니다. 한 사람에게는 100년이 엄청나게 긴 기간이 될지도 모르죠. 하지만 진화의 관점에서 보자면 100년은 눈 깜빡할 사이도 되지 않습니다. 보통의 경우 새로운 생활 여건에 적응하는 데는 수천 년이나 수백만 년이 걸립니다. 인류인 우리를 지칭하는 호모사피엔스사피엔스는 20만 년 전에 나타났을 것으로 추정됩니다. 그리고 이 영겁의 시간 동안 우리의 선사시대와 역사시대 전체가 펼쳐졌지만 우리 뇌는 여전히 변하지 않은 채 남아 있습니다. 이것이 사이버공간에서 펼쳐질 우리의 미래와 무슨 관련이 있을까요? 당신은 이것이 알고 싶은가요?

아주 간단합니다. 우리 인간은 아직도 석기시대에 적응해 나가는 데 최적화된 뇌를 가지고 가상 세계로 돌진하는 것입니다.

팔방미인 사이버네틱스

내가 박사 학위를 받았던 튀빙겐의 막스플랑크 바이오사이버네틱스연구소는 '사이버네틱스cybernetics', 달리 말해 인공두뇌학을 담당하는 가장 오래되고 유명한 연구소 중 하나입니다. 사이버네틱스라는 용어는 조타수를 지칭하는 고대 그리스어 'kybernetes'에서 유래했습니다. 따라서 사이버네틱스는 모든 과정들의 기반이 되는 공동의 조종 메커니즘을 다룹니다. 예를 들면 알고리즘이 기계를, 혹은 정신이 육체를 조종하는 것과 같죠. 그리고 그것을 넘어, 이 모든 것들이 네트워크를 통해 서로를 조절할 수 있는 것과 같습니다.

사이버네틱스는 현재 이루어지는 많은 학문 분과와 기술 업적에 토대를 제공했으며, 그중에는 인공지능, 시스템 이론, 신경 네트워크 이론, 정보이론, 컴퓨터 공학이 있습니다. 특히 사이버 월드cyberworld나 사이버 스페이스cyberspace라는 말에 들어 있는 'cyber'라는 접두사는 'cybernetic'에서 나온 것이죠. 이렇게 보자면 우리들 모두가 날마다 사이버네티시스트로 활동하는 셈입니다.

그런데 '인간의 지각, 인식, 행동' 분과의 내 동료들이 관심을 가진 분야는 (이 책을 읽는 동안 알아차렸을 것으로 짐작되지만) 우리 뇌가 어떻게 신호와 정보를 처리해서 세상을 이해하고 헤쳐 나가느냐는 데 있습니다. 예컨대 뇌가 어떤 방식으로 사물을 지각하고 인식하고 또 학습을 하는지에 관해서는 아직도 놀라울 만큼 우리가 알고 있는 것들이 적습니다. 간단히 두개골을 절개해서 그 안에서 생각하고 있는 뇌를 지켜보는 것이 거의 불가능하기 때문입니다. 이 때문에 뇌가 어떤 방식으로 사물을 지각하고 학습하는지 알기 위해서는 창의적인 실험 계획들을 세우고, 또한 최대한 많은 실험 참가자들을 상대로 연구를 시행해야 합니다. 사람들의 뇌는 저마다 비슷하면서도 약간씩 다르니까요.

이 문제를 해결하는 것은 참으로 어려운 부분이기는 하지만 그래도 정말 멋진 부분이기도 합니다! 어려움의 핵심은 각각의 실험 진행 과정에서 매번 동일한 여건을 만들어 내야 한다는 데 있습니다. 만약 뇌가 때로는 이렇게 또 때로는 전혀 다르게 반응하는 이유가 무엇인지 알아내고 싶다면, 생각할 수 있는 모든 변수들을 제어하고 있다고 확신해야 하고, 무엇이 그 두 번의 실험에서의 차이를 만들어 냈는지 정확히 판단할 수 있어야 합니다.

모든 과학자들은 뇌를 아주 개별적인 환경에서 조사하고 싶어 합니다. 가령 당신은 정글을 필요로 하는 반면, 당신의 동료는 달에서 연구하고 싶어 하죠. 혹은 어떤 피라미드 내부에서나 아니면 하늘을 나는 양탄자를 타고서 연구하고 싶어 합니다. 그것이 어떻게 제대로 가능할까요? 연구소가 각 연구자들마다 다른 연구실을 지어 주고, 각자의 소망에 따라 시설을 마련해 주어야 하나요? 아니면 과학자들이 틈틈이 모든 것을 설치하고 철거해야 하나요?

뇌가 경험하는 환경을 제어하고 조사할 수 있는 상당히 멋진 방법이 있습니다. 바로 가상현실이죠. 예를 들어, 우리 연구소는 '사이버네움 cyberneum'이라고 불리는, 인위적인 세계를 만들어 내고 가상현실을 연구하는 시설을 가지고 있습니다. (만약 이것에 관해 더 상세히 알고 싶다면 www.cyberneum.de에 들어가 보세요. 우리가 그곳에서 하는 일을 보여 줄 짤막한 비디오도 볼 수 있습니다.) 고해상도 가상현실을 보여 주는 헬멧이 당신을 가상공간으로 데려갑니다. 거기서 당신이 어떠한 것을 경험할 수 있을지는 우리가 픽셀 하나하나까지 정확하게 프로그래밍할 수 있습니다. 실제로 로봇 팔을 이용해서 당신이 양탄자를 타고 날고 있는 것처럼 당신을 공중에 떠다니게 해 줄 수도 있고, (물론입니다. 우리는 하늘을 나는 양탄자도 가지고 있죠!) 스캔 기기로 당신의 몸을 스캔한 후 당신의 아바타를 뚱뚱하거나 날씬하게 순식간에 원하는 대로 만들어 낼 수도 있고, 또한 사방으로 움직이는 러닝 벨트를 이용해서 가상 세계 안에서 당신을 어디로든 자유롭게 걷게 할 수도 있습니다.

심지어 책이나 이야기에 나오는 등장인물들에게 진짜 몸체를 부여하는 것도 가능해졌습니다. 빅 데이터big data를 이용해 수천 명의 사람들이 상상하는 대로 그 인물들의 모습을 알고리즘으로 만들어 낼 수 있는 것이죠. 따라서 우리는 머릿속의 '상상'을 '가상 캐릭터'로 생생하게 볼 수 있답니다! 백설 공주는 어떤 모습일까요? 혹은 해리 포터는요? 유명 인사들은 다른 사람들의 머릿속에서도 현실에서와 똑같이 보일까요?

당신은 실험 참가자들을 비행사로 만들어 태양계를 가르며 날아가게 해 줄 수도 있고, 걸리버처럼 난쟁이와 거인 들로 둘러싸이게 해 줄 수도 있으며, 또는 그 자신의 몸 밖으로 떼어 낼 수도 있습니다. 가상현실을 이용한 연구에는 어떠한 한계도 없지요. 우리의 뇌는 진화를 거쳐 오면서 이와 같은 새로운 기술을 만나게 되리라고 예상하지 못했을 테지요. 하지만 사실 우리의 뇌에게는 아무 상관이 없습니다.

우리 연구소를 비롯한 수많은 다른 연구소들에서 갖가지 실험을 통해 드러난 뇌의 한 가지 중요한 특성이 있지요. 바로 '가소성plasticity'입니다! 우리가 이 개념을 사용한 것은 새로운 자극들을 유연하게 다룰 수 있는 뇌의 능력을 나타내기 위해서입니다. 적응이라는 관점에서 보면 뇌는 훌륭하게 준비되어 있습니다. 예전부터 뇌는 늘 새로운 주변 여건(환경)에 적응(대비)할 수 있어야 했지요. 산악 지역이든 바다든 황무지든 극지방이든, 어떠한 새로운 일을 겪든지 상관없이 말입니다. 말하자면 뇌는 새로운 환경에 잘 대처하는 적응의 전문가입니다.

따라서 현실 세계에서건 가상현실에서건 뇌가 경험하는 신호가 어디에서 오는가 하는 것은 늘 부차적인 문제입니다. 심지어 그 신호가 완전하지 않아도 뇌는 그 신호를 인지할 수 있습니다. 예를 들면 어떠한 상황에서라도 뇌는 단번에 사람들을 알아봅니

〈그림 23A〉 사이버 항해사를 위한 천국, 가상현실로 들어서기.

〈그림 23B〉 나는 양탄자에 올라타기.

〈그림 23C〉 날아 보기!

〈그림 23D〉 가상의 도시 순회.

〈그림 23E〉 아바타와 착각할 정도로 진짜 같은 3D와 접촉할 수 있다.

다. 사람들은 뇌에게 가장 중요한 정보를 전달하는 신호이기 때문이지요. 그렇기에 우리는 비디오 화면에서건, 동굴 벽화에서건, 크레파스로 그린 그림이건, 만화 캐리커처이건 상관없이 사람의 얼굴을 알아볼 수 있습니다. 가상현실에서 이루어지는 디지털 모의실험 역시 뇌에게는 정보를 전달하는 또 다른 신호의 원천에 지나지 않습니다. 뇌의 입장에서 볼 때 가상공간은 현실의 또 다른 변형일 뿐입니다. 현실 세계건 가상현실이건 큰 상관이 없다는 것이죠.

가상현실에서 현실 세계로

'인터넷에서는 당신이 개(나쁜 인간)라는 것을 아무도 모른다!' 인터넷이 서서히 각 가정에 들어가던 1990년대에 이 말이 나돌았습니다. 이 말은 확실히 그럴듯한 면이 있습니다. 지금까지 나는 인터넷에서 실제로 개를 거의 만나지 못했기 때문입니다. 이것은 개들이 컴퓨터에 특별히 열광하지 않기 때문일 수도 있습니다. (개의 뇌도 가상현실에는 쉽사리 속아 넘어가지만 말입니다.) 혹은 개들도 열심히 웹서핑을 하지만 그때 인간인 체하기 때문일 수도 있겠죠. 당시 이 말은 바로 다음과 같은 상황을 염두에 둔 것이었습니다. 즉, 실제의 삶에서 당신이 어떤 사람인지는 중요하지 않고, 인터넷에서 당신은 자신이 원하는 사람이 될 수 있다는 말이지요!

그러면 우리는 인터넷에서 어떤 사람이 되고 싶은 것일까요?

믿기 힘들지 모르지만, 우리들 대부분은 자기 자신이 되고 싶어 한답니다! 인터넷에서는 변장을 하지 않고서도 인디언 추장, 태자비, 패션 아이콘이나 여자 바이킹, 혹은 제2의 라라 크로프트로 행세할 가능성을 얻기는 했습니다. 그렇지만 페이스북 같은 소셜 네트워크들에 대한 분석은 우리가 그곳에서 아주 정직하게 평범한 인물로 정체를 드러낸다는 것을 보여 줍니다. 우리는 공상을 마음대로 펼칠 수 있고, 필요할 경우 로봇, 슈퍼 영웅, 미국 너구리, 망치로 변해 돌아다닐 수도 있는 가상공간에서도 솔직하게 우리 자신으로 남습니다. 남자들은 남성 아바타를 고르고, 여자들은 여성 인물들을 선호합니다. 유럽인들은 계속 유럽인이 되고 싶어 하고, 아시아인들은 아시아인을 가장 좋아합니다.

게다가 우리는 꾸밈없이 자신을 드러내기 때문에 케임브리지 대학의 미할 코진스키Michal Kosinski 같은 학자들은 페이스북에 올라오는 글과 '좋아요Likes'에서 방대한 인물 프로필을 만들어 낼 정도입니다. 나이, 성별, 취미 외에도 가상 세계의 흔적들은 민족적 배경, 종교, 정치적 노선, 성적 취향 그리고 부모가 이혼한 상태인지 하는 민감한 정보들도 은연중에 드러냅니다. 이 연구자들이 해당 인물들의 '친구'에 포함되지 않았는데도 이 정도라는 점에 유의해야 합니다! 기업들이 사용자의 프로필에 맞춤식 광고를 내보내기 위해 독자적으로 이런 분석 방법을 찾아낸 것은 놀라운 일도 아니죠.

이러한 분석 방법들이 오히려 편리하다고 생각하나요? 어차피 모든 기술들이 디지털화되는 현재 상황에서 이러한 발견들이 우리의 미래를 더 편하게 만들어 줄 것이라고 믿나요? 개인의 권리나 사생활 침해 같은 문제는 그다지 큰 문제가 아니고요? 현실 세계에서는 분명 아무도 전혀 모르는 사람에게 다가가 다음과 같이 자신을 소개하지는 않겠죠. "안녕하세요? 저는 올레입니다. 우리 부모님은 이혼하셨고, 저는 알코올중독 문제가 있고, 극우주의 분파당을 지지하며, 제가 끊임없이 섹스 파트너를 바꾸는 섹스광이기 때문에 최근에도 파트너와는 헤어졌답니다." 하지만 사람들은 우리의 온라인에서의 흔적들을 통해 이 모든 것을 알아낼 수 있습니다. 우리가 이런 내밀한 일들을 페이스북 같은 소셜 미디어에 보란 듯이 내보내는 경우가 적지 않기 때문입니다.

왜 우리는 인터넷에서 이렇게 위험할 정도로 정직하고 솔직한 태도를 보일까요? 과학조차도 아직까지 이에 대한 정확한 답을 내놓지 않았습니다. 다만 짐작되는 한 가지 이유는, 우리 뇌에게는 어떠한 집단에 소속되어 있다는 느낌이 중요해 보인다는 것입니다. 공동체는 우리의 선조가 생존하는 데 전적으로 필요했기 때문입니다. 선사시대에 집단에서 쫓겨난 사람은 혼자서 먹을 것을 찾아야 했고, 혼자서 주변을 감시해야 했고, 공격을 당하면 혼자서 막아 내야 했습니다. 다른 말로 표현하자면, 홀로 고립된 사람은 틀림없이 검치호랑이, 동굴곰 등과 같은 짐승들의 점심 식사에

초대되었을 것입니다. 더구나 손님으로서가 아니었죠.

공동체 내의 공동생활에서는 정직함과 솔직함이 중요한 전제 조건입니다. '평판이 좋아야'만 신뢰를 받을 수 있거든요. 이 때문에 우리 뇌는 다른 사람들이 우리를 어떻게 생각하는지를 중요하게 여기는 것입니다. 그리고 집단 구성원들의 의견이 남들을 대하는 우리 자신의 입장을 대부분 결정합니다. 우리가 집단의 견해를 따르려는 경향이 있는 것은 이미 2장의 지각 테스트에서 살펴보았습니다. 그것은 인물에 대한 판단을 내릴 때 더욱 중요한 역할을 합니다. 어떤 구성원이 모두에게서 좋은 평판을 받으면 우리의 마음도 쉽게 그 사람에게 기울어집니다. 모두가 좋다고 여기는 것은 나쁜 것일 리가 없기 때문입니다! 심지어 생후 10개월 된 젖먹이도 이미 다른 사람들을 평가할 때 전반적인 분위기를 판단의 기준으로 삼습니다. 우리는 타고난 기회주의자임이 분명합니다.

하지만 대세에 순응하려는 경향은 중상이나 비방, 따돌리기, 집단 괴롭힘이 되는 경우에는 나쁜 성향을 띨 수 있습니다. '사냥감'으로 낙인찍힌 사람과는 별안간 누구도 더 이상 상대하려 들지 않습니다. 자신이 가해자들의 관심을 받지 않으려는 것이죠. 최악의 경우에는 자신이 그 피해자를 모욕하거나 폭행하는 일에 가담하기도 합니다.

집단 구성원 개개인을 심하게 비난하는 일은 현실 생활에 국한된 일은 아닙니다. 그 반대라 해야 맞겠죠. 인터넷에서 사이버 테러가 훨씬 더 쉽게 일어납니다. 피해자가 방어하기 힘들기 때문입니다. 피해자는 시간이 흐른 다음에야 자신에 대한 공격을 알게 되고, 그의 방어는 무수한 공격 속에 쉽게 무너집니다. 더욱이 비방은 피해자가 접근하지 못하는 그룹 내에서 진행됩니다. 하지만 욕설과 멸시는 통신망을 타고 더 큰 그룹으로 퍼져 나갈 수 있습니다. 이런 충격적인 체험은 현실입니다. 이것으로 인한 마음의 고통은 진짜 바늘에 찔렸을 때처럼 신체적 통증을 느끼는 뇌 부위와 동일한 부위에서 담당합니다. 뇌의 입장에서 사회적 고립(집단 따돌림)으로 받는 아픔은 실제로 육체적 폭력을 당했을 때 받는 아픔과 큰 차이가 없습니다. 따라서 사이버 테러는 엄연한 폭력 행위입니다!

반면에 순전히 즐거움을 추구하기 위한 가상 세계의 폭력도 있습니다. 이전에 운동장이나 잔디밭에서 벌이던 카우보이와 인디언 놀이는 이제 '에고 슈터Ego-Shooter'에서의 전투로 변해 있습니다. (이상하게 이런 게임에서는 카우보이와 인디언이 주역으로 나오는 일이 거의 없습니다. 나는 늘 추장의 깃털이 너무나 잘 어울렸는데, 아쉬운 일이지요.)

우리는 컴퓨터 게임에서 접하는 폭력을 통해 감각이 무뎌지고, 현실 생활에도 폭력을 끌어들이는 걸까요? 그렇다면 그 심각성은 얼마나 될까요? 이에 관해서는 학자들 사이에 의견이 분분합니다. 이 문제에서도 우리 뇌가 지속적으로 경험하는 상황에 적응한다는 것을 보여 주는 징후가 있습니다. 우리가 게임을 하고 있을 뿐이라는 사실을 충분히 의식하고 있을 때조차 뇌는 진짜 세상과 사이버공간을 전혀 구분하지 못하기 때문이죠. 아무리 구분한다

해도 그 신호를 처리하는 것은 잠재의식입니다. 지속적으로 폭력을 행사하거나 폭력을 목격하는 사람은 폭력에 익숙해지고, 공감을 막는 울타리를 더욱 높여서 자신의 도덕적 가치에 부합하지 않는 상황을 견뎌 내게 됩니다. 이 때문에 비교적 오래 시간 게임에 몰두한 게임 이용자들이 남들에게 고통을 줄 때 죄책감을 덜 느끼며, 남들이 고통당하는 것을 볼 때 동정심도 덜 느끼는 것입니다.

한편 게임의 긍정적인 효과도 있습니다. 가상 세계의 아바타가 가진 특성과 체험은 게임 이용자의 '자기 판단self assessment, self evaluation'도 변화시킵니다. 가령 게임 이용자가 자신의 아바타를 함께 게임을 하는 사람들의 지지를 받는 대단하고 매력적인 인물로 선택했을 때입니다. 그 이용자는 게임을 마친 후, 초라하고 볼품 없는 아바타를 가진 이용자들보다 실제의 상황에서 더 자신 있고, 더 개방적이고, 더 사교적으로 활동했습니다.

한편, 아바타에 대한 등급 매기기에서 아바타가 어떻게 행동하는지는 그다지 중요하지 않습니다. 보통 아바타를 하나의 유형으로 분류하고 일반적인 평가를 하기에는 외형만으로도 충분합니다. 2007년에 스탠포드 대학의 닉 이Nick Yee와 제러미 베일린슨 Jeremy Bailenson이 이 효과를 처음으로 설명했고, 자신의 형체를 바꿀 수 있는 그리스의 신 프로테우스의 이름을 따 '프로테우스 효과'라고 명명했습니다. 이를테면 당신이 게임을 하기 위해 뚱보 캐릭터를 골랐다면 가상의 축구단에 꼴찌로 뽑힐 가능성이 매우 높습니다. 작고 뚱뚱한 사람은 운동과 거리가 먼 것으로 통하기 때문이죠. 그리고 실제로도 당신은 당신의 능력보다 못한 경기를 할 것입니다. 왜냐하면 당신은 무의식적으로 자신의 생각을 남들이 기대하는 바에 맞추기 때문입니다.

그러므로 가상공간과 가상현실 속에서도 우리의 뇌에게는 현실에서와 같은 것들이 중요합니다. 나의 '자아'는 주변 사람들과 주변 환경으로부터 받는 피드백 신호로써 이루어지니까요.

함께 배우는 것이 효과적이다

지금까지의 이야기로 볼 때, 어쩌면 우리가 당장 가상현실 속으로 옮겨 갈 수 있고, 가상 세계에서도 모든 것이 현실 세계와 같다는 뜻으로 받아들여질지도 모릅니다. 결국 우리 뇌에게는 존재와 허구 사이에 아무런 차이가 없으니까요, 그렇지 않나요?

물론 꼭 그렇지는 않습니다. 워싱턴 대학의 퍼트리샤 쿨Patricia Kuhl은 수년 전부터 아기들이 언어를 어떻게 배우는지 연구하고 있습니다. 나는 1장에서 이미 그녀의 연구 결과 하나를 소개했습니다. 거기서는 어떤 언어에서 전형적이지만 다른 언어에서는 나타나지 않는 특정한 음들에 관한 내용이 다루어졌지요. 생후 6개월 정도 되면 아기들은 진정한 세계시민으로서 생각할 수 있는 모든 소리들을 알아듣습니다. 처음 태어난 날에는 전혀 그럴 것 같지 않지만, 그 사이에 그들의 뇌는 전문화되어 각 나라마다의 고유한 음들을 받아들입니다.

그래서 쿨은 두 가지 언어를 사용하며 자라나는 아기들에게서 언어의 발전이 어떻게 진행되는지 알아보기로 했습니다. 그녀는 테스트의 기준 언어로 중국과 대만에서 사용하는 만다린어를 선택했습니다. 결정적으로 중요한 몇 달 동안 아기들은 그 언어를 모국어로 사용하는 여자 선생님에게 배웠습니다. 선생님은 아기들에게 소리 내어 책을 읽어 주거나 어떤 이야기를 들려주는 식이었죠. 아이들이 어휘를 배울 거라고는 당연히 기대하지 않았답니다. 오로지 그 음들을 지각하는 것만이 중요했죠. 첫 번째 그룹에서는 선생님이 가르침을 받을 순서가 된 각각의 아기에게 바짝 붙어 앉았습니다. 두 번째 그룹에게는 비디오 화면만을 보여 주었습니다. 그리고 세 번째 그룹에게는 오직 오디오 트랙만 들려주었습니다.

그 결과는 현실 세계가 확실히 더 유리한 것으로 드러났습니다. 실제의 선생님이 아주 가까이서 하는 말을 들을 수 있었던 첫 번째 그룹 아기들은 한 살이 되어서도 미국식 영어에는 존재하지 않는 중국어 음을 아직 구분할 수 있었습니다. 반대로 다른 두 그룹의 아기들은 이 능력을 거의 잃어버려 아무런 가르침을 받지 않은 것과 같을 정도였습니다. 적어도 아주 어린 뇌는 현실 세계에 더 애착을 보이는 것이 분명합니다.

이 실험은 더 진행되었죠!

새로운 실험에서 쿨은 아기들을 개별적으로 비디오 화면 앞에 놓아둔 것이 아니라 다른 아기들과 함께 놓아두었습니다. 그 어린 아기들은 서로에 대해 특별히 관심을 보이지는 않았지만, 자신이 이제 남들과 함께 보고 있다는 사실은 매우 뚜렷이 지각했습니다. 바로 이것이 결정적으로 중요한 요인이 되었습니다. 남들이 함께 있는 것만으로도 그 비디오를 본 아기들의 학습 성과는 명확히 높아졌습니다. 심리학자들은 다른 사람들이 단순히 함께 있는 것만으로도 더 나은 성과를 올리는 이 효과를 '사회적 촉진 이론social facilitation theory'으로 해명하려고 시도합니다. 이 이론에 따르면 남들이 우리를 정서적 흥분 상태로 옮겨 놓습니다. 그러면 우리는 온 힘을 다해 노력한다는 것입니다. 그렇지 않은 경우에 우리는 되는 대로 버려 둡니다. 심리학에는 '사회적 억제'라는 정반대되는 현상도 나와 있기 때문이죠.

집단 내에서 우리의 평판이 높아지도록 힘써 노력하는 것은 개인적 성과가 측정되느냐 아니냐에 따라 확실히 차이를 보입니다. 혹은 그것이 개인적인 기여가 명확히 드러나지 않아서 남들이 힘들게 일하도록 버려 두게 되는 공동체 업무인가 아닌가에 따라서도 차이가 납니다.

어떠한 경우에도 주변의 다른 사람들은 개인에게 뚜렷한 영향을 미칩니다. 이것은 폭력적인 컴퓨터 게임에서도 마찬가지로 나타납니다. 인스브루크 대학의 토비아스 그라이테마이어Tobias Greitemeyer는, 게임 이용자 여러 명이 단체로 활동하는 다중 경기자 게임이 혼자하는 게임보다 현실 생활에서의 태도에 부정적인 영향을 덜 미친다는 걸 입증했습니다. 현실 세계에서 집단은 그들의 가치 척도를 이용해 서로를 안정화시켜 주는 것으로 보입니다.

따라서 가상공간이 뇌에게 아무리 현실적으로 여겨진다 하더라도, 뇌는 직접 옆에서 경험할 수 있는 동료들 사이에서 느끼는 진정한 연대감을 더 선호합니다.

다 함께 클릭! 클릭!

이 장의 맨 처음에 나왔던 젖소 클리커 게임으로 돌아가 보겠습니다. 게임에 나오는 양식화된 젖소가 진짜 소와 구분이 안 될 정도로 닮아 보이고, 누구나 예전부터 소를 두드려 주고 싶은 마음이 있었다든가 해서 사람들이 이 게임에 빠져든 것은 분명 아닐 것입니다. 젖소 클리커를 좋아하는 사람들에게는, 짐작건대 아무리 허술하다 해도 이런 류의 거의 모든 게임이 내놓는 그 어떤 것이 중요했던 것 같습니다.

첫째, 이런 게임들에는 사회적 구성 인자가 주어져 있습니다. 젖소들을 클릭하는 것이 지루한 일이기는 하지만 그들은 친구들과 함께 클릭을 했습니다. 그것은 우리 뇌에서는 확실히 어떤 가치가 있는 일 그 자체입니다. 만약 모든 사람들이 다리에서 뛰어내린다면 우리도 보통은 함께 뛰어내리죠. 어떤 공동체 체험에서 우리는 더 이상 그 이유를 따져 보지 않습니다. 클릭하지 않거나 뛰어내리지 않는 사람은 그로써 자신을 그 집단에서 배제시키는 것이죠. 이것은 곧바로 배고픈 검치호랑이에 대한 오싹한 공포를 일깨워 줍니다.

둘째, 게임에 대한 보상이 즉각 주어집니다. 우리가 반년이나 심지어 일 년 내내 크리스마스를 꼬박 참고 기다리던 시절은 지나 갔습니다. 인터넷에는 친구, 좋아요, 클릭이 시간의 지체 없이 즉각 생겨납니다. 소셜 네트워크와 메신저는 우리가 하루 종일 걸려서 하는 모든 것에 대한 답변을 실시간으로 받아 보게 해 주죠. 인 터넷 속에서 사는 사람은 어쩌면 이 세상에서 살고 있지 않을지는 모르지만, 그래도 그는 매 순간을 현재형으로 살아가고 있습니다!

위의 두 요인들이 합쳐져서 특히 젊은 사람들에게 날마다 몇 시간씩 인터넷에서, 그중 대부분의 시간을 소셜 네트워크에서 허 비하게 만듭니다. 그러다가 커피잔을 손에 든 셀카 사진이나 초점 이 흐릿한 점심 식사 사진에 싫증이 날 때, 젖소 아이콘을 클릭한 다고 해서 별안간 더 멍청한 짓을 하는 것으로 보이지는 않을 테 지요. 결국 우리 뇌에는 어떠한 방식을 통해 자신이 인정받느냐는 중요하지 않습니다. 우리의 뇌에게 가장 중요한 것은 어찌 됐든 다른 사람들로 이루어진 보다 큰 집단에서 남들로부터 인정을 받 는 것이니까요.

서랍 속에 숨긴 약점과 순박한 집단 지성

집단은 우리의 지각에 어떻게 영향을 미치는가

인간 혼자서는 할 수 있는 것이 거의 없고
외딴곳에 떨어진 로빈슨 크루소다.
남들과 공동체를 이룰 때만 인간은 대단하고,
또 대단한 능력을 보일 수 있다.

— 아르투르 쇼펜하우어 Arthur Schopenhauer

나는 한국인입니다. 한국, 그곳은 동북아시아의 작은 반도를 말하죠. 그곳에서는 냉전이 동서 갈등으로서가 아니라 남북 대결의 구도로 아직도 계속되고 있습니다. 1950년대 초, 나라를 적대적인 두 진영으로 갈라놓은 전쟁 직후에 한국은 지구상의 극빈국들 중 하나였습니다. 그러나 그 후 상황은 완전히 바뀌었습니다. 적어도 남한에서는 그랬죠. 남한은 철저히 산업화되고 현대화되었습니다. 남한은 전후 서독의 경제 발전에 뒤지지 않는 경제 기적을 이루어 냈습니다. 무엇보다 최첨단 기술 제품에서 남한의 대기업들은 선두로 나섰습니다. 삼성, 현대, LG. 독일 가정의 거실에서 한국 제품 한두 개쯤 발견되지 않을 그런 집은 거의 없습니다.

그러나 그것이 중요한 것은 아닙니다.

"당신은 중국에서 왔나요, 아니면 일본에서 왔나요?"

나는 누군가를 처음 만날 때 언제나 이런 질문을 받습니다.

"아, 베트남에서 왔나요?"

그 사람은 나의 머뭇거림과 약간 짜증난 표정을 보고는 재빨리 이렇게 덧붙입니다. 그럴 때 나는 가끔 장난스럽게 이렇게 대답했습니다.

"아뇨! 오빠 강남 스타일!"

그런 다음 기다리지요. 보통은 몇 초, 때로는 몇 분을 기다립니다. '강남 스타일'이라는 표현은 대부분의 사람들이 이미 한 번쯤들어 보았을 것입니다. 놀라운 일도 아니죠. 래퍼인 싸이가 2012년 7월에 발표한 이 노래는 인기 순위표와 유튜브에서 단연 메가히트곡이 되었기 때문입니다. 그 비디오의 조회 수는 20억 회 이상이었고, 그로써 세계 신기록을 세웠습니다. 따라서 '강남 스타일'은 누구든 거의가 들어 본 적이 있는 것처럼 여겨집니다. 처음만난 그 사람은 그것을 어렴풋이 깨닫기 시작합니다. 그것은 한국노래였던가? 강남이 서울에서 비싼 지역이 아니던가? 따라서 이친구도 혹시……? 상대는 벌써 환한 낯빛을 하고서 자신의 한국산 휴대폰을 꺼내 내 코앞에 바짝 가져다 댑니다. 마치 내가 그것의 냄새를 맡아 보고, 그가 그것을 던지는 즉시 다시 물어 와야 할것처럼 말이죠.

그 후에 자신만만하게 이 말이 나옵니다.

"당신은 한국 출신이군요!"

그러면 나는 다시 상대를 실망시킵니다.

"아뇨, 저는 아름다운 네카 강변의 하이델베르크 출신입니다."

사실 맞는 말이기는 합니다. 나는 그곳에서 태어났기 때문이죠. 그러나 때로는 이렇게 말하기도 합니다.

"아름다운 네카 강변의 튀빙겐 출신입니다."

현재 내가 그곳에서 살고 있기 때문입니다. 그러나 이것도 나의 상대가 처한 상황을 더 편하게 해 주지 않습니다.

"제 말은 당신이 원래 어디서 왔느냐 하는 것입니다."

"당신은 제 부모님이 어디서 태어났는지 알고 싶은 거군요?"

나는 약간 거들어 줍니다. 상대의 힘찬 고갯짓은 내가 처음부터 생각하던 것이 옳았음을 확인시켜 줍니다.

"제 어머니는 북한에서 태어나셨고, 아버지는 남한에서 태어났습니다."

이 정도면 상대의 궁금증이 풀렸을 것입니다. 그런데 곧장 새로운 질문으로 바뀝니다. 어느 쪽이 '좋은' 한국이냐는 것이죠. 남한인가, 아니면 북한인가? 그러나 대부분의 사람들은 그렇게 정확히 알고 싶어 하지는 않습니다. 나는 이런 대화가 언제나 똑같은 패턴으로 흘러간다는 사실을 매번 이상하게 여깁니다. 즉, 처음에는 일단 내가 아시아인으로 보이고, 따라서 독일인일 가능성은 없고, (그렇지 않다면 사람들이 나의 출신을 물어보지 않겠죠.) 다음으로 내가 하이델베르크 출신이라고 알려 준 것이 예상했던 답변에 맞지 않고, (그것은 얼굴 표정에서 분명히 드러납니다.) 결국에는 나의 부모가 어디 출신이냐는 질문에 대한 대답이 수긍할 만한 것으로 통하는 것입니다. '원래는' 거기에 속하는 사람이기 때문입니다. 그런 질문은 전혀 나오지도 않았지만 말이죠.

사람들은 보통 머릿속에 서랍장(독일어로는 두 가지 뜻이 있습니다. 하나는 '여러 개의 서랍으로 구성되어 있는 장'이고, 다른 하나는 '다른 사람을 막무가내로 분류하고 제멋대로 판단하는 사람'을 가리킵니다.) 같은 것을 여러 개 가지고 다닙니다. 그리고 무의식적으로 새롭게 만나는 수많은 사람들을 모두 각자만의 분류 기준에 따라서 그 여러 개의 서랍장 중 하나에 넣어 버립니다. (독일인, 외국인, 아시아인, 한국인……, 백인, 흑인, 황인……, 기독교, 불교, 무신교……, 바람둥이 남자, 페미니스트 여자……, 빨갱이 좌파, 꼴통 우파…….) 하지만 나 같은 사람의 경우에는 꼭 뇌가 분류할 새로운 서랍 하나를 더 만들게 합니다.

서랍을 만드는 뇌

뇌가 서랍을 만드는 작업은 태어난 직후부터 시작됩니다. 세상을 '나'와 '남들'로 나누는 일을 해낸 지 얼마 되지 않아, 뇌는 벌써 '남들'을 더 세분화해서 관찰하기 시작합니다. 이때 우리는 그때그때의 발달 상태에 따라 세상에 대해 알게 된 사실을 기반으로 삼습니다.

예를 들어 우리가 말하는 소리를 기반으로 삼을 때를 볼까요? 아기들은 아빠와 엄마가 온종일 들려주고, 얼러 주고, 노래로 불러 주는 것을 아직 이해할 수는 없다 해도 그것이 어떤 느낌으로 들리는지는 당연히 지각합니다. 아기의 뇌는 어떤 소리가 자주 나오고 어떤 소리가 드물게 사용되는지, 그 소리들이 어떻게 조합되어 나타나며, 단어와 문장의 어떤 위치에서 나오는지에 관해 통계를 냅니다. (언어학자들은 후에 대학에서 공부할 때, 아기와 어린아이 시절에 우리 모두에게 타고난 바로 이 능력을 습득하려고 애씁니다.) 거기서 우리는 모국어에 대한 감수성을 발전시킵니다. 그리고 그 감수성을 기반으로 누군가가 엄마와 아빠, 그리고 우리 자신과 얼마나 비슷한지 검증하는 데 사용할 척도를 얻어 냅니다. 우리는 '생소한' 말로 우리를 얼러 보려는 사람을 그리 쉽게 신뢰하지 않습니다. 시카고 대학의 캐서린 킨즐러Katherine Kinzler가 실시한 한 연구에서, 아기들에게 가지고 싶은 장난감을 어른들이 내밀 때 아기들이 보인 매우 다양한 태도는 아마 이 때문일 것입니다. 즉, 아기들은 미국식 영어를 사용하는 낯선 사람들에게서는 선물을 기쁘게 받아들였습니다. 그러나 불어로 말하는 어른은 매우 낯설어했고, 따라서 선물도 의심스러워했습니다.

'우리들 중 한 사람'과 '남들 중 한 사람'으로 구분하는 또 다른 기반은 우리가 만나는 사람들의 얼굴과 행동 방식입니다. 다정하게 미소를 보내는 사람에게 우리는 속으로 플러스 점수를 줍니다. 누군가가 종종 화내는 모습을 보이면 우리는 조심해서 대하고 거리를 두는 편이 낫다고 기억해 두죠. 그리고 만일의 경우에 대비해 우리의 판단을 일반화합니다. 상냥한 남자는 머리가 길었고, 따라서 머리가 긴 남자는 모두가 상냥하며, 심술궂은 여자는 파란색 블라우스를 입었고, 그 때문에 파란색 옷을 입은 사람들은 주의해야 한다고요. 썩 괜찮은 규칙은 아니지요. 그러나 어린 뇌가 올바른 길을 찾으려고 노력하는 상황에서는 일단은 이렇게라도 시작해 보는 것이죠!

아이들이 성장하는 과정에서 그리고 정보가 늘어남에 따라, 뇌는 범주들을 더 세분화하고 계속 새로운 하위 그룹을 만듭니다. 즉, 먼저 자신의 가족 구성원, 이웃 사람들, 같은 유치원에 다니는 친구들이 각각 그룹을 이룹니다. 거기에 이어 같은 학교에 다니는 친구들, 함께 운동하는 친구들, 비슷한 음악 취향을 가진 친구들, 같은 옷차림을 하는 친구들, 같은 것에 열광하는 친구들 그룹이 생겨나죠. 그 후 언젠가는 종교 공동체, 정치적 노선, 민족성 같은 더 추상적인 범주들을 추가합니다. 어떤 개별적인 특성을 통해 '남들'과 구분이 되는 '우리들'은 늘 존재하기 마련이죠.

'우리들' 집단에 소속되는 것은 워낙 중요해서 집단에 따라 우리 자신의 정체성이 좌우될 정도입니다. 예를 들어 '나'라는 존재는 독일에서 태어난 한국인 청년이고, 젊은 아빠이고, 뇌과학자이고, 과학 커뮤니케이션을 좋아하는 사이언스 슬래머Science Slammer 이고, 열광적으로 스윙 댄스를 추는 린디 합퍼lindy hopper입니다. 내가 속한 집단들을 알고 있다면 당신은 나라는 인물을 안다고 믿을 것입니다. 혹은 적어도 그 인물의 중요한 특성 몇 가지를 안다고 확신하겠죠. 왜냐하면 누구나 알고 있듯이 한국인은 부지런하고, 과학자는 이성적이고, 아버지는 자상하고, 사이언스 슬래머들은 과학에 대한 수다를 떨기 좋아하고, 스윙 댄서들은 빈티지 패션을 좋아하며 장난스럽고 즐거운 사람들이니까 말이죠. 아하, 좋았어! 난 이제 당신이 어떤 사람인지 알았다고! 우리는 이제 장동선 씨가 어떤 식으로 행동하는 사람인지 감이 왔어!

나라는 사람에 대해서 알아내는 것은 생각보다 쉬운 일이지 않았나요?

(예전에 제가 창작·연출했던 한 연극 작품에서 저는 여주인공이 자신의 남자 친구에게 다음과 같은 대사를 말하게 했죠. "내 이름, 내가 다니던 학교, 내가 사는 곳, 내가 일하는 직장, 내 몸뚱아리, 이 모든 것들을 빼고 넌 나라는 사람에 대해서 대체 뭘 아는데? 내가 정말로 누군지 네가 알아?")

'진짜' 미국인을 찾아서

한국과 미국에 있는 나의 친구들도 나라는 사람에 대해서 알아내는 것을 그다지 어렵지 않게 생각했습니다. 그들도 역시 나를 분류해 넣을 새로운 서랍을 하나 특별히 만들어 냈습니다.

먼저 한국부터 볼까요? 학창 시절에 한국에서 몇 년간 보냈을 때, 외모만 보자면 나는 남들의 눈에 별로 띄지 않는다고 생각했습니다. 같은 동양인의 모습이었고, 여느 고등학생들처럼 교복을 입고 있었으니까요. 하지만 그럼에도 나는 종종 같은 질문을 받았습니다. 혹시 외국에서 태어나지 않았느냐고, 외국에서 살다 오지 않았느냐고요. 분명히 나는 어떤 식으로든 남들과 다른 티가 났던 모양입니다. 아무리 한국어를 유창하게 할지라도 나의 얼굴 표정에서, 나의 말투에서, 나의 손짓과 몸짓에서 동급생들은 무언가 다른 점들을 찾아냈던 모양입니다. 그리고 내가 독일에서 태어나서 살다 왔다는 것을 알고 나서 동급생들은 나를 자주 '독일에서 온 애'라고 불렀습니다. 선생님들도 마찬가지였죠. (사실 진짜 별명은 '독한놈-독일에서 살다 한국에 온 놈'이었답니다.) 그런데 이 '독일에서 왔다는' 사실은 늘 하나의 해명으로 통했습니다. 내가 독일에서 태어났다는 사실은 내가 무슨 짓을 하든 거기에 대한 근거로 제시되었습니다. 내가 조금이라도 동급생과 다른 행동을 보였다면, 곧바로 그것이 독일에서 자라난 결과로 해석되었던 거죠. 안타깝게도 내가 어떤 부분에서 이방인처럼 보였는지 딱 꼬집어 말할 수는 없습니다. 미묘한 어떤 부분이 눈에 잘 띄었나 봅니다. 지금까지도 나는 한국에 가면 종종 외국에서 왔느냐는 질문을 받습니다. 내가 그렇다고 대답하면 상대가 태도를 누그러뜨리는 것이 느껴집니다. 이제 상대는 마음속으로 나에게 꼬리표를 붙이고, 자신의 관점에서 이상하게 보이는 나의 행동거지를 납득할 것입니다. 내가 어떤 뜻에서 하는 말이든 상관없이 말이죠!

미국에서는 사정이 조금 더 복잡했습니다. 나는 한동안 뉴욕시 근교에서 살았고, 나의 친구들에게는 늘 '독일 출신의 아시아 남자애' 혹은 '한국계 독일 남자애'였습니다. 그들의 입장에서는 이렇게 국적을 혼합한 것이 나의 이름보다 나의 특성을 더 잘 인식하게 해 주는 것 같았습니다. 확실히 더 쉽게 기억되었을 테고요. 나는 캘리포니아 주 같은 다른 주에서 온 사람들은 나를 어떤 유형으로 분류해 넣을지 흥미롭게 여겼습니다. 캘리포니아에는 아주 많은 아시아계 미국인이 살고 있고, 그들에게 나의 외모는 특별한 것도 아니니까요. 대화를 나눌 때 그들은 나의 다른 특성을 훨씬 더 중요하게 여겼습니다. 즉, 이렇게 말하는 것입니다. "당신은 동부 출신이군요!" (뉴욕 식 영어 액센트는 캘리포니아에서 좀 티가 나나 봅니다.)

이로써 우리는 진짜 미국인이란 대체 무엇을 말하는가 하는 질문으로 돌아옵니다. 이것은 어떤 사람을 진짜 미국인으로 여기는가 하는 문제입니다. 진정한 미국인에 관해 생각할 때 어쩌면 눈앞에 갈색 야생마에 올라탄 늠름한 인디언 추장의 모습이 떠오를지도 모릅니다. 아무튼 나의 경우에는 그렇습니다. 그러나 몇 백 년 전에 미국을 무작정 차지한 정착민들의 후손들에게는 그렇지 않습니다. 미국의 샌디에이고 주립 대학에서 강의를 하고 있는 스위스 출신의 심리학자 티에리 디보스Thierry Devos는 일련의 사진들을 이용해 미국인들이 '미국적'인 외모라는 말에서 무엇을 떠올리는지 알아내려 했습니다. 실험 참가자들은 사진들을 살펴보고 거기에 나온 인물들을 '이국적'인 인물과 '미국적'인 인물로 분류했습니다. 당신은 그 실험에서 어떤 결과가 나왔을지 벌써 감이 오나요?

보통의 미국인들에게는 진짜 미국인은 당연하게도 유럽인 유형의 백인입니다. 이때 그가 실제로 미국 출신인가 아닌가는 중요하지 않았습니다. 배우 휴 그랜트(영국인입니다.)와 제라르 드파르듀(프랑스인입니다만, 부자 증세 정책에 반대해 프랑스 국적을 포기하고 러시아 국적을 취득했습니다.)도 지체 없이 미국인으로 분류되었습니다. 반면에 당신이 아시아인의 얼굴을 가지고 있다면 미국인으로 분류될 가능성이 전혀 없습니다. 테니스 선수 마이클 창Michael Chang이나 방송기자 코니 정Connie Chung 같은 미국에서 유명한 아시아계 미국인들조차 그 테스트에서 가차 없이 '이국적'인 인물로 배제되었습니다. 다양성과 복잡성 문제 때문에 우리의 서랍 사고 (흑백논리)는 그야말로 과도한 부담을 떠안고 있습니다. 오히려 어림잡아 판단하는 것이 필요하죠. 그것은 대충 방향만 정해도 분류가 가능하기 때문입니다.

우리의 뇌는 도대체 누가 봐도 멍청한 이런 짓을 왜 하는 걸까요?

생존 전략, 어림잡아 판단하기

우리의 사고 기관인 뇌를 변호하기 위해서는 두 가지 이유를 들 수 있습니다. 뇌는 신속하게 처리해야 하고, 또 대부분의 경우에는 감으로만 판단해야 합니다.

민첩함이 떨어지는 원인은 이번에도 인간의 진화에, 그리고 그에 앞서간 동물의 진화에 있습니다. 대부분의 동물은 식물에 비해 엄청난 장점을 가지고 있습니다. 동물은 위험을 피해 달아날 수 있는 것입니다. 하지만 제때 달아나야지, 때를 놓치면 허사가 되어 버리죠. 따라서 동물들은 주변 환경에서 잠재적인 위협이 될 수 있는 신호들이 나오는지 꾸준히 살피는 것이 중요합니다. 나뭇가지가 부러지는 소리, 덤불 속에서 부스럭거리는 소리, 울타리

뒤편에서 나타난 두 눈. 이 모든 것 뒤에는 포식자가 도사리고 있을 수도 있습니다. 이 때문에 의심스러운 징후가 보이자마자 모든 감각기관들은 그 신호가 나오는 곳으로 쏠리게 됩니다. 뇌는 순식간에 가능한 한 많은 정보들을 수집해 결정을 내리죠. 안심할 것인가, 달아날 것인가? 타닥거리고 바스락거리는 소리에 대해 해가 되지 않는다는 해명이 나오면 안심하고 계속 먹을 수 있습니다. 눈이나 귀 혹은 코가 어떤 위험을 알아내거나 의심이 날 때는 일단 달아나는 게 상책입니다. 오래 따지고 자시고 할 시간이 없습니다. 이런 상황에 처해서 우선 골똘히 따져 보는 사람은 (그것은 검치호랑이일 수도 있고, 단지 바람일 수도 있고, 어쩌면 조그만 쥐일 수도 있어. 흠, 무슨 소리가 더 들리나? 그 소리가 또 나는지 일단 기다려 보고……) 어떤 결론에 도달하기도 전에 죽은 몸이 됩니다. 살아남기 위해서는 두 가지 서랍만으로도 충분합니다. '위험하지 않다'와 '위험할 수도 있다', 결정은 곧바로 내려집니다!

분류를 위한 기반으로 우리 뇌는 통상적인 정보 원천을 사용합니다. 감각을 통한 정보 외에 무엇보다 이전의 위험에 대한 기억과 다른 집단 구성원의 반응도 여기에 포함됩니다. 인간의 경우에는 본 것, 이야기, 설명, 동화 같은 문화적 작용도 기억에 속합니다. 우리 인간들은 표현력이 풍부한 언어 덕분에 어떤 사건을 떠올리기 위해 각자가 모든 것을 직접 체험할 필요가 없습니다. 우리 뇌는 이렇게 저장된 기억들을 재빠르게 현재의 신호와 유사한지 대조해 봅니다. 다르게 표현하자면, 뇌는 이렇게 따져 보는 거죠. "어디, 내가 이것을 이전에 듣거나 본 적이 있었던가?" 그 대답이 '예스'가 되고, 단지 에르빈 아저씨가 덤불숲을 밟으며 지나갈 뿐이라거나 또 다른 해가 되지 않는 이유가 밝혀지면 경보가 해제됩니다. 그러나 뇌가 거기에 맞는 기억을 저장해 놓지 않았다면 '낯설고 잠재적으로 위험하다'는 서랍을 열어젖히고, 필요한 모든 방어 반응을 포함한 불안 대비 프로그램을 작동시킵니다.

태곳적부터 검치호랑이 외에 낯선 사람도 우리 인간들에게는 가장 큰 위험에 속했습니다. 남이 저장해 놓았거나 가지고 있는 물건들은 너무나 유혹적입니다. 남의 사냥터도 무척 탐이 나 보입니다. 남의 집 잔디밭이 더 푸르게 보이는 법이죠. 그리고 부득이하면 사람들은 이웃 사람을 무작정 때리기도 합니다, 따분하다는 이유로.

이런 사실들을 놓고 본다면 우리가 우리 자신이 속하는 집단의 구성원들만 신뢰하는 것이 그리 이상한 일도 아니죠. 그러나 집단이 너무 커져서 모든 사람들을 더 이상 개인적으로 알 수 없다면 누가 우리 편인지 무엇을 보고 알아낼까요? 그것을 위해 뇌는 가장 뚜렷한 차이에서부터 거의 알아차리기 힘든 집단 규범과의 상이함에 이르기까지 생각할 수 있는 온갖 징후들을 이용합니다. 피부색이 다른가? 낯선 사람이군! 생소한 언어? 낯선 사람이야! 맞지 않는 신발 끈? 낯선 사람이야! (농담이 아닙니다. 특정 청소년 집단들은 실제로도 인식 표시로 부츠에 특별한 신발 끈을 사용합니다.)

낯선 것은 위험할 수도 있습니다. 어떠한 경우에도 그것은 다르며, 일단은 우리와 함께 속하는 것이 아닙니다. 왜냐하면 한 가지는 분명하기 때문이죠. 즉, 누구든 자기 팀이 최고이며, 축구에서 분데스리가 챔피언은 〔   〕이 될 것이기 때문입니다! (여기에 당신이 좋아하는 팀의 이름을 끼워 넣으세요. 자칫 잘못해서 나 자신이 '다른 편들 중 하나'로 밝혀지면 곤란하기 때문이죠.)

편애는 합당하다

1966년도 세계 축구 선수권 대회. 웸블리 경기장. 결승전. 101분 경과. 영국의 공격수 제프 허스트Geoff Hurst가 공을 잡았습니다. 그는 계속해서 노마크로 독일 진영의 페널티 에어리어로 돌진해 골 에어리어까지 들어갑니다. 약 6미터 전방에서 그가 슛을 날립니다. 공은 독일 팀 골키퍼 호르스트 틸코프스키Horst Tilkowski 옆을 지나 크로스바에 부딪칩니다. 공은 크로스바에서 튕겨 나와 독일 수비수 볼프강 베버Wolfgang Weber가 헤딩으로 쳐 내기도 전에 바닥의 골라인이 그어진 곳에 떨어집니다. 그 공은 골인이었을까요, 아닐까요?

당신이 단호하게 '골인!'이라고 대답한다면 당신은 아마 영국인일 것입니다. 그러나 대부분의 독일 축구 팬들은 자신이 독일인임을 느끼고 나에게 화가 나서 '당연히 아니지!' 하고 호통을 칠 것입니다. 여기서 그 공이 실제로 골라인을 완전히 넘어갔느냐 아니냐는 전혀 문제가 되지 않습니다. 이것은 원칙의 문제입니다. 혹은 집단 소속감의 문제입니다, 결국은 같은 것이기는 하지만.

학자들은 '우리들'을 자기 집단으로 '남들'을 타자 집단으로 부릅니다. 그들은 오래전부터 우리가 자기 집단에 별의별 긍정적인 속성들이 다 있다고 여긴다는 것을 관찰해 왔습니다. 우리가 그러지 않고서야 또 어쩌겠습니까? 우리 팀이야말로 단연 더 영리하고, 더 멋지고, 더 빠르고, 더 강력하고, 더 겸손하고, 무엇보다 더 뛰어난 축구 선수들인데 말이죠. 반면에 타자 집단 선수들은 진정한 루저들이어서 기껏해야 동정이나 얻을 수 있을 뿐이죠. 그러나 더 좋은 것은 그들에게 실컷 욕을 퍼붓는 것입니다. (그러면 자기 집단이 훨씬 더 뛰어나 보입니다.)

이런 자기중심적인 입장은 사실상 누구에게도 당연한 것입니다. 반면에 폴란드 태생의 영국인 사회심리학자 헨리 타이펠 Henri Tajfel이 방학 야영장에서 벌인 소위 최소 집단 실험minimal groups experiment에서 밝혀낸 내용은 놀랍습니다. 그는 실험 참가자들을 동전 던지기를 통해 무작위로 두 그룹으로 나누고, 그들에게 여러 가지 과제를 수행하도록 시켰습니다. 참가자들은 사전에 서로를 전혀 몰랐고, 두 그룹 사이에 이렇다 할 차이점도 없었습니다. 그렇지만 그들은 몇 분 만에 자기 집단을 옹호하는 강렬한 감정을 키워 냈고 타자 집단을 멸시했습니다. 그들은 자기 팀 구성원들은 열렬하게 응원했고, 팀원들의 성과를 터무니없이 긍정적으로 평가했습니다. 반면에 그들은 상대 팀 선수들을 목이 터져라 야유하고 모욕했습니다. 더구나 구성원들 각자가 무작위로 뽑힌 그룹 일원이라는 사실 외에는 어떤 것도 그들을 단결시켜 주거나 갈라놓는 것은 없었습니다. 집단 사고와 따돌림은 아무런 근거도 필요하지 않은 것이 분명해 보입니다. 남들이 '남들'이라는 사실만으로도 충분합니다.

일단 어떤 집단이 형성되고 나면, 공동의 행동과 짝 맞추어진 특성들이 (더 강화되고, 더 빨라지고, 더 노련해져서) 결속력을 높여 줍니다. 팀의 마크가 찍힌 스카프도 함께 부르는 응원가 못지않게 서로를 결속시킵니다. 우리는 자신도 모르게 사소한 행동 패턴들에 스스로 동조하게 됩니다. 그래서 자기 집단의 누군가가 하품하는 것을 볼 때 타자 집단의 구성원이 그러는 것을 볼 때보다 더 쉽게 따라 합니다. 이 밖에도 우리는 자기 집단 사람들의 행동을 더 쉽게 알아맞힐 수 있습니다. 왜냐하면 그들의 사고 과정을 자신의 뇌를 이용해서 훌륭하게 모의실험을 할 수 있기 때문이죠. 심한 경우에는 자기 집단의 누군가가 다치면 자신의 뇌의 통증 담당 부위가 활성화되기도 합니다. 반대로 상대 선수가 걸려 넘어지면 뇌는 때로 고소해하는 신호를 내보냅니다. 바람직한 일은 아니지만요. (그렇지만 그 멍청이가 왜 그렇게 공을 졸졸 따라다녔냐고요!)

타자 집단의 구성원에 대한 이런 악의나 증오는, 물론 갈등 상황이 존재하는 경우에만 나타납니다. 이 때문에 '전통적으로' 숙적 관계에 있는 축구 팬들은 시즌 내내 주말마다 소규모 전투를 요란하게 치르는 것이죠. 규모가 더 커져서 가령 정치적 혹은 종교적 갈등이 일어나면, 그런 종류의 집단 적개심은 쉽사리 통제의 범위를 벗어납니다. 그럴 때는 뚜렷한 이유도 없이 진짜 전쟁이 발발할 수도 있습니다.

그런 돌발적 행동은 사려 깊지 않습니다. 반면에 자기 집단을 적절히 편애하는 것은 전적으로 합당합니다. 결국 우리 인간들은 생존을 위해서 자기 집단에 의존하고 있으니까요. 자기 집단에 이득이 되게 하는 것은 결국에는 우리 자신에게도 도움이 됩니다.

흥분한 사람들을 진정시키기 위해 좀 더 설명을 드리겠습니다. 1966년의 웸블리 경기장에서의 골은 실제로는 무효였습니다. 주심이 선심과 협의한 후에 '골'이라고 선언하기는 했습니다. 그렇지만 사진 자료의 다양한 분석과 옥스퍼드 대학의 엔지니어들에 의해 시행된 모의실험 계산은 그 공이 공중에서 날아가는 시간 동안이나 땅에 떨어져 부딪혔을 때도 골라인을 완전히 넘어가지 못했다는 사실을 입증하고 있습니다. 그러니 '노 골'입니다!

더 많은 서랍 만들기

다음 생각을 소개하기 위해 몇 해 전에 나온 인터넷상의 전설을 하나 들려주려고 합니다. 반대가 없는 걸 보니 시작해도 되겠군요.

1973년, 쿠바의 혁명 지도자 피델 카스트로 Fidel Castro 가 베트남

순방을 마치고 막 귀국했을 때였습니다. 영국인 기자 브라이언 데이비스Brian Davis가 카스트로에게 언제 미국과 쿠바의 국교 정상화가 이루어질 것인지 물어보았습니다.

"미국에서 흑인 대통령이 선출되고, 라틴아메리카에서 교황이 나올 때에야 비로소 미국은 우리와 다시 대화를 하게 될 것입니다." 카스트로는 이렇게 대답했다고 합니다. 이 얼마나 예언적인 말인가요! 피델 카스트로는 어떻게 40년도 훨씬 전에 버락 오바마, 프란치스코 교황, 그리고 양국의 화친을 예언할 수 있었을까요? 정말 믿기 어려운 일입니다.

믿어지지 않겠지만 이 말은 엉터리일지도 모릅니다. 심지어 엉터리인 것이 매우 확실해 보입니다. 그러나 피델 카스트로는, 대단히 많은 말을 자주, 그리고 즐겨 했던 인물입니다. 그 때문에 CIA가 부지런히 수집해 놓은 산더미 같은 그의 발언 기록에 카스트로가 언젠가 지나가는 말로 이런 말이나 이와 비슷한 말을 흘리지 않았다고 절대적으로 확실하게 부인할 수는 없습니다.

이 이야기는 2014년에야 뜬금없이 나타나 인터넷상에서 급속히 퍼져 나갔습니다. 특히 피델 카스트로에 대해 정치적으로 우호적인 사람들의 진영에서 자주 입에 오르내렸습니다. 그러나 그 시기는 프란치스코 교황이 즉위한 후로 오바마 대통령도 재임 중이었고, 미국이 이미 쿠바에 대한 태도를 공개적으로 바꾸기 시작했을 때였습니다. 이로써 예언적 요건은 지극히 낮아졌습니다. 이 소문의 장본인은 아르헨티나의 작가 페드로 호르헤 솔란스Pedro

Jorge Solans였습니다. 그는 이 소문을 어떤 택시 기사로부터 들은 것이죠. 그 택시 기사는 1973년 자신의 대학 시절에 어떤 식으로든 그 기자회견과 인용문에 관해 들었다고 주장했습니다. 아쉽게도 그 택시 기사가 그 행사의 유일한 증인이었던 것으로 보입니다. 왜냐하면 쿠바나 미국의 언론 매체와 CIA도 그 기자회견에 관한 자료를 가지고 있지 않았기 때문이죠. 카스트로와 그런 대화를 했다고 전해지는 브라이언 데이비스 기자조차 지금까지 추적이 불가능했습니다. 따라서 이 이야기에서 (아무리 그럴듯하게 꾸며졌다 하더라도) 그럴듯한 점은 전혀 없습니다.

여기서 이 이야기를 들려주는 이유는 무엇일까요? 그것은 우리의 머릿속에 든 인종차별주의에 대한 놀라운 지적이 담겨 있기 때문입니다. 흑인 미국 대통령, 그것은 몇 년 전만 하더라도 베를린 장벽의 붕괴나 음성 인식 컴퓨터보다 더 상상하기 힘들었습니다. 짙은 피부색을 가진 모든 인간들에 대한 미국인들의 편견은 너무나 깊이 뿌리내리고 있었습니다. (나는 오직 미국인들만 이런 편견을 가지고 있다고 말하는 것은 아닙니다. 그러나 미국인들에게서 이 주제에 관한 연구 결과가 가장 많이 발견됩니다.) 2000년에 뉴욕 대학의 엘리자베스 펠프스Elizabeth Phelps와 애머스트 대학의 앨런 하트Allen Hart를 중심으로 하는 연구진들이 다시 한 번 이것이 옳다는 사실을 확인했습니다. 그들은 실험 참가자들이 흑인과 백인의 사진들을 살펴보는 동안 자기공명 단층촬영법을 이용해 그들의 뇌 속을 살펴보았습니다.

뇌의 편도핵이라고도 불리는 편도선amygdala의 반응이 특히 흥미로웠습니다. 편도선은 정서를 평가하는 일에 매우 폭넓게 관련되어 있으며, 주로 불안 감정을 불러일으키는 데 관계합니다. 하트의 팀은 실험 참가자들이 낯선 사람의 사진을 볼 때면 언제나 처음에 편도선이 활성화된다는 사실을 알아냈습니다. 그렇지만 자기 집단 중 누군가의 사진을 보여 주면 편도선은 시간이 지남에 따라 활성화가 떨어졌습니다. 그러므로 백인은 다른 백인의 얼굴에 익숙하고, 흑인은 다른 흑인을 쳐다보는 데 익숙한 것이죠. 하지만 타자 집단은 양측 모두에게 제법 오랜 시간이 흘러도 수상쩍은 존재였습니다. 이 문제에서는 인물 사진을 아무리 오래 들여다보고 있어도 소용이 없었습니다. 뇌는 '남들'에 대해서는 만일의 경우에 대비해 계속 의심을 풀지 않았습니다.

펠프스와 그 동료들은 하트와는 달리 백인들만을 대상으로 연구를 했습니다. 대신 그들은 실험 참가자들에게 뇌를 스캔하는 것 외에 추가로 설문지도 채우도록 시켰습니다. 그 설문지에서는 흑인과 백인의 모습을 보고 좋은 일이나 나쁜 일과 연결시켜야 했죠. 질문은 예컨대 백인과 평화, 흑인과 사랑, 백인과 습격, 흑인과 폭탄이 어울리는가 하는 것이었습니다. 연구자들은 답변뿐 아니라 참가자들이 결정을 내리는 데 걸리는 시간에도 관심을 기울였습니다. 모든 참가자들이 긍정적인 개념을 흑인보다는 백인에게 더 빨리 연결시켰다는 사실이 밝혀졌습니다. 반대로 그들은 부정적인 상황은 지체 없이 흑인 탓으로 돌렸습니다. 거의 무의식적으로 말입니다! 몇몇 참가자들은 그 테스트의 평가가 나온 후에 자신이 은연중에 편견을 품고 있다는 사실을 알고 나서 심하게 화를 내기도 했습니다. 흥미로운 점은 무의식적으로 가장 심한 편견을 가진 인물들에게서 흑인 사진을 보았을 때 편도선이 가장 강렬한 반응을 보였다는 것이죠.

그렇다면 우리들 모두가 사실을 알고 있든 아니든 간에 인종차별주의자들일까요? 일단 실험 결과는 그런 것으로 보일 수 있습니다. 그러나 진상은 확실히 단순히 흑백으로 나누는 것보다는 좀 더 복잡합니다. 가령 펠프스는 연상 테스트를 이용한 또 다른 조사에서 대부분의 백인들이 흑인에 대해 편견을 가지고 있을뿐더러 흑인들 자신도 절반가량은 편견을 가지고 있다는 사실을 밝혀냈습니다. 그리고 로스앤젤레스에 있는 캘리포니아 대학의 매튜 리버먼Matthew Lieberman도 흑인과 백인이 편도선의 활성화에서 위와 동일한 효과를 보인다는 것을 입증했습니다. 그는 이 결과를 우리 뇌가 언론 매체를 통해 흑인들이 저지른 습격과 폭력 행위를 백인들의 범죄 행위보다 더 자주 접하는 데서 기인한 것으로 해석했습니다. 뇌는 이런 경험들을 저장해 두었다가 낯선 얼굴과 마주치게 되면 그것들을 기억해 내는 것이죠. 뇌가 이미 알고 있고 무해하다고 분류해 놓은 저명한 흑인 미국인들의 사진은 편도선에 경보를 보내지 않는다는 사실도 여기에 부합합니다. 아시아계 미국인의 사진도 마찬가지로 위협으로 간주되지 않았습니다. 그러므로 뇌는 태어나면서부터 인종을 차별하는 것은 아닐 것입니다.

뇌는 단지 과거에 축적해 놓은 정보들을 표준으로 삼고, 그것을 일반화해서 이를 바탕으로 '무해한 자기 집단'과 '잠재적 위협이 되는 타자 집단'으로 범주를 나누려고 하는 것뿐이죠. 다만 뇌는 범주를 나누기 위해 아쉽게도 쉽게 식별할 수 있는 특성인 피부색을 이용하는 것입니다.

그런데 세상 사람들은 훨씬 더 다채롭습니다!

버락 오바마는 전적으로 흑인이라 할 수 있을까요? 너무 성급한 대답은 금물입니다! 우리가 그의 선조들을 기준으로 판단한다면 오바마는 아일랜드-영국-독일-케냐 계이기 때문이죠. 혹은 좀 막연하게 표현하자면, 이 미국 대통령은 대부분의 미국인들이 그러하듯이 여러 민족적 배경이 뒤섞인 혼혈인입니다. 그럼에도 대부분의 사람들은 오바마뿐 아니라 순전히 새하얀 피부색을 가지지 않은 사람들을 망설임도 없이 '흑인'이라는 서랍에 집어넣습니다. 서로 다른 인종들이 존재한다는 확신이 굳은 사람일수록 컴퓨터로 생성된 '합성 얼굴 사진'에서 더 빨리 흑인으로 알아봅니다. 연한 카카오 색깔이라도 이미 흑인으로 분류하기에 충분합니다.

(이 대목에서 재빨리 여러 인종이라는 주제에 관해 짧지만 중요한 결론을 하나 끼워 넣겠습니다. 여러 인종은 존재하지 않습니다! 과학자들이 지구의 모든 지역의 서로 다른 사람들의 유전자를 비교해 보면 정말이지 생물학적으로 서로 다른 종족이라 부를 정도로 충분한 차이는 발견하지 못합니다. 유전자만을 놓고 봤을 때 당신은 당신이 살고 있는 도시의 시장보다 남미의 아마존 인디언이나 우즈베키스탄에 살고 있는 어느 공무원과 더 가까운 친족 관

계를 형성하고 있을 가능성이 확연히 존재합니다. 인종을 가리게 되는 오류가 나타나는 이유는 많은 주민 집단이 특별히 두드러진 특성을 보이며 그들의 생활권에 적응해 왔기 때문이죠. 가령 아프리카와 오스트레일리아의 많은 원주민들은 햇빛이 강렬하게 내리쬐기 때문에 양쪽 다 피부색이 매우 짙습니다. 그렇지만 그들 사이의 유전적 차이는 결코 부족한 일조량을 이용해서야 비타민 D를 충분히 만들어 낼 정도로 피부색이 새하얀 스칸디나비아인들보다 더 가까운 친족 관계도 아니죠. 피부색이 같다고 서로 유전적으로 더 비슷한 것도 아니고, 피부색이 다르다고 유전적으로 더 큰 차이가 나는 것도 아니랍니다. 우리 모두는 호모사피엔스라는 하나의 인종이고, 각 개인끼리의 차이는 존재할지언정 지능, 책임 의식 혹은 줄타기 능력과 같은 능력에는 차이가 없습니다.)

그러나 다른 결과가 나올 수도 있겠죠. 뉴욕 대학의 조나단 프리먼Jonathan Freeman은 서로 다른 실험 참가자들에게 오바마처럼 생긴 '합성 얼굴 사진들'에 '흑인'이나 '백인'이라는 표시를 붙이도록 했습니다. 이번에도 가상의 인물 사진들은 백인들에게는 대개 흑인으로 보였습니다. 그러나 모든 참가자들이 그렇게 판단한 것은 아닙니다. 어떤 사람들은 지나치게 반대 방향으로 몰아갔습니다. 자기 집단이 주로 피부색이 짙은 사람들로 구성된 흑인 참가자들은 중간 갈색의 얼굴을 '백인'으로 분류하는 경향을 보였습니다. 그들에게 오바마는 오히려 백인인 것이죠. 자기 집단의 구성원들과 조금만 달라도 단호히 타자 집단으로 밀려날 수 있습니다. 반면에 양쪽 피부색을 두루 경험한 실험 참가자들은 양 극단 중 한쪽으로 그리 쉽게 확정하려 들지 않았습니다. 그들의 관점에서는 흰색과 검은색 사이에 온갖 갈색 색조들이 있었던 것이죠.

편견이 백인들의 전유물이 아니라는 사실을 토론토 대학의 캉리Kang Lee와 나이치 샤오Naiqi Xiao도 실험을 통해 보여 주었습니다. 그들은 네 살에서 여섯 살까지의 아시아계 아이들에게 행복해하는 표정이나 화난 표정을 가진 '합성 얼굴 사진들'을 아시아인으로 보이는지 아프리카인으로 보이는지 분류하도록 시켰습니다. 예상했던 대로 아이들은 행복해하는 얼굴들을 압도적으로 아시아인으로 분류했고, 반면에 화난 표정들은 아프리카인의 낯선 얼굴로 여겼습니다. 하지만 아이들은 몇 번의 훈련 모임을 통해 아프리카인의 표정에 익숙해지고, 그것을 구분하는 법을 익히게 되었습니다. 그러자 그들은 컴퓨터로 합성한 얼굴 사진들을 훨씬 더 공평하게 분류했답니다.

우리 머릿속의 서랍들은 놀라울 정도로 역동적일 수도 있습니다. 하버드 대학의 마틴 노왁Martin Nowak과 예일 대학의 데이비드 랜드David Rand는 이것을 2008년에 미국 대통령 예비선거 기간 동안 민주당 지지자들에게서 관찰했습니다. 그들은 간단한 게임을 이용해 오바마의 지지자들과 힐러리 클린턴의 지지자들이 서로를 얼마나 신뢰하는지 테스트했던 것입니다. 그 결과에 따르면 양 진영 사이에 우호적인 분위기가 흘렀다고 한다면 명백한 거짓말입니다. 그들은 몇 개월 동안이나 서로를 좋아하지 않았습니다. 그 후에 오바마가 후보로 지명되는 날이 왔고, 그러자 별안간 모든 대립 관계는 씻은 듯이 사라졌습니다. 이전의 클린턴 지지자들은 하루아침에 오바마 진영으로 옮겨 갔고, 그곳에서 진심 어린 환영을 받았습니다. 하루가 다르게 양 집단은 서로 융화되었고, 오직 민주당 당원만 있을 뿐이었지요. '남들'은 즉각 공화당 당원들을 지칭하는 것이 되었습니다.

이처럼 뇌는 생각을 바꾸고 서랍에 새로 표시를 붙일 능력이 얼마든지 있습니다. 하지만 이 능력은 나이가 들면서 점점 굳어집니다. 우리가 동일한 종류의 경험을 많이 축적하고, 우리의 범주들과 더불어 생활한 시간이 오래될수록 뇌는 자신의 정리 체계에 더욱 완강하게 매달립니다. 게다가 동질적인 주민들로 구성된 변화가 없는 여건에서 성장하고, 그곳에서 평생을 살았다면 그것은 정말 힘들어집니다. 자기 마을에서 한 번도 벗어나 보지 못한 사람은 세계시민의 관용 정신을 길러 내지 못합니다. 그럴 때 뇌는 모든 것을 낯설고 위험한 것으로 간주합니다.

다행히도 그것을 극복할 간단한 처방이 있습니다. 세상을 향해 열린 마음으로 여행을 하는 것이죠. 서로 다른 사람들을 많이 만나고 생활 방식을 배우는 것입니다. 모든 사람들과 모든 것이 동일해야 한다고 요구하지 말고 차이와 고유성을 존중해야 합니다. 그것도 가능한 한 젊은 시절에, 뇌가 아직 정보에 목말라하는 동안에 그렇게 해야 합니다. 그러면 서랍식 사고에서 벗어나지는 못한다 해도 훨씬 더 많은 서랍들을 사용할 수 있으며, 새로운 인상들을 한층 세분화해서 넣을 수 있습니다. 그러면 우리는 낯선 사람에 대해 더 이상 두려움을 느끼지 않겠죠!

천재 한 명과 얼간이 천 명

자기 집단이라는 개념은 얼핏 보기에는 언제나 행복하고 조화로운 동질적 공동체로 여겨집니다. 당신에게도 그런가요? 확실히 나는 그렇지 않습니다! 가장 친한 친구들 사이에서조차 때때로 의견 차이가 나오고, 집단의 규모가 클수록 서로 다른 견해들이 더 많이 나타납니다. 그럼에도 통일체를 유지하려는 집단은 끊임없이 공동의 결정들을 내려야 하지요. 더욱이 그 결정들이 경쟁자 집단들과 맞서 우위를 유지하기 위해서는 최대한 탁월한 것이어야 하고요. 이 때문에 모든 축구 팀들에게는 어떻게 해야 옳은지 알려 주는 통찰력 있는 강력한 지도부가 필요한 것일까요? 아니면 집단 자체로서 모든 요구 사항들을 최대한 해결해 나갈 방법이 혹시 있을까요? 그런 방법은 있습니다!

이 기적의 방법에 대한 최초의 암시는, 일찍이 1906년, 영국의 자연과학자 프랜시스 골턴Francis Galton이 한 가축 품평회에서 발견했답니다. 당시 품평회장을 방문한 사람들은 동전을 내고 황소의 무게를 맞히는 행사를 특히 좋아했습니다. (인터넷 비디오가 등장하기 전인 그 시절에 그것은 수많은 아이들과 자칭 전문가들을 불러 모으는 엄청나게 재미있는 행사였습니다.) 골턴은 보통 사람들이 이 과제를 풀기에는 그다지 영리하지 않아서 실제의 수치와 꽤 차이가 나게 무게를 말할 것으로 확신했습니다. (골턴은 동료 시민들을 높이 평가하지 않았고, 그 때문에 그는 마침내 우생학을 창시하게 되었죠.) 그는 대중이 우둔하다는 자신의 가설을 입증하기 위해 787명의 추정치 자료를 건네받아 평균값을 계산했습니다. 그것은 1207파운드로 나왔습니다. 그런 다음 그는 다시 한 번 검산을 했습니다. 그것은 변함없이 1207파운드였습니다. 추측건대 골턴은 이 결과 때문에 낙담해서 무척 곤혹스러워했을 것입니다. '민중의 목소리'는 (혹은 골턴이 표현했듯이 '복스 포퓰리Vox populi'는) 그 황소의 실제 무게인 1198파운드에서 1퍼센트의 오차도 나지 않았으며, 모든 개별 참가자들이 제시한 수치보다 훨씬 더 정확했습니다. 농장주들과 도축업자들조차 이것보다 훨씬 많이 빗나갔습니다. 골턴은 대중의 우둔함을 입증하는 대신 다수의 지혜로움을 명백히 밝혀낸 것입니다.

처음에 이 이야기와 소위 집단 지성, 혹은 대중 지성에 관한 보고들을 들었을 때 나는 이를 믿기 힘들었고 흥미로운 망상으로만 여겼습니다. 기껏해야 동네 장터에서나 간단한 퀴즈 문제에서는 통할지 몰라도 수준 높은 과제에서는 결코 통하지 않을 것이기 때문이죠. 그러던 중 나는 대학생 300명과 함께 대형 강의실에 앉아 있었고, 교수는 다음 세 질문으로 강의를 시작했습니다.

1. 다 자란 아프리카 코끼리의 무게는 얼마나 될까?
2. 달과 지구의 거리는 얼마나 될까?

당신은 답을 모두 알고 있나요? 그렇지 않다 해도 무슨 심각한
일은 아닙니다! 이 질문들은 기껏해야 우연히 기억의 한쪽 구석
에 저장해 둔 전문 지식을 요구할 뿐이니까요. 세 가지 정답을 모
두 아는 사람은 거의 없을 것입니다. (아무튼 나는 내 주변의 사람들과
조금도 다름없이 정확히 알지 못했습니다.) 그럼에도 그 대학생들은 정
답을 알고 있었답니다! 단 집단을 이루었을 때라면 말이지요. 대
학생들은 각자가 자신이 추측한 것을 종이에 적었고, 그 후에 평
균값이 구해졌습니다. 뭐라고 설명해야 좋을까요? 아무도 실제의
수치를 정말로 알고 있지는 않았지만 그 자리에 모인 대학생들 전
체는 놀라울 정도로 정확히 알아맞혔습니다. 아프리카 코끼리는
무게가 2.8톤(암컷)에서 5톤(수컷) 사이가 되고, 달은 지구에서 평
균 38만 4400킬로미터 떨어져 있으며, 1분당 평균적으로 4대의
비행기가 이륙합니다. 우리의 직감과 얼치기 지식을 함께 모을 때
우리는 믿기 힘들 정도로 똑똑해진답니다!

그러나 집단 지성은 특정한 조건하에서만 제대로 통합니다. 무
엇보다 각 개인이 다른 모든 사람들과는 무관하게 정보를 얻고 결
정을 내리는 것이 중요합니다. 그럴 때는 완전히 옆길로 빠진 의
견들조차 나름의 가치를 가집니다. 왜냐하면 그 의견들은 반대편
의 극단적 의견들과 함께 서로 상쇄되기 때문이죠. 반대로 그 집

단이 어떤 대답을 미리 제시하거나, 자칭 전문가가 전면에 나선다면 대중 지성은 둔감한 군집 본능(군중심리)으로 위축됩니다. 집단의 구성원들은 투표를 마치기 전에는 중간 결과가 어떻게 될지 알아서는 안 됩니다. 이 말이 어쩐 일인지 친숙하게 여겨지나요? 그렇습니다! 똑같은 이유에서 선거에서는 투표소가 다 닫히고 나서야 예측 결과를 공표하는 것입니다.

결정이 공개적으로 행해지면 또 다른 규칙들이 적용됩니다. 막스플랑크 바이오사이버네틱스연구소에서 조류학을 담당하는 이안 코우친Ian Couzin과 여러 학자들은 물고기와 새의 무리를 대상으로 이런 과정에서의 집단 역학group dynamics을 연구하고 있습니다. 그들의 관찰 결과에 따르면 동물들은 놀라울 정도로 민주적으로 행동합니다. 무작정 다수에 따르는 거죠.

무리가 이동 중일 때는 어떤 특정한 방향으로 접어들고 싶어 하는 개체들이 언제든지 나타납니다. 어떤 먹이의 원천을 찾아냈을 수도 있고, 또는 어떤 유리한 조류(물의 흐름)를 발견했을 수도 있습니다. 아니면 그냥 왼쪽으로 돌고 싶어서일 수도 있습니다. 어떤 이유에서건 그 개체들이 코스를 바꾸면 흔히 무리의 다른 구성원들도 그들을 따라갑니다. 그러나 또 다른 개체가 동시에 대안이 되는 방향으로 가고 싶어 한답니다. 이 경우에 무리가 갈라집니다. 이때는 방향을 바꿀 당시에 함께 움직이는 개체들 중 하나를 임시 우두머리로 삼습니다. 그렇지만 이 분열은 잠시 지속될 뿐입니다. 갈라진 한쪽의 물고기나 새가 경합하는 하위 집단의 규모가 더 크다는 사실을 깨닫는 즉시, 그들은 방향을 틀어 다수에 합류하니까요. 아바ABBA를 따르자면 이런 식이 되겠죠. 'The winner takes it all(승자만이 모든 것을 차지한다).' 혹은 학자들의 전문 용어로는, 거의 모든 집단들이 무리 지어 결정을 할 때는 다수 우위(선호도)를 보입니다.

누군가가 바로 트릭을 알고 있지 않은 한은 그렇습니다.

그 트릭을 따라 행동하기만 하면 소수나 심지어 단 하나의 개체가 집단 전체를 자신의 의지에 따르도록 할 수도 있습니다. 이것을 위해서는 단호하고 자신 있는 태도를 보이는 것으로 충분합니다. 마치 유일하게 옳은 것을 알고 있다는 듯이, 그리고 전적으로 자신만이 알고 있다는 듯이 말이죠. 이때 어휘 선택, 신체언어, 표정을 이용해서 순진하고 결단력 없는 구성원들에게 그들이 거역할 수 없는 역량을 자신이 가지고 있다고 은연중 믿게 만들어야 합니다. 불확실한 집단 구성원들은 강인한 자들에게 군말 없이 동조합니다. 그리고 의심스러운 경우에는 많은 사람들이 승자의 편이 되는 것이 더 낫다는 생각을 가집니다. 슈퍼 영웅으로 추정되는 개체 주변에 추종자들이 충분히 몰려들면, 이제 곧 다수의 원칙이 효과를 발휘하고, 그러면 나머지 구성원들도 마찬가지로 합류합니다. 왜냐하면 그들은 다들 그렇게 한다고 믿기 때문이죠. 이를테면 가장은 소풍을 가서 단호하게 '이쪽 길이 맞다!'고 외쳐서 가족들을 더욱 먼 길을 헤매게 만들 수 있답니다. 혹은 어떤 능숙한 선동가는 국가 전체를 파멸로 이끌 수도 있겠죠. (그 모든 일들이 이미 일어난 적이 있다고 합니다.)

모든 결정이 다 무리가 따라가야 할 방향의 문제처럼 간단한 것은 아닙니다. 또한 비용이 많이 드는 투표를 시행하는 것이 항상 합리적인 것도 아니죠. 좌중에게 그냥 한번 물어보는 것은 흔히 목소리가 가장 큰 사람의 주장이 먹혀드는 결과로 이어집니다. 게다가 그 순간에 참석한 집단 구성원들만 고려에 포함될 뿐입니다. 인터넷을 통한 설문 조사도 보통은 집단 전체의 일부에게만 도달합니다.

그렇게 되면 사실상 누구도 예상하지 못하는 또 하나의 문제가 있답니다. 이것을 단순화한 예를 가지고 설명하는 편이 가장 좋겠습니다. 당신이 주민 열네 명이 사는 조그만 지역의 읍장이라고 상상해 보세요. (뭐, 이렇게 되면 구역이 아주아주 작아지지만, 구성원이 많을 경우에는 쉽게 전체적인 조망을 할 수 없으니까요.) 예산을 모범적으로 운영해서 혹은 당신의 사위가 대통령의 조카와 같은 골프 클럽에서 운동을 하기 때문에, 연말에 당신은 경기장 하나를 건립할 만큼의 자금이 금고에 들어 있는 것을 확인합니다. 이것은 당연히 축하 파티를 벌일 만한 일이지만, 동시에 어떤 종류의 경기장을 지어야 하는가 하는 어려운 문제에 직면하게 만듭니다. 당신은 자신의 지역에 축구 팬도 있고 야구팬도 있다는 것을 알고 있습니다. 양측 모두 최신식 시설이 들어서면 기뻐할 것입니다. 그러나 경기장 하나를 지을 돈밖에 없습니다. 이 때문에 모범적인 민주주의자인 당신은 주민들에게 결정을 내리게 하지요. 그래서 당신의 유권자들에게 어떤 종류의 스포츠를 즐기는 사람이 가장 많을 것으로 생각하는지 물어봅니다. 이것은 이성적인 행동으로 보이지요, 그렇지 않나요?

며칠 후에 지역의 모든 주민들은 설문지를 받고 친구들 사이에서 무엇이 더 인기가 높은지 곰곰이 생각해 봅니다. 축구인가 야구인가? 그런데 모든 주민들이 다른 주민들을 다 알고 있는 것은 아닙니다. 〈그림 24〉는 스포츠 회원들의 분포와 그들의 관계망을 보여 줍니다. 축구공과 야구공을 상징하는 표시는 주민들을 나타내며, 선들은 친분 관계를 보여 줍니다. 모든 것을 포괄하는 이 개요도 덕분에 우리는 즉각 축구 팬이 열한 명으로 팬이 세 명뿐인 야구보다 훨씬 앞선다는 것을 알게 됩니다. 상황은 아주 명백해 보입니다. 축구 경기장이 지어져야 하는 거죠! 투표를 한다고 해서 이와 다른 결과가 나올 수는 전혀 없겠죠.

그렇지만 주민들 각자는 좀 더 복잡한 과정을 거쳐 결정을 하게 되었습니다. 주민들은 자기 친구들 중 축구를 즐기는 사람과 야구를 즐기는 사람이 몇 명이나 되는지 세어 봅니다. 그런데 여기서 이상한 일이 벌어집니다. 야구를 즐기는 사람들은 예상대로 친구들의 다수가 축구를 지지한다는 것을 확인합니다. 그러나 축

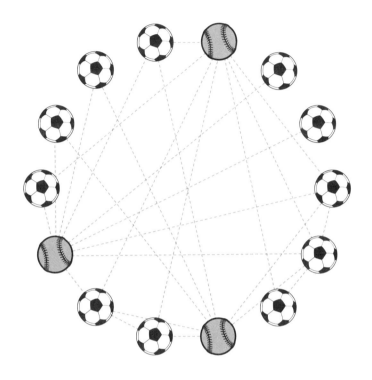

〈그림 24〉 축구가 지지자들이 명확히 더 많다. 혹시 아닌가?

구를 즐기는 사람들은 놀랍게도 자신의 친구들 중 야구팬이 더 많다는 것을 깨닫습니다. 만약 이것이 믿기지 않는다는 생각이 든다면, 〈그림 24〉에 나오는 상징 표시에 일련번호를 매기고 관계를 일일이 세어 보세요. 실제로 읍장 집무실에 있는 당신에게 지인들 사이의 인기도를 근거로 야구에 찬성한 설문지 열한 통이 도달하고 축구 경기장을 원하는 설문지는 세 통밖에 들어오지 않습니다.

여기서 대체 무엇이 잘못된 것일까요?

실제로는 잘못된 것은 전혀 없었습니다. 그럼에도 소위 '다수의 환상majority illusion'은 실제의 상황이 잘못 반영된 모습을 보여 줍니다. 그 원인은 지역 주민들의 친구 관계의 규모가 불균등하다는 데 있습니다. 이 사례에서 축구를 즐기는 사람은 지인이 얼마 되지 않지만, 야구를 즐기는 사람은 제각각 마을 주민의 절반을 알고 있습니다. 그리고 마을 주민의 절반은 적어도 야구팬 한 명을 알고 있고, 대부분은 심지어 여러 명과 접촉하고 있습니다. 이로써 야구를 애호하는 경우가 평균적인 축구 팬 한 사람의 견해보다 집계에 훨씬 더 자주 반영되는 것이죠. 야구팬들은 말하자면 의견 선도자opinion leader들입니다. 비록 그들의 수는 적지만 각자가 자신이 바라는 바를 알고 있고, 표결을 할 때 그 점을 고려에 포함시킵니다. 그래서 소수가 민주주의적 방식으로 행한 투표에서 다수를 이긴 것이죠. 부당한 특혜나 매수도 전혀 없었고, 우리의 경우에는 결코 의도적이지도 않았습니다.

실제 생활에서 이 다수의 환상이란 현실을 왜곡해서 지각하게 만드는 메커니즘을 보여 주는 하나의 예에 불과합니다. 우리에게 제시되거나 우리가 직접 찾아내는 정보들의 조작된 선별이 더 자주 영향을 미칩니다. 이를테면 언론 매체들은 일상적인 일이나 보통의 경우에 관해서는 거의 보도하지 않습니다. 그 대신 언론 매체들은 비상한 일과 특수한 일을 전면에 내세웁니다. 이 때문에 일이천 명이 참여하는 외국인을 혐오하는 데모는 외국인과 난민들을 전혀 반대하지 않는 시민들 수천만 명보다 더 큰 관심을 받는 것이죠. 그렇지만 우리 뇌는 자신이 모아 놓은 인상들에 따라 판단을 내립니다. 여러 날에 걸쳐 텔레비전, 신문, 인터넷 사이트에서 외국인 혐오에 관한 보도를 끊임없이 접하게 되면 우리 뇌는 얼마 후에 예외의 경우를 정상 상태로 여기며, 그 나라를 외국인 혐오가 가장 심한 나라로 받아들입니다.

언론 매체만이 우리가 알아야 할 것을 특정해서 골라내는 것은 아니죠. 우리 자신도 세상을 바라보는 시각을 위험할 정도로 일방적인 사전 선별을 통해 제한합니다. 결국 우리는 우리의 정보 원천 자체를 선별하며, 가능한 한 여러 분야에 걸쳐 우리와 동일한 견해를 내세우는 사람들과 우선적으로 교류하기 때문이죠. 누군가가 우리와 비슷할수록 우리는 그에게 더욱 호감을 가집니다. 그렇게 함으로써 우리는 자신의 입장이 옳다는 것을 서로 확인합니다. 호르스트가 그렇게 생각하니까 내 생각이 옳은 게 분명해! 내 친구들이 모두 내가 이렇게 하는 것에 찬성하니까 그러면 됐어! 우리 뇌는 생각이 같은 사람들 사이에서 스스로를 대단하다고 느껍니다. 그리고 자신의 세계관과 모순되는 활동은 무의식적으로 피한답니다.

특히 글로벌 네트워킹 시대에는 자신의 입장을 반박하거나 상대화하거나 적어도 구별할 수 있는 정보들을 얻어 낼 가능성도 무수히 많다고 주장하는 사람도 있을 것입니다. 하지만 그것은 결코 그렇게 쉽지가 않습니다. 검색엔진과 소셜 네트워크의 운영자들이 그렇게 되도록 만들어 놓았습니다. 구글과 페이스북 같은 사이트들은 당신이 정보를 얻고 의견을 교환하는 모든 검색어와 모든 테마를 기록해 놓습니다. 그 기업들은 잘 짜인 알고리즘을 이용해 거기서 당신의 관심과 견해가 반영되는 인물 프로필을 만들어 냅니다. 이것은 온라인 쇼핑몰에서 가장 잘 알 수 있습니다. 온라인 쇼핑몰은 자동적으로 당신이 이미 구매한 물건에 어울리는 제품들을 구매하라고 제안합니다. 당신이 새 레인지와 프라이팬을 구입했다면, 다음 번에 그 사이트를 방문하면 분명 냄비와 요리 책에 대한 광고가 나와 있을 것입니다. 구글의 경우에 그 영향력은 더 미묘합니다. 인터넷 활동가 엘리 프레이저Eli Pariser는, 우리가 이전 검색 과정에 따라 다르겠지만 'BP'라는 검색어를 입력하면 British Patrol 회사의 투자 옵션을 보여 주는 사이트나 석유 누출에 관한 보도가 실린 링크가 제시된다고 보고합니다. 알고리즘들이 세상을 보는 당신의 시각이 어떤 모습일지 결정하는 것입니다. 프레이저는 이것을 우리를 둘러싸고 있는 필터 풍선filter baloon 혹은 정보 풍선information baloon이라고 말합니다.

우리는 우리가 보고 싶고, 보아야 하고, 어차피 늘 보는 그런 것만 봅니다. 우리 뇌가 사실상 알 가치가 있는 것은 모두 알고 있다고 믿는 것은 놀라운 일이 아니죠.

불안을 막는 폭넓은 시야

어떤 집단에 속한다는 것은 우리 뇌에 중요합니다. 뇌는 그 집단 내에서 자신의 세계관이 옳다는 것을 확인할 뿐 아니라 우리 자신의 소속에 관해서도 규정합니다. 하지만 우리는 단 하나의 집단에만 속하는 것이 아닙니다. 우리는 여러 집단들에도 속합니다. 물론 모든 집단들이 동일한 중요도를 가진 것은 아니지요. 가령 어떤 클럽의 출입문에 '애플 유저 출입 금지!'라는 팻말이 걸려 있다고 해서 누구도 진심으로 멸시받았다고 느끼지는 않을 것입니다. 오히려 농담이겠거니 하고 넘어가겠죠. 하지만 거기에 '흑인 출입 금지!'라거나 '여성 출입 금지!'라고 적혀 있다면 그것은 중대한 따돌림 행위가 될 것입니다. 민족적 배경, 성별, 연령, 이 세 가지 속성들은 우리 뇌가 첫눈에 지각하는 것으로 바로 우리가 누구인지를 가장 강력하게 확정합니다.

동시에 그 속성들로 인해 아주 낯설게 보일 수도 있기 때문에 다른 사람들을 아주 쉽게 불안하게 만들기도 한답니다. 어떤 아랍인이 무슨 생각을 하는지 누가 알겠습니까! 여성들이 정말 원하는 것은 무엇인가요? 청소년들은 어떤 식으로 행동하지요? 우리 뇌에는 다른 집단 출신의 사람들과 만날 때 '무해한' 것과 '잠재적으로 위험한' 것으로 분류할 때 기준으로 삼을 수 있는 경험치가 부족합니다. 그래서 차라리 불안과 거부감을 불러일으켜 어떤 위험도 감수하지 않으려 드는 것이죠.

불안을 막을 수 있는 수단은 폭넓은 시야입니다. 우리 뇌가 정보를 많이 모을수록, 사람들을 많이 만날수록 새로운 것을 접하는 데 사용할 경험의 보고는 더 커집니다. 특히 아이들은 편견 없이 새로운 상황에 빠져드는 능력이 탁월합니다. 어쩌면 우리 모두는 이 변화의 시대에서 좀 더 어린이처럼 되어야 할지도 모릅니다.

얼빠진 금융가와 무지한 전문가

돈, 권력,
종교는
우리를 어떻게
좌우하는가

망상은 개인에게는 특이한 것이지만,
집단, 정당, 국민, 시대에서는 통례이다.

프리드리히 니체 Friedrich Nietzsche

다른 사람들을 유형에 따라 분류하기 시작하면서 아이의 뇌는 어른의 세계에 들어갈 준비를 합니다. 아이의 뇌는 시각적, 청각적, 후각적 신호들을 어른의 뇌와 다름없이 잘 처리한답니다. 아이의 뇌는 경험하는 것들을 걸러 내고, 선택하고, 비교하고, 평가합니다. 세상은 이제 서로 다른 종류의 만남을 기준으로 나뉘기 시작합니다. 나를 편안하게 하는 친숙한 만남들이 있는 한편, 나를 불안하게 하는 낯선 만남들이 있지요. 어떤 것이 나를 편안하게 하며, 어떤 것이 나를 불안하게 하는지 판단하려면 많은 경험이 필요합니다. 하지만 시간이 이 모든 것을 해결해 주지요.

이 장에서부터 우리는 더 이상 성장하는 아이의 뇌를 따라가지 않습니다. 대신 우리가 습득한 지식들을 이용하여 어떻게 세상을 보다 잘 인지할 수 있는지 살펴보겠습니다. 이를 위해 공동생활로 눈을 돌립니다. 공동생활을 통해 우리는 우리 자신에 관해 더 많은 것들을 배웁니다. 신기한 것들, 놀라운 것들, 그리고 이상한 것들을요.

대학에서 생물학을 공부하는 동안 나는 아마 도서관보다는 연극 무대에서 더 많은 시간을 보낸 것 같습니다. 물론, 나도 알고 있습니다! 원래는 나는 생물학 교재에 나오는 쿠퍼성상세포, 신경관, 미하엘리스-멘텐의 식에 전적으로 매진했어야 했겠죠.

그러나 무대는 나에게 너무나 매력적인 공간이었습니다. 무대에서 사람들과 소통을 하고 매일매일 새로운 경험을 하며 배워 나가는 것들은 실험실 못지않게 많았습니다. 나는 연기로 시작을 했다가, 음향, 조명, 조감독 역할을 해 보고, 결국은 각본을 쓰고, 연출을 하고, 감독까지 맡게 되었지요. 그러는 동안 흥미로운 사람들을 수없이 만났습니다. 그들 중 특히 기억에 남는 사람이 바로 토마스입니다. (물론 가명입니다.)

토마스는 무대 체질이었습니다. 노래도 정말 잘 불렀고, 그야말로 타고난 배우였습니다. 우리는 곧 무대 밖에서도 친한 친구가 되어 리허설을 한 후에 자주 술을 마셨고, 파티에도 함께 다녔습니다. 언젠가 함께 할로윈 파티에 갔을 때였습니다. 재미있는 건 할로윈이 아닌데도 할로윈 파티가 열렸다는 것입니다. 아무튼 우리는 변장을 했고, 토마스는 옷을 전부 뒤집어 입은 '미치광이' 행세를 하기로 했습니다. 아마도 나는 찰리 채플린으로 변장했던 것 같습니다.

파티에 가는 도중에 토마스가 고등학교 때 알던 여자 동창과 마주쳤는데, 그녀는 무척 당황해하면서 우리를 아래위로 훑어보았습니다. 나는 그 눈길을 우리의 옷차림에 대한 찬사로 받아들였죠. 하지만 두어 시간 후에 알게 된 이유는 달랐습니다.

파티가 끝나고 돌아가는 길에 나는 약간 취한 토마스를 집으로 데려다주었습니다. 그런데 집 앞에서 그의 아버지가 우리를 기다리고 있었던 것입니다. 토마스는 오래전부터 독립해서 친구들과 살고 있었습니다. 그런데 아버지가 아무런 연락 없이 갑자기 집 앞에 나타난다는 것은 결코 좋은 일일 리가 없겠지요.

곧 현관 앞에서 벌어진 혼란의 틈바구니 속에서 나는 토마스가 미치광이로 변장한 것이 그 여자 동창에게는 온몸의 모든 비상벨을 요란하게 울리도록 만들었다는 사실을 알았습니다. 여자 동창은 토마스를 보고 '아! 토마스에게 또 뭔가 안 좋은 일이 일어났구나!' 하고 생각했던 것입니다. 그녀는 나와 달리 토마스가 이전에 조현병(정신분열증) 때문에 병원에서 치료를 받은 적이 있다는 것을 알고 있었던 것이죠. 그녀는 토마스의 옷차림을 보고 바로 그 병이 재발했다고 추측했던 것입니다. 왜냐하면 조현병 환자들은 머릿속의 목소리가 명령을 내리는 대로 몹시 이상한 짓을 벌이기 때문이죠. 실제로 조현병은 간헐적인 발작을 일으키며, 오랫동안 증세가 없다가 재발할 수도 있습니다. 여자 동창은 토마스의 난감한 옷차림이 이번에는 할로윈 파티를 즐기기 위한 것이라는 사실을 알 수 없었기에 바로 그의 아버지에게 연락을 했던 것입니다. 토마스의 아버지는 저의 제지에도 불구하고 막무가내 그를 자동차에 마구 밀어 넣고 정신병원을 향해 허둥지둥 차를 몰았습니다.

제1막 끝.

다음 날 아침 꼭두새벽부터 제 집 초인종이 울렸습니다. 나가 보니 토마스가 서 있는 게 아닌가요. 그는 정신병원 담장을 넘어 탈출했고, 은신처를 찾는 중이었습니다. 부모들이 가장 먼저 찾으러 갈 자신의 집에는 갈 수 없었던 것이죠. 여기서 나는 과연 어떻게 대응해야만 했을까요? 우리는 일단 대화를 나누었습니다. 아주 긴 대화를, 아주 오래. 나는 확실히 정신병 전문가는 아니었지만 관련 과목을 공부했고 어느 정도 기본 지식은 있었습니다. 그런 제가 보기에 토마스는 완전히 정상인 듯이 보였습니다. 물론 저는 그와 함께 미치광이 변장을 했고, 그 변장이 할로윈 파티를 위한 것이었으므로 더더욱 그렇게 판단할 수밖에 없었죠.

하루가 지나자, 그의 부모가 은신처를 알아내고서 그를 데리러 왔습니다. 토마스가 자살이라도 하거나 아니면 다른 안 좋은 일이 일어날까 봐 안절부절못하는 걸로 봐서 그들은 토마스의 건강에 대단히 신경을 쓰는 것 같았습니다. 그런데 토마스는 머리가 아주 멀쩡했던 것이죠! 토마스는 스스로 그렇게 믿었고, 부모를 따라가지 않았습니다.

그다음 몇 주 동안 나는 토마스의 동의하에 그를 데리고 정신과 의사들과 심리학자들을 찾아다녔습니다. 예전에 그가 격리되어 있던 병원의 의사 판단을 뒤집으려면 또 다른 진단이 필요했던 거죠. 우리는 그들에게 무슨 일이 있었는지 이야기했고, 토마스는 여러 가지 테스트들을 수행했습니다. 그리고 다행히도 그들 모두는 토마스가 급성 정신병을 앓고 있지 않으며, 완벽한 자기 통제력과 판단력이 있으며, 자기 스스로나 주변 사람에게 위험이 되지 않을 거라 확인해 주었습니다. 우리는 이 확인서를 그의 부모에게도 보여 주었고, 그의 부모는 결국 마지못해 그를 당분간은 수용 시설에 넣지 않겠다고 동의했습니다.

드디어 해피엔드!

우리는 포도주 한 병을 곁들인 멋진 식사를 하며, 우리의 작은 승리를 자축했습니다. 그런데 의외로 토마스의 기분이 좋지 않은 듯싶었습니다. 왜 그런지 물었더니, 그는 머뭇거리다가 자신의 마음을 털어놓았습니다. 그는 자신이 정말로 '정상'인지 스스로 확신하지 못했던 것입니다. 그의 부모와 형제, 그리고 예전 친구들은 그가 아직 조현병 증세를 보인다고 믿고 있었습니다. 그들은 어찌 됐든 그를 수년 전부터 알고 있던 사람들이었습니다. 토마스의 부모도 토마스에게 간헐적 발작이 어떤 식으로 나타나는지 잘 알고 있었던 것입니다. 토마스는 심각하게 물었습니다.

"만약 그들의 판단이 옳은 거라면 어떡하지? 혹시 나는 나도 모르게 다시 심각한 단계로 나아가고 있는 것이 아닐까?"

나는 그를 위로해 주려고 노력했습니다.

"아니야, 전문가들도 동의했잖아. 너는 정상이야!"

그는 미소를 지으며 고개를 끄덕였지만 정작 그의 눈은 함께 웃지 않았습니다. 내 말을 완벽히 믿을 수 없었던 거죠. 아니, 그는 대체 누구의 말을 믿어야 할지 혼란스러운 것 같았습니다.

그 후 며칠 동안 나는 그의 상태가 점점 나빠지는 것을 목격했습니다. 그의 정신병 발작이 일어나는 것을 함께 경험해야만 했습니다. 그로부터 일주일 후에 나는 결국 토마스에게 전문가의 도움이 필요하다는 것을 인정할 수밖에 없었고, 그를 설득해 그가 원래 수용되어 있던 정신병원으로 데려갔습니다. 병원에서는 그의 부모가 우리를 비난하는 눈길로 기다리고 있었죠. '거봐, 결국은 우리가 옳았지!' 하는 비난이 아무 말 없이도 내게는 들렸습니다.

그 후로 나는 아주 오랫동안 이 경험에 대해서 생각하고 또 생각해야만 했습니다. 대체 토마스는 어느 순간이 정상이었을까요? 그는 무대 위에서 연기를 할 때 미친 연기를 기막히게 잘했습니다. 할로윈 파티에 굳이 미치광이 복장을 하고 간 것은 그저 우연이었을까요? 간헐적 발작이 우리도 모르는 사이에 이미 시작되었던 것이었을까요? 아니면 그는 정말로 정상이었는데, 부모와 친구들이 그를 믿어 주지 않자 그로 인한 스트레스에 의해 다시 발작이 유발되었던 것일까요? 토마스는 스스로가 '미쳤나?' 아니면 남들에 의해 '미치게 되었나?' 이러한 의문과 생각들이 머릿속에서 끊임없이 스쳐 갔습니다.

누가 정상이며 누가 '미쳤는가' 하는 판단을 내리는 것은 정말 어려운 일입니다. 심지어 현대 정신의학에서조차 누군가가 어떠한 정신병을 지니고 있는가 판단하는 것은 완벽하게 객관적으로 이루어지지 않습니다. 물론 정신적 장애를 학술적 형식으로 목록으로 만든 세계보건기구WHO의 ICD 10 진단 기준 같은 분류 체계가 있기는 하죠. 그러나 무엇이 '장애'이며, 무엇이 개인의 특이함이라는 말인가요? 우리는 정신병과 괴벽을 어떻게 구분하나요? 혹은 시대적 유행과는? 알록달록하게 염색한 머리만 생각해 봐도 될 것입니다! 당신이 분홍색 고슴도치 머리 모양을 하고 거리에 나갔다면, 100년 전이라면 사람들이 미쳤다며 감옥에 처넣었을 것입니다. 50년 전에 그렇게 했더라면 당신을 그저 펑크족이라 했겠죠. 그런데 오늘날에는 자신의 흰 머리를 파란색, 보라색 혹은 핑크색 반짝이로 꾸미고 다니는 여든 살 할머니에 대해 어떤 미용사도 이상하게 생각하지 않습니다. 뒤집어 입은 옷차림이 왜 정신병의 징후가 된단 말인가요? 요즘은 가랑이가 무릎 높이에서 갈라지는 헐렁한 바지를 수없이 많은 청소년들이 입고 돌아다니는데 말이죠.

정신적 장애에 대한 진단은 이 밖에도 많은 경우에 직접적이고 객관적인 원인을 알아낼 수 없다는 어려움이 있습니다. 우리는 대부분의 신체 질병에 대해 어떤 바이러스, 박테리아, 균류, 기생충 혹은 유전적 변이가 원인이라는 것을 알고 있습니다. 간단한 혈액 테스트로 정확한 진단을 내릴 수가 있지요. 반면에 신경증과 정신병에서는 직접적 발병 요인이 여전히 불확실한 경우가 많습니다.

물론 트라우마trauma라 불리는 아주 고통스러운 경험들이 여러 가지 정신병의 발병을 높이는 요인으로 나타납니다. 가령 심각한 폭행을 경험하거나, 사랑하는 사람의 죽음, 전쟁이나 신체적 질병으로 인한 강한 정신적 압박 같은 것을 경험할 때 말이죠. 그리고 실제로 발병에 어떤 역할을 하는 유전적 요인들도 있습니다. 그럼에도 이 모든 요인들은 정신적 장애가 일어나는 것을 완전히 해명해 줄 수는 없습니다. 비슷하게 심각한 일을 경험하고서도 정신병을 일으키지 않는, 즉 학술적으로 표현해서 '복원력 있는resilient' 사람들도 많이 있기 때문입니다. 그리고 무엇보다 정신적 장애를 확인하고 진단하기 위해서, 치료사들은 아직도 대부분 환자를 볼 때 자신의 주관적 인상에 의존해야만 하는 부분이 있습니다. 하지만 주관적 인상은 토마스의 사례가 보여 주듯이 맞지 않을 수도 있습니다.

그리고 일단 '미치광이'로 낙인찍히면 그 꼬리표에서 벗어나기란 거의 불가능합니다.

1973년에 심리학자 데이비드 로젠한David Rosenhan은 일련의 실험 결과를 발표했습니다. 그 실험의 대상자들은 자신이 검사받는다는 사실을 몰랐습니다. 그 대상자들은 다름 아닌 바로 정신병원들이었습니다. 로젠한은 조력자 여덟 명의 지원을 받았습니다. 정신과 의사, 소아과 의사, 심리학자 세 명, 심리학과 대학생, 화가, 주부. 그들 모두가 정신병원을 찾아가 이상한 단어나 명령을 속삭이는 목소리가 들린다고 설명해야 했습니다. 이 증상은 분명히 조현병 같은 장애를 암시하는 것이지요. 그래서 이 조력자들은 모두가 치료 시설에 수용되었죠. 여기까지는 모든 일이 공감할 수 있는 방식으로 진행되었습니다.

그러나 이 실험의 본격적인 검사 단계는 병원에 수용되고 난 다음에 시작되었습니다. 수용되는 순간부터 조력자들은 전적으로 그리고 모든 면에서 정상적으로 행동했습니다. 그들은 더 이상 어떤 목소리가 들린다고 보고하지 않았고, 의사, 간병인 그리고 다른 환자들에게 정중하게 행동했고, 퇴원이 되기만을 기다렸습니다. 평균적으로 그들은 19일이나 기다렸고, 어떤 조력자는 심지어 52일 동안이나 참고 견뎌야 했지요. 이 기간 동안 의사들은 그들에게 의약품(정말 다양한)을 넉넉하게 처방해 주었습니다. 그들은 그 약을 복용하지 않고 몰래 버렸습니다. 그러나 제대로 된 재검진은 이루어지지 않았고, 의사들 중 누구도 그 사람들이 정상이라는 것을 간파하지 못했습니다. 입원해 있는 다른 진짜 환자들은 의사들과는 정반대였죠. 진짜 환자들은 위장 환자들의 무언가가 맞지 않는다는 사실을 곧바로 알아차렸고, 그래서 그들을 기자나 학자로 여겼습니다. 로젠한의 위장 환자들은 언젠가 퇴원을 하기는 했습니다. 하지만 건강하거나 완치된 것이 아니라 단순히 '증상 없음'으로 처리되었죠. 한번 미치광이가 되면, 영원한 미치광이입니다!

로젠한의 실험에는 두 번째 라운드도 있었습니다. 말하자면 규칙을 바꾼 리턴 매치였죠. 첫 번째 실험 결과가 발표된 후, 검사를 받지 않은 한 연구소의 책임자가 자신들의 경우라면 그 실험 결과는 다르게 나왔을 것이라고 주장했습니다. 그곳의 의사들은 꾀병 환자와 엉터리 환자를 몽유병 환자를 가려내듯 확실히 적발한다는 것이었죠. 그 때문에 그들은 로젠한에게 자신들에게도 위장 환자 몇 명을 보내 보라고 요구했습니다. 로젠한은 그것을 받아들여 석 달 안에 그들의 시설에서 실험을 다시 하겠다고 답변했습니다. 그런 다음 그는 더 이상 아무것도 하지 않았습니다. 실제로는 위장 환자 단 한 명도 그 병원에 보내지 않았던 것이죠. 그럼에도 그곳 의사들은 위장 환자 41명의 '정체를 밝혀냈고' 또 다른 42명에게는 혐의를 두었습니다. 다 합치면 3개월 동안 찾아온 전체 환자의 거의 절반이나 되었죠. 그들은 완전히 이런 신조를 따른 것입니다. '모두 의심하다 보면 그중에 분명히 진짜도 걸려들 거야!'

진단의 부정확성과 의심스러운 병 증세와 관련해 헝가리 출신 미국 정신과 의사 토마스 사스Thomas Szasz와 프랑스의 철학자 미셸 푸코Michel Foucault 같은 전문가들은 수많은 정신 질환들이 진짜 병이라기보다는 오히려 사회를 (임의로 정해진) 특정 규범들 속에 붙들어 두려는 수단이라는 견해를 내세웁니다. 공동체 규범에서 벗어난 행동을 하는 사람, 소수에 속하는 사람은 공동체 생활에서 배제되고 제거되는 것이죠. 예를 들어 독일이나 미국에서도 이와 같은 방법을 통해 동성애자들을 공동체 생활에서 몰아내려 했습니다. 동성애는 오래도록 정신 질환의 하나로 분류가 되었지요. 독일에서는 1969년까지만 해도 '동성애 행위'가 법적으로 금지되어 있었고, 2001년 이후에야 게이와 레즈비언 사이에도 배우자 관계가 허용되고 있습니다. 그렇다면 그동안 정말로 바뀐 것은 무엇인가요? 동성애자들이? 아닙니다, 사회가 변했죠. 다름 아닌 사회가 시대, 지식 수준, 문화적 배경에 따라 무엇을 '정상'이라고 판단하고 무엇을 '정신 이상'으로 여기는지 결정하는 것입니다.

물론 실제로 치료가 필요한 (예컨대 자살 위험이 있거나 주변 사람들에게 위험이 되는 경우) 정신 질환들이 있다는 것을 인정하기는 해야 합니다. 현대 과학이 그 증상과 발병 원인을 정확하게 밝혀낸 경우들도 있으니까요. 그럼에도 불구하고 '정신 장애' 진단을 받은 다양한 사람들은 본인들이 '정신병자'로 낙인찍히는 것을 거부하고 있습니다. "우리는 미친 것이 아니라 남과 다를 뿐이야." 그들은 사회가 그들을 이질성이 있더라도 필요한 자격을 갖춘 사회 구성원으로 인정해 주기를 촉구합니다. 이는 1970년대에 네덜란드에서 이른바 이탈자 시설elope house을 건립하는 계기가 되었습니다. 정신병원에 수용되기를 원하지 않는 환자들이 그 시설에서 머물면서 자신의 삶을 다시 스스로 주도할 수 있게 되었죠. 독일의 유일한 이탈자 시설은 베를린에 있습니다. 캐나다에서는 당사자들이 1년에 한 번씩 여러 도시에서 매드 프라이드 퍼레이드Mad Pride Parade를 벌입니다. 사회 안에서도 차츰 '남과 다른 이들'에 대한 생각이 바뀌고는 있는 것입니다. 아주 느리기는 하지만요.

돈과 권력의 부작용

다른 사람과 다른, 규범에 어긋나는 행동을 해도 여전히 사람들의 인정과 존중을 받을 수 있는 실제적 방법이 하나 있기는 합니다.

내가 근무했던 연구소 중 한 곳에는 그 안에서 유명한 (악명이 높은?) 인물이 있었습니다. 노부인이었지요. 구내식당에서 점심 식사를 하는 사람들은 모두 그녀를 알았지요. 그녀는 연구소와는 아무 관련이 없었지만 어쩌면 연구소의 분위기가 그녀의 마음에 들었는지 모릅니다. 최신 연구에 대해 들을 수 있는 기회가 많다는 것이 좋았는지도 모르고요. 그녀는 특히 세계 곳곳에서 온 유명한 석학들의 강연과 세미나를 좋아했습니다. 하지만 왜 그녀가 늘 연구소 근처를 전전하고 있는지 알 수는 없었습니다.

어찌 됐건 노부인은 매우 특이한 인물이었습니다. 구내식당에서 신문이나 잡지를 읽을 때면 혼자서 키득거리며 웃었습니다. 엄청 요란하게 깔깔대며 웃기도 했습니다. 당신이 그 웃음소리를 처음 듣게 된다면 놀라 숟가락을 수프에 빠뜨릴지도 모릅니다. 그녀의 눈빛은 또 어떤가요! 그야말로 비수로 찌르는 듯합니다. 눈을 깜빡이지도 않고 커다랗게 추어올린 눈매로 당신의 눈을 똑바로 노려보는 것이죠. 처음 이 일을 당하면 당신의 뇌는, 곧장 공포와 혼란 반응을 일으켜 식사를 하다가 벌떡 일어나 허겁지겁 그곳을 빠져나가지 않기 위해 갖은 노력을 다해야 할 것입니다. 내가 이토록 잘 알고 있는 이유는 여러 번 그녀와 마주 앉아서 함께 식사를 했기 때문이죠. 그리고 그것은 꽤 좋은 경험이었습니다. 왜냐하면 일단 그 기이한 행동들을 무시하고 함께 대화를 나눌 수만 있다면 노부인은 매우 친절하고 다정한 사람이었기 때문입니다.

하지만 그녀에 관해 많은 말들이 은밀하게 오고 간 것은 당연했습니다.

"정말 미친 사람들이 있어."

"우리 연구소 식당은 대체 왜 외부인들이 마음대로 드나드는 거야?"

"대체 누가 저 여자를 강연에 들어오게 허용하는 거지?"

노부인에 대해 이러쿵저러쿵 하는 이야기들은 꽤 많았습니다. 이야기는 더욱 흥미진진해집니다.

누군가 그 연구소에는 비밀에 싸인 여성 기부자 한 명이 있다는 소식을 전했습니다. 그 기부자가 최신식 입자가속기나 수천 억의 연구 기금을 기부하는 정도는 아니었지만, 바비큐 파티를 하거나 다양한 연구소의 행사에 음식과 음료수를 제공한다는 소문이 있었습니다. 수백 명 가까이 되는 연구소의 규모를 고려할 때 그것은 결코 작은 액수는 아니었죠. 사람들은 그 기부자에 관해 자세히 아는 것은 별로 없었습니다. 그 인물이 이름을 밝히는 것을 꺼렸기 때문입니다. 그런데 소문에 따르면 그 인물은 바로 매일 구내식당에서 점심을 먹고, 강연을 듣는 것을 무척 좋아하는 나이든 노부인이라는 말이 나돌았습니다.

재미있는 것은 노부인에 대해 호박씨를 까던 사람들이 이 익명의 여성 기부자에 관한 얘기를 들었을 때 보인 반응들입니다.

"아, 정말이야? 정말 흥미로운걸!"

"우리 연구소 식당에는 다양한 사람들이 드나들어서 참 좋아."

"나도 운이 좋아서 그녀가 한 번쯤 내 강연에도 들어온다면 좋을 텐데."

기이한 행동을 반복하는 노부인은 변하지 않았습니다. 그럼에도 그녀는 꺼림칙한 훼방꾼에서 순식간에 환영받는 명사로 변했습니다. 대체 무엇이 그녀의 이미지를 이토록 바꾸어 놓았을까요? 그녀가 연구소와 연구소 사람들의 뒤풀이를 재정적으로 뒷받침해 준다는 사실 하나 때문에 사람들이 보는 눈이 그토록 바뀐 것일까요? 인정하기 싫지만, 때로 우리는 마치 돈이 우리 품성의 일부인 것처럼 행동합니다. 우리 뇌에는 돈 많은 사람과 돈 없는 사람을 판단하는 잣대가 제각각 있는 것일까요, 정말로?

속언 중에 이런 말이 있습니다. "돈이 사람의 품성을 타락시킨다!" 그렇다면 이 속언에는 어떠한 과학적인 근거가 있을까요?

과학적 연구 결과들을 이용해 돈과 부의 도덕적 측면에 관심을 한번 기울여 봅시다. 연구 결과들에 의하면 돈이라는 요인이 실제로 이기적으로 행동하려는 경향과 상관관계가 있다고 합니다. 특정 집단 내에서는 더더욱 그렇습니다. 당신이 혹시 은행에서 근무하는 것은 아니겠지요?

취리히 대학의 경제학자 미셸 마레샬Michel Maréchal과 그의 연구진들은 국제적인 대형 은행 직원들 사이에서 팽배한 분위기가, 그들이 진실을 정확히 적용하지 않게 만드는 것으로 보인다는 사실을 밝혀냈습니다. 실험을 위해 연구자들은 국제적으로 활동하는 한 대형 은행의 직원 128명을 두 그룹으로 나누었습니다. 그런 다음, 한쪽 그룹에는 직원들의 취미 활동에 관해 물어보았고, 다른 쪽 그룹에는 은행에서의 업무에 관해 물어보았습니다. 그 후 그들은 실험 참가자들에게 동전 던지기를 시켰습니다. 동전의 앞면이 위로 나올 때마다 매번 20달러를 벌 수 있었습니다. (당신도 알겠지만 은행에서는 보통 10유로짜리로는 먹히지 않습니다.) 우리 모두는 당연히 은행원을 무조건 신뢰하니까 마레샬의 팀원들도 던지기를 감독하지는 않았습니다. 바로 그것이 테스트였기 때문이죠.

동전 던지기를 하기 전에 자신의 사생활에 관해 말했던 참가자들의 결과는 통계적으로 예상할 수 있는 수치가 나왔습니다. 던진 횟수의 대략 절반에서 앞면이 나왔죠. 바로 직전에 자신의 업무에 관해 말했던 참가자들에게서는 그렇게 나오지 않았습니다. 그들은 거의 60퍼센트가 돈을 받게 되는 앞면이 나왔다고 보고했습니다. 그것은 우연이었겠지만, 정말로 우연이 되기에는 너무나 뻔한 우연이었습니다. 이 그룹의 사람들은 속인 것이 틀림없습니다. 어째서일까요?

하나의 가설로, 투자와 출자에 관한 대화가 인간의 내면에서 무의식의 스위치를 탐욕 쪽으로 돌려놓고, 그래서 모두를 위선자로 만든다는 것을 세울 수 있습니다. 이 가설을 검증해 보기 위해 연구자들은 다른 집단들을 이용해 동일한 테스트를 했습니다. 그중에는 약방의 감초처럼 등장하는 대학생들도 있었습니다. 그러나 새로 자원한 대학생들은 집중적으로 이자, 수익률, 배당금에 대해 얘기했지만, 동전 던지기를 할 때는 진실에 매우 근접해 있었습니다. 그러니 은행 종사자들만 유난히 돈과 관련되면 진실을 정확하게 말하지 않는 경향이 있었던 것입니다. 무엇보다 이러한 경향은 은행 업무와 관련된 일을 연상한 이후에 더더욱 강해졌죠. 연구자들의 결론에 의하면, 금융 산업에서의 업무 분위기는 일상적으로 널리 퍼져 있는 정직성에 대한 규범을 억누르는 것으로 보입니다. 그렇다고 은행 종사자들은 모두가 위선자이고 감옥에 가야 마땅하단 말일까요?

그런 식으로 생각하는 것은 실험 결과를 가지고 너무 단순화하고 일반화하는 것이 될 것입니다. 왜냐하면 오로지 은행 종사자들만 거기에 해당되는 것은 아니기 때문이죠. 연구 결과들에 따르면 돈에 대한 생각을 했을 때 이기적인 행동을 하는 것은 금융 부문 외의 사람들에게서도 나타납니다. 그리고 어쩌면 그것은 돈에 대한 생각 그 자체 때문은 아닐지 모릅니다. 어쩌면 계산 심리 때문에 그런 것일 수도 있습니다

미국의 노스웨스턴Northwestern 대학의 키스 머니건Keith Murninghan을 중심으로 하는 한 국제적 연구진이 실험을 했습니다. 이 실험에서 실험 참가자들에게 몇 가지 힘든 계산 문제를 풀게 했습니다. 그 후에는 게임에 참가한 사람들에게 돈을 나눠 주는 간단한 게임으로 긴장을 풀게 했습니다. 여기서 수와 씨름하는 것이 우리 모두를 파렴치한 인간이 되도록 만든다는 사실이 드러났습니다. 어떤 그룹이든 상관없이 게임 참가자들은 자신에게 최대의 액수

가 돌아오도록 애썼습니다. 계산은 우리의 정신 상태를 모조리 실리를 중심으로 돌아가도록 바꿔 놓습니다. 계산은 우리의 정서와 공감을 덮어 가려 버림으로써 우리를 원래보다 더 이기적으로 행동하게 만듭니다.

하지만 구원책은 있습니다. 사회적 존재로서 우리의 역할에 관해 잠깐 지적하기만 해도 모든 것이 다시 올바로 됩니다. 우리의 뇌는 마치 꿈에서 깨어나듯 다시 정상적인 모드로 돌아가지요. 탐욕스러운 하이드 씨에서 단번에 다정한 지킬 박사로 변하는 거죠. (어린아이들은 이 지식을 유전자 속에 새겨 놓은 게 틀림없습니다. 그들은 사탕을 나눌 때 늘 이렇게 말하니까요. "너 하나, 나 하나!")

돈이 우리를 유혹에 빠뜨리는 유일한 악마는 아닙니다. 권력도 우리 뇌를 몹시 괴롭힙니다. 캐나다의 윌프리드 로리에 대학의 수크빈더 오비Sukhvinder Obhi 와 그의 동료들이 2014년에 이것을 직접 확인해 주었습니다.

권력을 쥔 사람들이 보통 사람들과는 다르게 행동한다는 사실은 우리 스스로도 경험을 통해 알고 있습니다. 상사들은 기업의 원대한 목표와 이상에 관심을 집중하는 순간, 부하 직원들의 퇴근 시간이나 휴가 권리와 같이 시시콜콜한 일들은 마음대로 무시해 버려도 좋다고 생각하는 경향이 있지요. 마치 이런 일들은 대충 처리해야 자신의 회사, 연구소 혹은 국가를 위해 필요한 비전과 전망을 얻게 된다는 듯이 말이죠. 하지만 그러한 상사 밑에서 일하며 자신의 권리를 무시당한 대다수의 사람들은 자신이 제대로 인정받지 못했다고 느끼고 불만을 품게 됩니다. 이것은 목표를 달성하도록 촉진하는 것과는 전혀 거리가 멉니다. 그런데 왜 상사들은 자신의 부하 직원들의 입장을 이해하는 것이 그토록 힘들까요? 그것은 그들이 남을 좌지우지할 수 있는 권력을 쥐는 것과 동시에 남의 입장이 되어 생각해 보는 능력을 다소 잃어버리기 때문입니다.

권력을 지닌 자와 권력을 지니지 못한 자가 서로 얼마나 다른 행동을 할 수 있는지 우리는 익히 알고 있습니다. 하지만 대체 뇌에서 정확히 무슨 일이 일어나기에 양쪽이 그토록 차이 나게 행동하는지는 아직 연구들이 많이 진행되지 않았습니다.

이 때문에 오비의 팀은 실험 참가자들에게 자신이 남들에게 권력을 행사하거나 혹은 반대로 남들에게서 이런저런 지시를 받은 상황을 짧은 글을 통해 묘사하게 했습니다. 또 다른 대조군에게는 그 전날 무엇을 체험했는지 보고하게 했습니다.

기억을 떠올리자 실험 참가자들의 마음은 당시의 상황으로 되돌아갔습니다. 그런 다음 참가자들에게 한 손으로 작은 공을 쥐어짜는 모습이 담긴 짧은 비디오 화면을 보여 주고 실험 참가자들의 뇌의 활성화를 살펴보았습니다. 다른 사람들이 움직이는 모습이 담긴 비디오 화면을 볼 때, 우리 뇌는 우리 자신이 행동할 때와 비슷하게 활성화됩니다. 텔레비전을 통해 축구 경기를 보다가 벌떡 일어나 공을 직접 슈팅하고 싶어 안달하는 것처럼, 우리 뇌는 스티로폼 공을 으스러뜨리는 것 같은 아주 작은 행동에도 반응을 보입니다. 그래서 연구자들은 실험 참가자들이 비디오에 몰입해 있는 동안 뇌가 그에 따라 반응하는 공명resonance 상태를 확인할 수 있었습니다. 권력이 있는 상황을 떠올렸던 참가자들은 권력이 없는 상황을 떠올렸던 대조군에 비해서 그러한 행동에 대한 공명이 가장 약하게 나타났습니다. 무엇보다 더 강한 권력을 연상했던 사람일수록 다른 사람의 행동에 대한 공명이 적었습니다. 말하자면 스스로가 더 높은 위치에 있다고 믿을수록 남들의 활동의 '진부함'에 관여할 마음이 내키지 않았던 것이 분명합니다.

그러니 앞으로 당신의 상사가 당신을 보고 지나치거나 전혀 엉뚱한 이름으로 말을 건다 해도 화를 내서는 안 됩니다. 그를 가엾게 여기세요! 권력자라는 지위가 다른 사람들을 알아보고 그들과 함께 생각하거나 그들의 입장이 되어 보려는 능력을 앗아 간 것입니다. 그런 사람이 궁지에 빠지면 그의 뇌는 세부적으로 복잡하거나 사회적으로 까다로운 상황에서 어떤 식으로든 교묘히 빠져나가기 위해 상투적인 것에 의지합니다. 복잡한 업무, 감정이입 능력, 사회적 공감은 부하 직원들이 담당해야 할 것들이죠.

멍청이들과 더 멍청한 전문가들

우리는 부자들과 권력자들에 관해 살펴보았습니다. 내친김에 이번에는 똑똑한 자들도 검사대에 올려 보도록 하죠.

당신은 어떤 분야에 정통해 있나요? 의학? 철학? 심리학? 축구? 혹은 위스키? 어떤 분야에서건 당신이 최고 전문가인 분야가 하나 정도 있을 것입니다! 그것이 당신의 직업이기 때문이건 당신의 취미이기 때문이건 상관없이 말이죠. 당신이 금융 문제에 조예가 깊다고 일단 가정해 봅시다. 그것이 나의 전문 분야여서가 아닙니다. 미국의 코넬 대학의 데이비드 더닝David Dunning과 그의 동료들이 일련의 테스트들 중 하나를 자칭 금융 전문가들을 대상으로 시행했기 때문이죠. 참가자 100명에게 금융계에서 사용하는 특정한 개념과 전문용어를 잘 알고 있는지 설문 조사를 했습니다. 설명을 요구한 것은 아니었습니다. 단지 예를 들어 '인플레이션'이라는 용어가 무슨 뜻인지 안다고 생각하는지만 물어보았습니다. 교묘하게도 학자들은 용어 리스트에 아무렇게나 지어낸 다음 세 가지 표현을 섞어 넣었습니다. '사전 평가된 주식', '고정 배당금이 걸린 세금 공제', '연례화된 신용'.

이 미끼는 실험대에 오른 자칭 전문가들에게는 대단히 매력적인 것으로 드러났습니다. 당연히 그들은 이 용어들이 무슨 의미인지 알고 있었죠! 그것은 결국 그들의 전문 분야가 아니던가요! 자칭 전문가들은 이 지어낸 용어들에 줄줄이 걸려들었습니다. 실험 참가자가 자신의 전문 지식을 높이 평가할수록 더욱 확실하게 이 학자들에게 속아 넘어갔습니다. 바로 철두철미하게 갖추어진 기초 지식이 정말로 생각할 수 있는 모든 세부적인 문제들에 (비록 날조된 것이라 하더라도) 관해서도 잘 알고 있다는 믿음을 강화시켰던 것이죠. 어처구니없게도 이 전문가들을 멍청하게 만든 것은 바로 그들의 지식이었습니다. 그리고 그것은 금융 문제에서만이 아니라 생물학, 문학, 철학, 지리학 같은 다른 전문 분야에서도 똑같았습니다. 우리는 아는 듯한 것이 많을수록 우리의 지식을 더욱 과대평가합니다.

다른 한편으로 얼마나 멍청한지 더 이상 자신이 멍청하다는 것을 알아차릴 수가 없어서 스스로 똑똑하다고 여기는 사람도 있을 수 있습니다. 이것을 1999년에 우리가 방금 대한 적이 있는 데이비드 더닝David Dunning이 공동 연구자 저스틴 크루거Justin Kruger와 함께 입증했습니다. 그들의 연구 업적을 기리기 위해서 이 멍청한 사람들의 멍청함을 '더닝 크루거 효과'라 부르기로 하죠.

이 효과를 유명하게 만드는 계기가 되었던 학술 발표문 도입부에 맥아더 휠러McAther Wheeler의 이야기가 나옵니다. 1995년에 휠러는 유유자적하게 피츠버거의 두 은행으로 가서 강도 행각을 벌였습니다. 경찰은 감시 카메라를 분석하면서 범인이 복면도 쓰지 않고 변장도 하지 않은 것에 놀라워했습니다. 경찰은 어깨를 으쓱하며 그 기막힌 녹화 화면을 언론에 넘겨주었고, 화면이 방송으로 나가고 한 시간 후에 휠러는 체포되었습니다. 경찰관들이 심문을 하며 그에게 그 비디오 화면을 보여 주자, 그는 얼굴이 창백해져서 이렇게 중얼거렸습니다. "하지만 난 레몬즙을 발랐다니까요." 휠러는 얼굴에 레몬즙을 바르면 카메라 렌즈에 잡히지 않는다는 생각을 한 것이 분명해 보였습니다. 판사가 이 기발한 생각을 감안해 판결을 내릴 때 형을 낮춰 주었는지는 아쉽게도 전해지지 않습니다.

더닝과 크루거의 입장에서 이 일화는 자신들의 연구의 핵심을 보여 줍니다. 누가 봐도 터무니없는 일에 관해 완전히 확신할 뿐 아니라 동시에 자기 자신의 무오류성을 철석같이 믿는 사람들이 있다는 것이죠.

은행털이는 공력이 많이 들고 살짝 범죄성을 띠는 행동 연구 실험이 될 것입니다. 그래서 이 학자들은 자신의 테스트에서 더 쉬운 분야, 즉 유머, 문법, 논리를 선택했습니다. 유머가 그 프로그램에 들어간 이유는 다른 인물의 입장이 되어 생각해 봐야 그들이 무엇을 재미있다고 여길지 알 수 있기 때문이죠. 그것을 위해 더닝과 크루거는 실험 참가자들에게 (당신도 이미 알아차렸을 테지만 그들은 대학생들이었습니다.) 일련의 재담들을 평가하도록 시켰습니다. 예를 들어 이런 것입니다.

한 남자의 키만큼 크지만 무게는 전혀 나가지 않는 것은 무엇인가? 그의 그림자다!

이것이 그렇게 우습지는 않다고요? 놀라운 일입니다! 그렇다면 당신은 전문 코미디언들과 같은 생각이네요. 그들의 평가는 익살스러움의 척도로 동원될 정도입니다.

과제들이 지극히 다양하기는 했지만 그 결과는 일관성 있는 모습을 보여 주었습니다. 참가자들 중 누구도 어떤 과제에서건 자신의 능력을 평균 이하로 보지 않았다는 사실이 두드러졌습니다. 평균적으로 모든 참가자들은 자신이 상위 3분의 1 안에 드는 것으로 분류했고, 따라서 0에서 100퍼센트의 등급으로 나누자면 60에서 70퍼센트에 해당했습니다. 이것은 모든 참가자들에게 해당되었고, 가장 나쁜 성과를 거둔 참가자들도 마찬가지였습니다. 그들은 다른 대학생들의 답안지를 몇 장 보고 난 후에도 여전히 자신이 같은 수준에 있다고 착각하였습니다. 전혀 아무것도 모르는 사람은 적어도 자신의 무능함을 알아차릴 수 없는 명확한 자기 인식을 가지고 있었습니다. 반대로 상위 33퍼센트에 드는 대학생들은 자신의 실력을 한결같이 너무 낮게 평가했습니다. 그러나 상위에 속한 참가자들은 자신이 무능하다고 믿어서가 아니라 경쟁자들을 실제보다 더 뛰어나게 여겼기 때문입니다.

문법과 논리에서 무능과 자기 과대평가는 대체로 만족스러운 삶을 살아가는 데 심각한 방해물이 아니며, 유머 감각이 없어도 코미디언으로 출세할 가능성은 아직 있습니다. (심사원들이 이 개그에 대해 무슨 말을 할 것 같나요?) 그렇지만 그 밖의 분야에서는 어떨까요? 당신은 예를 들어 자신을 과대평가하는 사람에게 속 편하게 1톤급 이상만 주행할 수 있는 공공 도로에서 시속 150킬로미터 이상으로 가속할 수 있는 자동차를 사용하도록 해 줄까요? 혹은 다르게 표현하자면, 얼간이라도 누구나 자동차를 모는 것이 허용된다는 사실을 고려할 때 당신은 불안하지 않을까요? 교통사고의 통계에는 아무튼 충돌하기 전까지는 운전을 잘한다고 장담하는 평균 이상의 실력을 가진 운전자들로 넘쳐 납니다. 그리고 사고를 당한 후에도 여전히 자신만만하게 말합니다. 온도가 영하로 떨어지면 길이 미끄럽다는 사실을 누가 예상할 수 있냐고요? 혹은 숲길에서는 동물들이 차도 위로 나올 수 있다는 사실을 어떻게 알 수 있냐고요?

다행히도 이중의 무능이라는 일방통행로에서 빠져나올 방책이 있기는 합니다. 배우고 훈련하는 것이죠! 더닝과 크루거는 하위 성적의 실험 참가자 일부에게 목표를 정하고 논리 훈련을 시켰습니다. 그러고 나자 테스트에서 그들의 성적이 향상되었을 뿐 아니라, 그들은 자신의 능력을 더 현실적으로 평가하기도 했습니다. 그들은 자신이 어떤 약점을 가지고 있는지 알게 되었고 남들의 장점도 깨닫게 되었습니다. 자신의 무능을 알아차리기 위해서는 유능해야 하는 것이 분명합니다. 혹은 다르게 표현해서, 만약 당신의 자녀가 구구단을 외울 때 시험 삼아 물어보려면, 최소한 당신도 7 곱하기 8이 얼마인지는 알고 있어야만 하는 것입니다.

이토록 많은 면에서 우리의 능력이 의심스러운 것을 고려할 때 어쩌면 우리가 삶의 까다로운 문제보다는 단순한 일에 매달리는 것이 오히려 낫다는 것을 깊이 생각해 볼 가치가 있을 것입니다.

그리고 실제로도 우리는 거의 언제나 이 규칙을 따릅니다.

영국의 사회학자 시릴 노스코트 파킨슨Cyril Northcote Parkinson(병과 관련된 파킨슨이 아닙니다.)은 관공서와 기업체가 돌아가는 사정을 풍자적이기는 하지만 적절히 표현한 것으로 잘 알려져 있습니다. 가장 유명한 파킨슨의 법칙으로는, 업무는 언제나 그것을 위해 주어진 시간만큼 오래 걸린다는 단언입니다. 대학생이라면 이것이 옳다는 것을 학술적 실험을 해 보지 않고서도 확인할 수 있습니다. 그들은 언제나 시험 바로 전날에 정확히 공부를 끝마치기 때문이죠. 공부를 3개월 전, 혹은 3주 전, 아니면 3일 전에 시작했건 상관이 없습니다. (심한 경우에는 겨우 3시간으로 충분했다고도 하지만, 이것은 내가 전해 들은 말일 뿐입니다.)

우리가 다루고 있는 주제에 대해 파킨슨의 '사소함의 법칙 rule of trivialit'이 적절한 의미를 던져 줍니다. '우리가 회의에서 특정한 안건에 대해 이야기하는 시간은 안건에 소요되는 비용에 반비례한다.' 즉, 어떤 안건이 비용이 적게 들고 하찮은 것일수록 우리는 거기에 관해 더욱 세세한 얘기를 나누는 셈이죠. 그 사례로 파킨슨은 한 재정위원회의 회의를 들었습니다. 그 회의에서 약 1천만 달러가 드는 원자로에 대한 승인이 2분 30초 만에 내려졌습니다. 하지만 자전거 보관소를 위한 2350달러의 자금을 조달하는 데에 45분 동안이나 토론을 벌였습니다. 또 다른 위원회에 들어갈 커피 비용 4달러 75센트에 대해서는 1시간 넘게 언쟁을 벌였습니다.

사실은 모두가 좋은 의미에서 그렇게 하는 것입니다. 왜냐하면 우리는 원자로 같은 까다로운 문제에서는 일반적으로 아는 것이 거의 혹은 전혀 없다는 것을 의식하고 있어서, 의도적으로 의견 표명을 자제하기 때문입니다. 그러니 결정을 내리는 데 그다지 오래 걸릴 필요가 없죠. 그러나 자전거 문제나 또 훨씬 더 규모가 거창한 커피 문제에 대해서는 누구든지 무슨 말을 꺼낼 수 있습니다. 게다가 원자로 문제에서 침묵한 것을 보충하기 위해 우리는 자전거 보관소와 뜨거운 음료에 대한 우리의 입장을 엄청나게 자세하게 설명합니다. 그래야만 우리의 의견이 중요하다는 인상을 줄 수 있습니다. 우리 자신에게나 남들에게나 모두에게 말이지요. 오래 말을 하는 사람은 할 말도 많은 것이 확실하기 때문이죠. 이것은 특히 정치인으로 출세하기 위해서는 지극히 유익한 태도라고 합니다.

당신에게 이런 종류의 토론이 익숙하다면, 다음 번 회의에서는 참석한 사람의 수를 세어 보도록 하세요. 파킨슨이 창시한 코미톨로지comitology, 즉 회의 이론 내용에 따르면 회의 참가자 수가 대략 20명이 넘으면 완전히 업무 부적합성의 한계를 넘어선다고 합니다. 더 이상 효율적인 업무는 불가능하고, 당연히 커피도 모자라겠죠.

내 잘못이 아니야

커피라는 말이 나온 김에……. 공동생활을 하는 집 부엌에서는 커피, 버터, 빵 혹은 그 외의 공공재들이 떨어지고 난 후에도 다시

사서 채워 놓지 않는 일이 벌어집니다. 당신도 잘 알고 있을 것입니다, 그렇지 않나요? 셰어하우스 학생들이나 같은 사무실 동료들에 대해 얼마나 화가 났던지······. 그들은 그야말로 너무나 의무에 태만해서, 혹은 너무나 게을러서 마지막 남은 것을 다 먹어 버리고도 다시 채워 놓는 법이 없었습니다. 나는 그것이 엄청나게 화나는 일이라고 생각한답니다.

입장이 바뀌면요?

글쎄, 나도 가끔은 커피를 마지막으로 따라 마시고서도 다시 끓여 놓지 않은 적이 있기는 하지요. 그러나 그때는 항상 납득할 만한 이유가 있었어요! 어떤 세미나에 가야 하는데 시간이 이미 너무 늦었다든지, 혹은 지인이 뜻하지 않게 연구소로 불쑥 찾아왔다든지, 내 탓이 아닌 그런 이유들뿐이었습니다. 정말이에요!

심리학자들은 우리의 행동에 대해 주변 환경에 책임을 전가하려는 성향을 '외재화 externalization'라고 부릅니다. 자신의 잘못에 대해 우리는 항상 어떤 구실을 대는 거죠. 약속 시간에 늦었다면 그것은 교통 체증 탓이었습니다. (그 시각이면 날마다 교통 체증이 벌어지기 때문에 단연코 더 일찍 출발했어야 마땅했는데도요.) 우리가 과제를 해 오지 않았다면 그것은 힘든 체력 단련 때문이었습니다. (그 전에 공부할 시간이 충분히 있었을 텐데도 말이죠.) 우리가 무슨 잘못을 저질렀건 간에 우리 자신은 어떤 일이 있어도, 결코 거기에 대해 책임이 없습니다! 내 말은, 그러지 않고서야 대체 자기 꼴이 뭐가 되겠는가 하는 것이죠. "안녕, 내 이름은 장동선이고, 나는 때때로 시간을 놓쳐서 중요한 과제를 잊어버리기도 해!" 진정 이런 식으로 자기소개를 해야 할까요? 나의 뇌는 나 자신에 관해 한 번도 그렇게 생각하지 않을 것입니다! 이제 아셨나요? 바로 이 이유 때문에 우리는 책임을 외재화하는 것입니다. 자신에 대해 완벽한 모습을 유지하기 위해서죠.

우리 자신과는 반대로 다른 사람들은 당연히 모두 완벽하지 않습니다. 그들은 끊임없이 실수를 합니다. 그 때문에 그들은 잘못되는 모든 것에 책임이 있습니다. 그들 자신의 불행에 대해서도 당연히 책임이 있고요.

미국의 사회심리학자 멜빈 러너Melvin Lerner는 1960년대에 자신이 근무하던 병원에서 놀라운 일을 경험했습니다. 자신이 알고 있는 동료들에 대해 그는 친절하고 다정한 사람들로 평가하고 있었습니다. 하지만 그들은 정신적 장애가 있는 몇몇 환자들에게 우악스럽고 쌀쌀맞게 대할 뿐 아니라, 그야말로 무자비하기까지 했습니다.

"그들이요? 아, 그들은 말썽꾼들이에요. 그런 일을 당해도 싸죠!" 그가 물어보자 동료들은 이렇게 대답했습니다.

이로써 러너의 관심이 사라질 수도 있었을 것입니다. 하지만 그는 그렇게 하지 않았죠. 그는 몇 주 동안 그 일에 더욱 주의를 기울였는데, 동료들의 판단에 공감할 수 없었기 때문입니다. 괴롭힘을 당한 환자들 누구도 거부하는 행동을 하지 않았습니다. 더구나 그는 이 사람들이 자신의 불행에 대해 스스로에게 책임이 있는 어떤 징후도 발견하지 못했습니다. 그들 자신이 대접받는 방식에 대해서도, 병이 나서 병원에 수용된 것도 그들에게 책임이 있는 것은 아니었죠.

러너는 더 정확히 관찰해 보기로 결심했습니다. 그는 실험 참가자들에게 누군가가 매우 고통을 당하는 것처럼 보이게 하는 일련의 실험들을 생각해 냈죠. 그의 여자 조수 한 사람이 어떤 가짜 테스트에 실험 대상으로 참가한 여자인 척했습니다. 그녀는 무의미한 철자를 외우고 되뇌어야 했던 거죠. 거기서 실수를 할 때마다 그녀는 고통스러운 전기 충격으로 벌을 받는 것처럼 연기를 했습니다. 그녀는 무대에 나서도 좋을 만큼 능숙하게 점점 더 크게 비명을 질러 댔고, 고통에 시달리는 것처럼 몸을 비틀었습니다. 고문임이 명백해 보이는 이 장면을 75명의 진짜 실험 참가자에게 한 사람씩 개별적으로 지켜보게 했는데, 그들은 자신이 경험한 것을 거의 믿기 힘들었을 것입니다.

러너는 이 참가자들 중 몇몇에게 속임수로 진행된 이 실험에 끼어들어 그 여자를 도와주게 했습니다. 그들 중 대다수가 즉각적으로 전기 충격을 중단시켰죠. 반대로 러너는 다른 참가자들에게는 개입할 기회를 주지 않았습니다. 그들은 그 잔인한 연극을 계속해서 지켜봐야 했습니다. 러너는 어떤 사람들에게는 자세한 설명을 해 주지 않았고, 또 어떤 사람들에게는 그 여자가 테스트에 자발적으로 신청한 것이며, 이 테스트에 참가한 대가로 보수를 받는다고 알려 주었습니다.

이 가짜 고문이 계속되는 동안 지켜보는 사람들 사이에서 이상한 변화가 일어났습니다. 참가자들은 점차로 고통스러운 쇼크를 주는 데 대한 변명을 찾는 쪽으로 바뀌어 갔던 것이죠. 결국 이것은 학술적 실험이니까! 그 여자는 자발적으로 신청할 필요가 없었어! 심지어 그녀는 보수도 받았으니 이제는 이 일을 끝까지 수행해야 해! 사실 누구도 그녀에게 강요하지 않았으니까 그녀가 당하는 일에 대한 책임도 자신이 지는 거야! 특히 그녀가 돈을 조금밖에 받지 못하리라고 믿었던 참가자들은 그녀가 이런 취급을 스스로 초래했다고 더욱 강하게 확신했습니다.

이렇게 비뚤어진 견해를 가지게 만드는 것은 정의로운(공정한) 세상에 대한 믿음입니다.

만약 당신이 진심으로 힘든 노력은 보람이 있고, 친절은 보답받고, 일을 해 주면 보수를 받는다고 가정한다면, 틀림없이 인생은 공정하게 흘러간다고 받아들일 것입니다. 그렇지 않다면 결국에는 게으름을 부리는 동료가 승진을 할 텐데도 어떻게 당신이 밤낮으로 뼈 빠지게 일하고, 초과 근무를 하고, 가장 힘든 일거리를 처리하겠습니까? 당신이 정직하게 살고, 힘 닿는 대로 남을 도와주는데도 하필이면 당신 집에 도둑이 든다면 그것이 무슨 의미가 있을까요? 성공이냐 실패냐, 행운이냐 불운이냐가 완벽하게 우연에 의해 결정되는 세상에서 당신은 살아갈 수 있을까요?

많은 사람들은 이것을 인정하기 어려워합니다. (비록 그런 세계관이 훨씬 더 현실에 가까워 보인다 하더라도 말이죠.) 우리들 대부분은 세상에는 선과 악의 균형을 잡아 주는 정의가 있다고 믿고 있습니다. 우리는 자신의 운명을 스스로 선택할 수 있다고, 선행은 늘 보상받는다고 믿고 있습니다. 이 논리에 따르자면 결국에는 각자 자신에게 일어나는 일에 대해서는 스스로가 책임을 져야 합니다. 누군가가 일자리를 잃었다면 그가 게을렀기 때문이죠. 누군가가 길거리로 나앉는다면 그가 일하기를 꺼렸던 것입니다. 누군가가 에이즈에 걸렸다면 그것은 분명히 그의 변태적인 성행위 때문이죠. 누군가가 폭행을 당한다면 그는 어두운 골목을 너무 주제넘게 돌아다닌 것입니다. 그리고 누군가가 전기 충격을 받는다면 그도 마찬가지로 어떤 식으로든 스스로에게 그 책임이 있었을 것입니다.

이 모든 해명은 손쉽게 반박당합니다. 하지만 공정한 세상을 굳게 믿고 있는 인간의 뇌는 현실을 있는 그대로 보지 않으려고 애씁니다. 다소 설득력 있게 들리는 근거 제시를 통해 뇌는 자신이 만들어 낸, 본인이 믿고 싶어 하는 가상의 세계를 그대로 유지합니다.

러너가 확신하는 이 보호 메커니즘 없이는 인간들은 비교적 장기적인 목표를 추구하거나 일상의 공동생활을 헤쳐 나가기도 매우 힘들 것입니다. 우리의 뇌가 제대로 작동하기 위해서 뇌는 세상을 실제로 존재하는 것보다 단순하게 보고 싶어 합니다. 너무 복잡한 세상은 예측 불가하죠. 따라서 명확하고 단순한 규칙들을 가진 세계가 필요합니다. (아쉽게도 실상은 그렇지 않지만요.)

우리 뇌는 현실이 그렇지 않음에도 불구하고 무조건적으로 우리 자신이 실수하지 않고, 세상 일이 정의롭게 돌아가기를 원합니다. 이런 관점을 그대로 유지하기 위해 뇌는 온갖 이유들을 꾸며내죠. 그리고 그 이유들을 이용해 간단히 무시해 버릴 수 없을 정도로 명확한 불일치가 일어나더라도 어떻게든 해명을 합니다. 그것을 위해 뇌는 때로는 정말 놀라울 만큼 작은 일들로부터 세상을 해석하기 위한 신호들을 찾아냅니다. 〈그림 25〉를 한번 살펴보세 이것은 원인가요, 원이 아닌가요?

오스트레일리아의 퀸즐랜드 대학의 타일러 오키모토Tyler Okimoto 와 미국 펜실베이니아 대학의 디나 그로밋Dena Gromet은 기하학적으로 완벽한 도형 그림과 또 이와 비슷한 그림들을 여러 사람들에게 제시했습니다. 그리고 그들에게 그것을 원, 삼각형, 타원형, 사각형이라고 지칭할 수 있는지 판단을 내리라고 했습니다. 그 결과는 각 실험 참가자들의 예술가적 자질뿐 아니라 그들의 정치적 입장에 관해서도 시사하는 바가 있었습니다.

정말이에요!

정치에 관해 알아내는 비법은 당연히 원을 사각형으로 만드는데 있지는 않습니다. 그것은 오히려 한 인간이 규범에서 벗어난 것에 대해 얼마나 관대한가 하는 것이 문제가 됩니다. 만약 당신이 〈그림 25〉에서 부족한 점을 무시하고 넘어갈 수 있다면, 당신은 아마 규범에 일치하지 않는 성향과 인생에 대해서도 보다 개방적일 것입니다. 그 때문에 당신은 동성 간의 결혼, 대마초를 의료상의 목적으로 합법화하는 것(당신이 미국 시민인 경우에), 실업자와

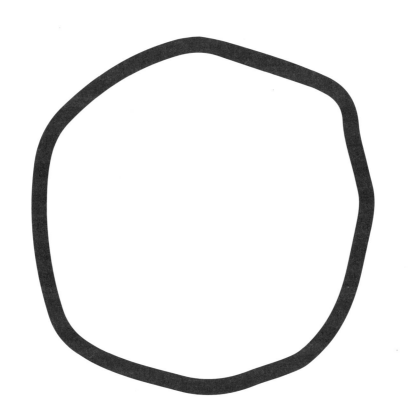

〈그림 25〉 이것은 원인가요, 원이 아닌가요?

노숙자들에 대한 국가적 지원을 옹호할 것입니다. 정치적으로 당신은 자유주의자이거나 독일식 말로는 '진짜 좌파'인 것이죠. (대부분의 미국인들에게 모든 유럽인들은 어차피 사회주의자들입니다.)

반대로 당신이 정해진 원칙을 준수하는 데 뚜렷한 가치를 가지고 있다고 칩시다. 그래서 그림 속의 결함과 오목한 부분들이 너무나 명확해서 원이라고 말할 수 없을 정도라면 당신은 정치적으로 보수주의자입니다. 당신은 범죄와 이주 문제에서 더 엄격한 처벌을, 군사 강대국들에 대해서는 더욱 날카로운 감시를 지지할 것입니다.

이 모든 것을 원 하나가 우리에게 알려 줍니다.

기하학의 대가인 아르키메데스는 모래 위에 원을 그리고 있다가 자신을 찾아온 로마 병사들에게 "그 원을 밟지 마라!" 하고 경고했다고 합니다. 설마 그때 그는 원을 그리면서 실제로는 자신의 정치적 견해를 밝히려고 했던 것이었을까요?

옳기 때문에 옳다는 종교

당신은 새로 사귀는 사람과는 다음 세 가지 주제에 관해서 절대 이야기를 나누어서는 안 됩니다. 기어이 격렬한 언쟁을 불러일으킬 의도가 아니라면 말이죠. 그것은 정치, 종교 그리고 '스타워즈Star Wars가 나은가, 아니면 스타트렉Star Trek이 나은가?' 하는 질문입니다. (그런데 이런 질문은 실제로는 제기되지도 않습니다. 당연히 스타워즈가 훨씬 더 낫기 때문이죠! 그리고 이것은 내가 스타워즈의 날Star war's day에 태어났다는 사실과는 아무런 관련이 없습니다.)

종교와 관련된 문제점은 종교가 보통은 자신의 관점이 모든 점에서 절대적으로 옳다는 전제에서 출발한다는 사실입니다. 신은 정의상 결코 틀릴 수 없기 때문이죠. (이것은 신앙심의 고유한 특성입니다. 참고로 이러한 신앙심은 질리지도 않고 매번 마찬가지로 자신의 이론이 신성하다고 여기는 수많은 학자들에게서도 발견된답니다.) 내가, 또는 나의 신이 말한 것은 절대적으로 옳고, 그에 반박하는 다른 사람들은 너무나 당연하게도 틀린 것이 되겠죠.

이것을 기반으로 해서 공정한 토론을 벌이기란 무척 힘들며, 그 끝없는 언쟁은 아예 시작조차 하지 않는 편이 더 낫습니다. 서로가 다른 신을 믿고 있지만, 이 세상의 다양한 여러 종교들은 놀랍게도 많은 공통점들을 가지고 있습니다. 대부분의 종교들은 선하고 도덕적인 삶을 살아가기 위해서는 인간으로서 어떻게 행동해야 하는지에 대해 아주 상세한 법과 규정들을 기반으로 삼고 있습니다. 우리 모두가 알고 있는 규정들입니다. 즉, 살인하지 말라, 도둑질하지 말라, 남의 아내를 탐하지 말라. (적어도 자신과 동일한 종교를 믿고 있는 이에게는 그러지 말라.)

이러한 종교의 도덕적 기본 원칙들은 어린 시절부터 아이들에게 주입됩니다. 그래서 그 원칙들은 우리의 기억에, 그리고 결과적으로 뇌에 깊숙이 각인되죠. 나중에 어른이 되어 자신의 어린 시절의 종교와는 별로 상관없는 삶을 살고 있을 때조차 이 계명과 금지령들은 우리가 내리는 모든 결정에 영향을 미칩니다. 우리가 기독교, 이슬람교, 유대교, 불교, 힌두교, 유교 혹은 그 외의 어떤 종교의 영향 아래에서 자랐건 상관없이 어린 시절에 배운 가치관과 도덕 윤리는 평생 우리의 뇌 안에 남아 있답니다.

종교들 안에 존재하는 이 도덕과 윤리에 기반을 둔 규정들은 대체 우리 뇌에 어떤 작용을 할까요?

일련의 연구 결과들은 종교와 신앙심을 가진 사람들의 뇌 안에서는 감정적이고 사회적인 작용들이 보다 우위를 지니고 있는 반면, 종교를 가지지 않은 무신론자들은 보다 이성적이고 분석적인 능력들이 더 발달해 있다고 결론을 내립니다. 미국의 케이스웨스턴 대학의 앤서니 잭Anthony Jack은 이것을, 뇌 안에서 경합하는 두 가지 서로 다른 기본 모드의 차이로 설명합니다. 그중 하나는 일종의 디폴트 모드default mode로서 우리가 다른 사람들과 사회적인 관계를 맺으며 그들의 생각과 감정, 기분을 쉽게 읽어 낼 수 있는 '사회적 모드'입니다. 다른 하나는 꼼꼼이 숙고하고 계산하고 논리적인 분석을 해서 과제 중심task oriented으로 솔루션을 찾아내는 '과제 중심 모드'입니다. 이 두 가지 모드는 뇌 안에 제각각의 고유한 신경네트워크를 지니고 있습니다. 이 신경네트워크의 활성화 패턴은 예를 들어 자기공명 스캔MRI을 통해서 가시화할 수 있는데, 잭의 팀은 바로 이것을 연구했습니다. 그들은 실험 참가자들을 MRI에 들어가게 한 뒤, 그들에게 감정을 알아내야 할 사람의 사진을 보여 주거나, 작동 방식을 밝혀내야 하는 작은 기계 장치를 찍은 비디오 화면을 보여 주었습니다. 이 두 가지 서로 다른 과제에서 뇌는 그때마다의 과제에 맞는 모드로 바뀌었습니다. 재미있는 것은 사회적 모드와 과제 중심 모드가 사용하는 두 개의 서로 다른 신경네트워크가 결코 동시에 작동할 수 없었다는 결과입니다. 하나의 모드가 활성화되어 있을 때는 경합 관계에 있는 다른 모드를 억제했습니다. 그리고 뇌는 두 가지 모드를 동시에 활성화할 수 없었습니다. 뇌가 이중의 까다로운 과제에 직면하게 되면, 예를 들어 당신이 막 세무 신고서를 작성하고 있는데 딸이 울면서 당신에게 온다면, 당신의 뇌는 이 두 모드 사이를 재빨리 왔다 갔다 해야만 하며 따라서 두 가지 과제를 다 제대로 해결하지 못하는 매우 애매한 결과를 얻게 되는 것이죠.

건강한 뇌에서는 대립되는 이 모드들이 양팔 저울처럼 서로 균형을 잘 이루고 있습니다. 반면에 자폐증 같은 몇 가지 정신적 장애가 있는 경우에는 양팔 저울이 한쪽으로 기울어 있습니다. 우리가 2장에서 이미 살펴보았던 고기능성 자폐증을 가진 사람들은 독자적인 생활을 할 수는 있지만 그 시간 동안 내내 과제 중심모드에 놓여 있습니다. 이처럼 심하지는 않지만, 잭의 가설에 의하면 무신론자들의 상황도 과제 중심 모드로 기우는 경향이 있습니다. 그로써 그들은 자기 자신에게 더 많이 집중해 있고 공감 능력이 떨어집니다. 반면에 종교를 가지고 있거나, 더 보편적으로 말해 신앙심이 높은 사람들의 뇌는 사회적 표준 모드를 선호합니다.

이는 그들이 더 도덕적이거나 윤리적인 태도를 가질 수 있도록 도와줍니다.

이것은 무신론자들은 이성적으로만 생각하며 감정이 차갑고, 신앙인들은 공감 능력이 있는 따뜻한 사람이라는 의미는 결코 아닙니다. 실제로 실험 결과들을 꼼꼼이 살펴보면 이 두 집단 사이의 차이가 그다지 크게 나타나지도 않았습니다. 인간은 한 사람 한 사람이 너무나 다양해서 많은 연구 결과들의 경우 각 개인들 사이의 차이가 그룹 간의 차이만큼이나 큰 편입니다. 따라서 무신론자와 유신론자들 사이의 차이가 모든 연구마다 발견되는 것은 아닙니다. 그리고 일상생활에서 우리는 뇌 안의 모든 기능들을 고루 사용하지 어느 한 모드의 특정 신경네트워크만 사용하는 일은 거의 없습니다.

뇌의 과제 중심 모드에서 보이는 차이들이 무신론자가 신앙인보다 덜 도덕적으로 행동한다는 것을 의미하지도 않습니다. 그러나 재미있는 것은, 어려운 도덕적 딜레마를 접하게 될 때, 신앙을 가지고 있는 사람의 뇌가 더 복잡해진다는 것입니다.

신앙인과 무신론자들 사이의 차이를 연구하기 위해 발레아렌 대학의 줄리아 크리스텐슨Julia Christensen은 가톨릭 신자들과 무신론자들에게 아주 등골이 서늘해지는 일련의 문제들을 제시했습니다. 실험 참가자들은 가능한 해결책을 구했어야 했는데, 다음과 같은 시나리오가 그들에게 주어졌습니다.

당신은 정치적 내전으로 사회적 상황이 불안한 어느 나라에서 고아원을 운영합니다. 그런데 당신 앞에 별안간 자신들이 장악한 지역에서 특정 소수민족 사람들을 끔찍한 방법으로 살해하는 폭도들이 나타납니다. 그런데 당신이 운영하는 고아원 아이들 중에 그 소수민족 아이가 한 명 있습니다. 그 폭도들은 요구합니다. 그 아이를 죽이도록 놔둔다면 다른 아이들은 모두 살려 주겠다고.

당신은 어떻게 해야 할까요? 당신의 선택으로 그 아이를 직접 죽게 하는 것이 과연 정당화될 수 있는 일일까요? 그러나 다른 한편으로 그 아이가 끔찍한 죽음을 당하지 않도록 보호하다가 당신을 포함한 고아원의 모든 아이들이 위험에 처하도록 내버려 두는 것은 옳은 일일까요? 또한 이 끔찍한 일을 누가 시행해야 할까요? 폭도들이 직접 개입하도록 놔두는 것이 최선일까요? 아니면 당신이 직접 선택을 하는 것이 좋을까요? 만약 당신 대신 부하 여직원에게 선택하도록 명령할 수 있다면 그 방법이 더 나을까요?

이런 끔찍한 선택들을 앞두고 모든 실험 참가자의 뇌는 바쁘게 돌아갔습니다. 그렇지만 뇌가 답을 찾는 방식은 실험 참가자들마다 서로 달랐습니다. 무신론자들의 경우는 늘 동일한 신경네트워크가 활성화되었던 반면, 독실한 가톨릭 신자들의 경우는 자신이 어떤 종류의 딜레마에 빠져 있는지에 따라 활성화된 신경네트워크가 달라졌습니다. 주어진 딜레마가 냉철한 비용 대비 편익을 따져 보기와 관련된 것인가(단 한 명의 아이를 죽여서 여러 아이를 구해야 할 것인가?), 아니면 종교적 계명과 관련된 선택에 관한 것인가(직접 살인을 하는 역할을 해야 하는가? 너는 살인해서는 안 된다!)에 따라 스캔 화면에서는 서로 다른 신경네트워크가 빛을 발산했습니다. 무신론자들은 오로지 자신의 선택에 따라 결정을 내리는 반면, 신앙심 깊은 가톨릭 신자들에게 그 딜레마는 서로 다른 몇 가지 도덕적 영역을 고려해야만 하는 보다 복잡한 문제였던 것입니다. 그리하여 선택만 놓고 보았을 때는 결과적으로 무신론자와 가톨릭 신자가 같은 선택을 했을지라도 그 선택에 도달하는 과정에서 가톨릭 신자들의 뇌가 훨씬 더 다양한 서로 다른 신경네트워크들을 활성화시켜야 했던 것이죠. 다르게 말하자면 동일한 문제에 직면해서도 신앙인과 비신앙인은 서로 다른 상황을 경험하는 셈이죠. 신앙을 가지고 있다는 사실이 뇌의 선택에서 무신론자와는 다르게 갈등을 받아들이도록 변화시킨 것입니다.

신앙은 때로는 심지어 자신이 추구하는 것과는 정반대되는 행동을 하도록 만들기도 합니다. 시카고 대학의 진 디세티Jean Decety를 중심으로 하는 국제적인 연구진은 중국, 요르단, 캐나다, 남아프리카공화국, 터키 그리고 미국의 부모들에게 가족 내에서 각각의 종교가 어떤 역할을 하는지 설문 조사를 했습니다. 이외에도 그들은 다섯 살에서 열두 살까지의 아이들과 놀이도 했습니다. 그 놀이에서 아이들은 주어지는 단 하나의 보상을 자신과 동일한 공동체 출신의 익명의 놀이 친구와 나누어 가져야 했습니다.

실로 다양한 문화에도 불구하고 신앙을 가진 모든 부모들은 자

신의 자녀들에게 무신론자 가족들보다 더 많은 공감 능력과 명확한 정의감이 있다고 믿었습니다. 그렇지만 놀이에서는 종교를 가진 아이들이 종교를 가지지 않은 아이들보다 나누는 일에 더 머뭇거리는 태도를 보인 것으로 나타났습니다. 아이들의 나이가 많을수록 탐욕도 더욱 두드러졌습니다. 연구자들이 추가로 학교에서 벌어지는 다툼에 관한 자료를 평가하자 신앙을 가진 아이들이 부당한 공격에 대해 더 단호하게 입장을 표명했고, 그 행위자들을 더 엄하게 처벌하기를 원한다는 사실이 확인되었습니다. 연구자들의 추측으로는, 그들은 자신이 남들에 대한 심판의 역할을 하고 있다고 판단했습니다.

실험 결과를 꼼꼼이 살펴보면 이 두 그룹 사이의 차이도 그리 대단하게 크지는 않았습니다. 그렇지만 적어도 이 경향은 종교적 가치관이 이미 아주 어린 아이들의 행동에도 전적으로 영향을 미친다는 사실을 분명히 드러내 줍니다.

또한 예상할 수 있듯이, 종교를 가진 사람들은 다른 종교인과 무신론자들에 대해 일종의 편견을 가지고 있습니다. 미국 호프 대학의 다릴 반 통게렌Daryl van Tongeren과 네덜란드의 틸뷔르흐 대학의 마크 브란트Mark Brandt가 이것을 보여 주었습니다. 그러나 더 자세히 들여다보자, 타 종교 배척 성향이 신앙심의 정도에 따라 늘어나지는 않는다는 사실이 밝혀졌습니다. (이 성향은 결코 종교 집단에만 국한되지는 않았습니다.) 브란트는 다른 공동체에서도, 예컨대 민주당과 공화당의 지지자들에게서도 선입관을 가지는 경향을 입증할 수 있었습니다. 남을 좋아하지 않게 되는 결정적인 기준은 개인의 신앙심이나 정치적 입장 때문이라고 보기는 힘듭니다. 그것은 오히려 상대가 순전히 자기 집단에 속하느냐 타자 집단에 속하느냐 하는 문제입니다. 이 때문에 종교에서 남을 평가하는 기준은 때로 서로가 같은 종교를 믿고 있는가 아닌가에 달려 있을 때도 많습니다.

"너는 우리 편이야 아니면 다른 편이야?"

"너도 나와 같은 것을 믿니?"

우리의 뇌가 매번 중요하게 여기는 것은 결국 이것이죠.

하나의 패턴으로 설명하기에는 너무나 다층적인

우리가 무엇을 경험하였는가는 우리가 어떠한 집단에 속하게 되는가와 밀접한 연관이 있고, 또한 우리가 어떠한 집단에 속하는가(또는 남들은 내가 어떠한 집단에 속한다고 믿는가)는 우리가 지각하는 세상이 어떠한 세상인지에 대해 뚜렷한 영향을 끼칩니다.

남을 평가하고 분류하는 법에 적응하게 된 우리의 뇌는 외부의 타인을 그 사람 자체가 아니라 그들이 어떠한 공동체에 속해 있는가를 기준으로 평가하기 시작합니다. 돈 많은 금융가 vs 가난한 노숙자, 빨갱이 좌파 vs 꼴통 우파, 기독교인 vs 이슬람교도, 이외에도 수없이 많은 편 가르기가 이루어지죠. 나의 뇌가 나 자신을 어느 편으로 선택하느냐에 따라서 타인을 평가하는 기준, 그리고 세상을 경험하는 방법도 달라지게 됩니다. 그리고 일단 한 집단에 소속감을 느끼기 시작한 뇌는 폭넓게 그리고 전형적으로 그 집단의 다른 구성원들과 비슷한 인지와 지각, 그리고 판단을 보이기 시작합니다.

그러나 다른 한편으로 우리가 속한 집단은 우리가 남들에게 어떻게 받아들여질지에도 영향을 미칩니다. 한 번이라도 정신병원을 드나든 적이 있는 사람은 우리가 보았듯이 나머지 일생 동안 '미치광이'라는 낙인을 달고 돌아다니게 됩니다. 금융가들은 늘 이윤만을 생각하고, 정치인들은 끊임없이 거짓말을 하며, 우리 편이 아닌 '남들'이 생각하는 것을 우리는 그들이 입도 열기 전에 이미 단정하고 있습니다. 우리 뇌는 온갖 편견들로 가득하며, 실제로 잘 알지도 못하는 분야에서조차 자신을 전문가로 여기기를 좋아합니다. 이 모든 것이 뇌가 보는 세상의 전부란 말인가요?

사실 사람이란 너무나 다양한 면을 가진 존재라서, 어느 한 집단의 소속만을 놓고 그를 정의하는 것은 불가능합니다. 우리 모두는 서로 너무나 다른 많은 집단들에 소속되어 있습니다. 금융가는 동시에 독실한 가톨릭 신도일지도 모르고, 아프리카에서 온 이슬람교 이주민은 독일 우익 정당에 투표할지도 모르며, 상담심리학 교수는 실은 자폐증이 있을지도 모릅니다. 게다가 가톨릭 금융가는 포켓몬고를 즐겨 하고, 우파 이슬람교 흑인은 알고 보니 게이였으며, 자폐증 심리학자는 축구 광팬이었던 것이지요. 포켓몬

고를 하는 가톨릭 금융가는 프랑스 액션 영화를 좋아하기도 하고, 우파 이슬람교 흑인 게이는 철인 3종 경기를 즐기며, 축구 팬 자폐증 심리학자는 UFO를 믿기도 했다면······. 내가 무슨 말을 하려는지는 더 설명하지 않아도 알겠죠?

주사위에는 여섯 개의 면이 있지만, 우리가 동시에 볼 수 있는 면은 아무리 많아도 세 면뿐입니다. 사람들에게는 제각각 무수히 많은 서로 다른 면들이 존재합니다. 그런데 하물며 주사위 하나에서도 세 개의 면 이상을 볼 수 없는데, 한 사람에게서 우리가 눈으로 볼 수 있는 부분은 그 사람의 숨겨진 부분에 비해서 얼마나 적을까요? 우리는 다른 사람을 볼 때 늘 아주 작은 단면만을 보고 있는 것입니다.

그런데 우리 뇌는 이면의 풍부함에는 별 신경을 쓰지 않습니다. 보이는 면만을 바탕으로 판단을 하죠. 왜냐하면 수없이 많은 정보가 난무하는 세상을 헤쳐 나가기 위해서는 많지 않은 몇 가지 단서를 기반으로 신뢰성 있는 추측을 해 나갈 수 있어야만 하기 때문이죠. 따라서 착각할 위험을 무릅쓰고서라도 뇌는 우리에게 보여지는 것을 바탕으로 판단을 내리도록 지시합니다.

다만, 여기에서 중요한 것은, 우리의 뇌가 그렇게 한다는 것을 우리 스스로 알고 있는 것입니다. 보이는 것만이, 그리고 뇌가 믿는 것만이 다가 아니라는 것을. 우리 뇌도 늘 속고 있다는 것을 아는 것이 중요합니다.

관대한 독재자와 놀림받는 선한 이웃

협력은
어떻게
생겨나며
언제
이용당하는가

여럿이 모이는 것이 시작이고,
계속 함께할 수 있다면 발전이며,
함께 일하는 것까지 간다면 성공이다.

헨리 포드 Henry Ford

기존의 어느 한 집단에 받아들여지기란 쉽지 않습니다. "양의 무리에 들어가려면 먼저 양이 되어야만 한다." 알베르트 아인슈타인은 이렇게 말한 적이 있습니다. 너무 튀어서는 한 집단의 구성원이 되기 어렵다는 이야기입니다. 내가 독일에서도 한국에서도 종종 아웃사이더였다는 이야기를 들려주었지요. 한 나라에서는 나의 아시아인 외모 때문에 사람들의 눈에 띄었고, 다른 나라에서는 나의 튀는 행동 때문에 그랬습니다. 그런데 집단에 속하지 않는다는 것은 결코 좋은 일이 아니었습니다. 아웃사이더로 지내는 것은 정말 쉽지 않았지요. 어렸을 때, 일주일에 적어도 한 번씩은 치고받고 싸워야 했던 시절이 있었습니다. 내가 싸움을 좋아해서 그랬던 건 아닙니다. 내가 남들과 다르다는 사실 하나만으로도 싸움이 일어날 이유는 충분했습니다.

나는 자라면서 어느 집단에 속하고 싶어서 참 많은 애를 썼습니다. 수많은 과학 경진 대회, 글쓰기 대회에 참가했고, 학교의 특별활동이나 동아리 활동에도 열심히 참여했습니다. 그중에서도 과학반 활동을 특히 열심히 했지요. 이렇게 해서 인정받고 다른 학생들과 좋은 관계가 맺어지기를 기대했던 거죠. 그런데 이렇게 열심히 하기만 해서 꼭 친구를 사귀게 되는 것은 아니었습니다. 친구들을 사귀고 가까워진 것은 오히려 나처럼 스스로를 아웃

사이더라고 느끼는 다른 또래들을 만났을 때였습니다. (어쩌면 10대 때는 모두가 자신이 아웃사이더라고 느끼는 것인지도 모르지만 말입니다.) 취향은 제각각이었지만 우리는 모두 음악을 좋아했고, 음악으로 뭉칠 수 있었습니다. 결국 음악 동아리 ELEM Enter the Limitlessly Emotional Music을 만들었고, (참 유니크한 이름이지요!) 저는 회장이 되어 고등학교 졸업 직전에 펑크록과 헤비메탈 등 다양한 레퍼토리로 공연까지 해냈습니다. (밴드 이름은 심지어 Super Unknown Outsiders!)

저는 과학반 활동도 열심히 했습니다. 한국의 50개 이상의 과학반이 모인 전국고등학교 과학동아리연합United Science Clubs에서 회장으로 선출되었기 때문이지요. 여러 대의 버스를 대절해 섬으로 천체 탐사 여행을 가기도 하고, 로켓 발사 대회에 참가하기도 했습니다. 그런데 그때 느낀 것이 있습니다. 음악 동아리 활동도 열심히 하고 과학반 활동도 열심히 했지만, 두 가지 활동을 모두 하는 순간, 나는 온전히 어느 한 그룹에만 속하는 인물이 되기보다는 서서히 어디에나 한몫 끼지만 어디에도 속하지 않는 그런 사람이 되어 버렸다는 것입니다. 왜냐하면 음악반 친구들은 별자리 관측에 열정적인 과학반 아이들과는 공감대가 별로 없었고, 과학반 친구들 역시 음악 동아리의 밴드 공연에는 미적지근한 반응을 보였거든요. 공통의 관심으로 묶여 집단의 일부가 되었지만, 너무 많은 서로 다른 집단의 구성원이 되고자 했던 나는 종종 아웃사이더의 느낌을 받곤 했습니다.

독일인도 아니고 한국인도 아닌 것 같은 느낌, 그리고 수많은 관심거리를 공유하지만 너무 많은 집단들에 소속되려 할 때는 다시금 그 어디에도 속하지 않게 되는 아이러니…….

이렇게 여러 다리를 걸치는 생활을 해 온 것이 그래도 좋은 면이 하나 있었습니다. 그것은 우리 인간이 다른 인간을 어떻게 인지하고 어떻게 평가하는지, 그 근저에서 작동하는 메커니즘에 호기심을 갖도록 해 주었습니다. 우리는 서로를 어떻게 판단하는가? 집단은 어떻게 형성되는가? 그 집단 안에서는 어떠한 규칙과 규범이 형성되는가? 내가 아웃사이더로서 살아남기 위해 알아야 했던 것들이 과학의 관점에서도 점점 나의 흥미를 끌었습니다. 마침내 나는 뇌과학 분야의 박사가 되어 이를 학문적인 입장에서 공부할 수 있게 되었죠. 하지만 사람과 사람 사이의 관계를 이론만으로 공부할 수 있는 것은 아닙니다. 내 친한 친구인 뇌과학자 크리스티안이 즐겨 말하는 것처럼, "이론과 실제의 차이는 늘 이론에서 실제보다 작습니다".

과감히 첫걸음을 내딛다

이처럼 좌충우돌하며 수많은 사람들을 만나고 얻은 깨달음은 내가 유난히 별다른 사람은 아니라는 사실입니다. 모든 사람이 생각보다 서로 많이 비슷하고, 사람은 누구나 서로 다르다는 점에서 더더욱 비슷합니다. 조금씩 차이는 있지만 모든 사람은 자신이 남과 다른 점 때문에 어려움을 느낍니다. 모두가 숭배하는 아이돌조차 겉으로는 자신감 넘치고 어떤 상황이든 능숙하게 대처하는 것처럼 보이지만, 속을 들여다보면 나와 똑같이 그리고 당신과 똑같이 자신에 대한 회의와 고민으로 씨름을 벌이고 있습니다. 인간은 모두가 인간일 뿐입니다. (위대한 인간들도 마찬가지예요.)

또 하나의 흥미로운 관찰 결과는, 사람들이 서로 사귀는 것은 내가 지금까지 가 본 모든 나라와 문화에서 본질적으로는 동일한 기본 원칙에 따른다는 것입니다. 우리 이방인들을 그토록 이상하게 보이도록 하는 차이들을 자세히 보면 지엽적인 문제에 지나지 않습니다. 피부색, 성별, 나이, 혈통, 종교, 교육은 결국 모두 겉으로 드러나는 자잘한 차이일 뿐이며, 우리 모두는 동일한 인간의 가치를 지니고 있습니다.

물론 이것은 당신이 모든 사람들과 친분을 맺어야 한다거나 그럴 수도 있다는 의미는 아닙니다. 어떤 사람에 대해서는 접촉점을 전혀 찾을 수가 없습니다. 또 다른 사람들은 어떤 사람 자체를 좋아하지 않습니다. 그것은 어차피 그런 것입니다. 그러나 일반적으로 보자면 남들이 우리를 받아들이게 하는 방법이 전혀 없는 건 아닙니다. 인간이 그리고 특히 인간의 뇌가 어떻게 작동하는지 유심히 지켜보면, 어떤 집단이 우리를 받아들일지 아닐지에 대해 어느 정도 영향을 미칠 수 있게 됩니다.

어떤 집단에 통합되는 최상의 시점은 그 집단이 형성되는 단계입니다. 예를 들어 새 학기 초에는 신입생들이 아직 서로를 모릅니다. 개인들 각자는 불안을 느끼고 (사람에 따라 다소 차이가 있고, 일부 대학생들은 불안을 숨기는 데 그야말로 뛰어납니다.) 그래서 남들과의 접촉을 추구하고 있습니다. 우리는 이런 상황에서는 처음 보는 모르는 사람들에 대해 방어막을 칩니다. 우리 주변의 모든 것이 낯설고 미숙하기 때문이죠. 하지만 이때가 긍정적인 인상을 심어 줄 이상적인 기회입니다. 다음 조언들은 만약 당신이 훗날 일자리를 옮겨서 이미 형성되어 있는 다른 새로운 집단과 마주치더라도 당신이 인정받고 받아들여지는 데 도움이 될 수 있을 것입니다.

가장 중요한 것은 다음과 같은 원칙입니다. 당신이 먼저 적극적으로 나서야 합니다! 그냥 혼자 상냥하고 다정한 얼굴로 자기의 자리에 앉아 있기만 해도 모두가 새로운 동료에게 몰려와 환영 인사를 해 주리라는 생각은 달콤한 낙관일 뿐입니다. 사람은 누구나 자기만의 개인적인 문제에 몰두해 있고, 새로 온 신참보다는 오래 알고 지낸 동료나 친구 들과 시간을 보내려고 합니다. 특별한 악의가 있어서 그런 것은 아닙니다! 그냥, 그렇게 하는 것이 훨씬 더 편하기 때문이죠. 바로 그렇기 때문에 남이 움직이기를 바라서는 안 되는 거죠. 우리 스스로가 먼저 움직여야 합니다.

조언 1. 당신 스스로 먼저 사람들에게 다가가라!

우리는 뇌가 만일의 경우에 대비해서 낯선 사람들에게 불안을 느낀다는 것을 살펴보았습니다. 이 때문에 아무도 첫걸음을 내디디려 들지 않는 것입니다. 그러나 실제로 대부분의 사람들은 악의가 없으며 심지어 친절하기도 합니다. 불안을 느낄 아무런 이유가 없죠! 그러니 두려워서 말을 선뜻 꺼내지 못하는 단계를 줄이세요. 생각을 해 보고, 가볍게 날씨 이야기를 던지거나, 경우에 따라 간단한 칭찬의 말을 해 보세요. (처음에는 정말로 아주 간단하게 해야 합니다!) 당신이 먼저 나서는 것은 서먹서먹한 침묵을 깨뜨릴 뿐 아니라 자신감도 전해 줍니다.

만약 누군가가 어떤 기회에 당신을 퉁명스럽게 혹은 약간 적대적으로 질책할 경우에 동요하지 말아야 합니다. 흔히 그것은 내면적으로 불안한 사람의 무의식적인 방어 메커니즘일 뿐이죠. 그럴 때는 거리감을 두지 말고 계속 친절하게 대해야 합니다. 시간이 지나면 악명 높은 불평꾼도 나쁜 기분을 떨치게 됩니다. 그리고 많은 사람들이 그 후로는 심지어 다정해지기도 합니다.

조언 2. 친절하고 진정한 태도를 보여라!

2장에서 우리는 비언어적 의사소통의 위력에 관해 알아보았습니다. 특히 첫 순간에는 표정과 신체언어가 우리 자신에 관해 몇 시간 동안 설명하는 것보다 더 많은 것을 드러내 줍니다. 그러니 모두가 당신을 몇 분 안에 좋아할 것이라는 상상을 하고 나서 미소를 짓도록 하세요. 바로 이 미소를 사람들에게 보여 주어야 합니다. 과장되고 거만한, 치약 선전에 나올 법한 미소는 절대 안 됩니다! 정치인들의 억지 미소도 금물입니다! 솔직하고 진실된 미소를 지어야 합니다! 그런 미소만이 당신의 대화 상대에게로 건

너가 그의 뇌에서 호의적인 신호로 해석됩니다. (그것이 저절로 맞아 들어가지 않을 경우에는 이 사이에 연필을 물고 하는 연습을 다시 한 번 해 보면 됩니다.)

대화를 하는 동안 눈 맞춤을 계속하세요. 상대를 위압해서는 안 됩니다. 때때로 다른 곳을 쳐다보는 것은 전적으로 허용됩니다. 그러나 그 후에는 곧장 다시 상대의 눈을 바라보아야 합니다. 그러면 상대에게 자신이 중요하다는 느낌을 전해 줄 수 있습니다. 왜냐하면 당신의 주의가 집중되는 중심에 그가 놓여 있기 때문이죠.

조언 3. 잘 살피고 적응하라!

불안해할 것 없습니다. 나는 당신을 인간 카멜레온으로 재교육하려는 것이 아닙니다! 이 조언은 오히려 많은 사람들이 가지고 있는 '자, 이 몸이 나가신다' 하는 정신 상태에 대한 경고입니다. 사람들은 결코 자기 자신을 내세워 남들을 깔아뭉개고, 모든 관심을 자기 쪽으로 끌어들이고, 다른 모든 사람들에게 맞춰 가라고 요구하는 그런 사람들을 좋아하지 않습니다. 주변 사람들에게 관심을 보이는 사람이 훨씬 환대를 받습니다. 자신들의 말에 귀 기울여 주는 사람, 잘 맞장구쳐 주는 사람을 좋아하죠.

당신이 어떤 집단에 새로 들어간다면 처음에는 관찰자로서 앞으로 나서지 않는 편이 더 낫습니다. 그러면 금세 몇몇 구성원들이 다른 사람들보다 말을 더 많이 한다는 사실을 확인할 수 있습니다. 그들이 대화 주제를 꺼내면 나머지 사람들은 더 자주 동의

합니다. 집단은 그들에게 관심을 보이고, 끊임없이 그 주도 인물들과 눈 맞춤을 하려는 것이죠. 당신이 이 인물들과 친하게 지내고 그들의 행동을 몸에 익힌다면 그 집단은 당신을 더 빨리 받아들입니다.

신체언어 전문가인 조 내버로Joe Navarro도 이와 아주 비슷한 행동 방식을 추천한답니다. 이전에 FBI 요원이었던 그는 비언어적 의사소통의 전문가입니다. 미국 공안 당국에서 현역으로 활동할 당시 스파이들을 그들의 무의식적 신호를 근거로 알아내는 것으로 두각을 나타냈답니다.

이 세 가지가 전부입니다. 사교적이고 남들과 쉽게 친해지는 사람들은 이 방식의 행동을 몸에 잘 익히고 있습니다. 나도 종종 이 방법을 써서 성공을 거두었답니다. 때로는 시간이 오래 걸리기도 하고, 어떤 때는 아무리 과학적으로 철저하게 대처해도 실패하기도 합니다. 그러나 괜찮습니다. 사람은 누구나 다른 사람에게 좋게 받아들여지기를 바라지만, 그렇다고 누구의 마음에나 다 들 수 있는 것은 아니니까요.

'우리'가 이기는 힘

깜깜한 방, 책상 스탠드의 불빛이 당신의 얼굴을 정면으로 비추고 있습니다. 당신의 몸은 더워집니다. 당신은 초조해하고 있습니다. 그냥 달아나고 싶은 마음이 간절합니다. 하지만 수갑이 당신을 책상에 묶어 놓고 있습니다. 그리고 몇 시간 전부터 집요하게 당신을 설득하는 경찰관도 있습니다. 지금까지 당신은 입을 꾹 다물고 한마디도 하지 않았습니다. 그러나 경찰관이 새로운 제안을 내놓자 당신의 단호한 결심은 흔들리기 시작합니다.

"은행 금고실로 통하는 굴을 판 것은 대단했어. 그 점은 나도 인정해. 그러나 물건을 주워 담을 때 당신들의 행동은 너무 허술했어. 증거 보전 팀 친구들은 야근까지 해야 했다고. 당신들이 남긴 그토록 많은 정황증거 때문에, 당신과 그 공범 말이야. 그런데 우리가 당신을 그토록 빨리 붙잡은 걸 이상하게 생각하겠지? 속일 생각은 하지 마. 당신을 한동안 감옥에 집어넣을 증거는 충분하니까! 하지만 나에게 하나 고백하는 게 좋을 거야. 그러면 서류 작업이 줄어들 테니까. 내가 먼저 제안을 하지. 당신이 그 공범을 배반하고 모든 죄를 그에게 씌우는 거야. 그러면 그 녀석은 10년 형을 선고받고, 당신은 자유의 몸으로 법정에서 걸어 나가게 되겠지. 잘 생각해 보라고! 당신의 공범에게도 똑같은 제안을 해 놓았으니까. 그가 오래 망설일 거라고 생각하나? 당신들 두 사람 다 털어놓으면 난 누구도 내보내 줄 수 없어. 그러면 각자 5년씩 철창신세를 지는 거지. 두 사람 다 입을 다문다 해도 증거물과 정황증거들이 있어. 그것만으로도 각자 2년씩은 충분할 거야. 어때? 거래를 해 볼까?"

이제 당신은 이야기의 절정에 와 있습니다. 이와 비슷한 이야기들은 심리학자들에게 '죄수의 딜레마prisoner's dilemma'로 알려져 있죠. 이것은 학자들이 인간 행동의 비밀의 단서를 알아내려 할 때 사용하는 간단한 게임 중 하나입니다. 당신이 죄수의 역할이라면 어떻게 행동할지 이미 결정을 내렸나요?

수학을 이용해 약간의 도움을 주죠. 당신이 배반자가 될 때 당신은 자신을 위한 최상의 결과를 얻게 됩니다. 만약 공범이 침묵을 지킨다면, 당신은 전혀 처벌을 받지 않고 빠져나올 가능성을 얻습니다. 하지만 당신의 공범도 당신과 마찬가지로 배반을 한다면 당신 둘은 모두 5년의 형을 살아야 합니다. 반대의 선택을 하면 어떻게 될까요? 당신의 공범이 침묵을 지킨다면 2년, 하지만 그렇지 않다면 최대 10년까지 감옥에서 지내야 합니다. 어느 경우건 배반을 하는 편이 이득인 셈이죠. 이런 상황에서 선택은 힘들지 않습니다, 그렇지 않나요? (그러니 이제 당신이 예전부터 수학 실력이 형편없었다고 말하지는 말기 바랍니다!)

그러나 사람들의 선택은 때로 수학적 계산과 무관하게 이루어지나 봅니다. 왜냐하면 대부분의 사람들은 이 게임에서 자신의 동지를 배반하지 않기로 결심하기 때문입니다. 상상 속의 징역형이 곧 닥친다 해도, 딸 수 있는 진짜 상금이 걸린다 해도 배반하지 않습니다. 실제로 상금이 걸려 있고, 그 상금이 대학교수의 1년 월급과 거의 맞먹는 액수라 하더라도 (일부 개발도상국에서 이 실험을 했답니다.) 사람들은 여전히 대부분 배반하지 않는 쪽을 택합니다.

사람들은 독재자가 되어서도 온정을 보인다고 합니다!

물론 여기서는 권력에 눈이 멀어 국민들을 억압하고 착취하고, 사람들을 고문하고 총살시키는 진짜 독재자를 말하는 것은 아닙니다. 내가 말하는 독재자들은 실험실에서 소위 '독재자 게임dictator game'을 하는 동안 아주 평화롭게 행동하는 사람들입니다. 그 게임에서 당신은 받아도 부담이 되지 않는 일정한 액수를 건네받습니다. (가령 10유로라고 하죠.) 그리고 그 돈의 일부를 함께 게임을 하는 사람에게 넘겨줘도 좋습니다. 당신이 다 가져도 되고, 상대에게 얼마를 줄지는 당신에게 달려 있습니다. 누구도 당신의 결정에 간섭하지 않으며, 함께 게임을 하는 사람도 그 후에 당신에게 고마워하거나 복수를 할 가능성도 없습니다. (이 게임에는 혁명 단계가 없습니다. 흥미로운 추가 기능이 될 텐데도 말이죠.)

이번에도 대부분의 사람들은 우호적인 태도로 돈의 일부를 기꺼이 넘겨줍니다. 함께 게임을 하는 사람은 평균해서 2에서 3유로까지 받고 기뻐하죠. 이것은 절반보다는 적은 액수이고, 따라서 약간의 이기심은 정상인 것으로 보입니다. 돈을 모조리 자기 주머니에 챙겨 넣는 극단적인 변칙을 하는 사람은 얼마 되지 않습니다. 나누어 가지라는 계명은 문화적 차이를 넘어 도덕적인 정의감에 부합하기 때문에 따르는 수밖에 없는 것으로 보입니다. 경제학에서 나오는, 자신의 이익을 극대화하는 것만 추구하는 탐욕스러운 호모 에코노미쿠스homo economicus는 이 실험에서 어쩌다 간헐적으로 만날 뿐이죠.

우리가 이토록 독재자가 되어서도 관대한 이유는 무엇일까요?

우리는 아무런 보복도 두려워할 필요가 없는 상황에서조차 무엇 때문에 이기심을 억누르는 것일까요?

정확한 답은 아직 나오지 않았습니다. 하지만 여기에는 두 가지 가설이 있습니다. 그 하나에 의하면, 인간은 언젠가 신뢰를 잃거나 혐오스럽다는 이유로 집단에서 쫓겨나지 않으려고 항상 자신의 평판에 신경을 씁니다. 그 동기를 4장에서 이미 간략히 언급한 적이 있습니다. 엄밀히 말하자면 이것은 앞날을 내다보는 이기주의의 한 형태입니다. 우리가 친절하고 다정하게 행동하는 이유는 장차 받을지도 모르는 처벌을 피하고 싶어서입니다.

생각해 볼 수 있는 두 번째 해명은, 낙관적인 인간성에 근거를 두고 있습니다. 이 해명은 우리 뇌에 '우리'라는 유대 감정이 단단히 뿌리내리고 있다고 추정합니다. 이 감정을 통해 자신의 이기심을 함께 게임을 하는 사람에게로 확대한다는 것이죠. '내'가 이기는 것이 아니라 '우리'가 이기는 것입니다. 이때 '내'가 케이크의 훨씬 큰 조각을 챙기는 것은 상대가 빈손으로 완전히 떠나지 않을 때만 허용됩니다. 이 논리에 따르면 두 명의 승자가 한 명의 승자보다 더 높은 지위를 차지합니다. 이 때문에 죄수의 딜레마에서도 협력이 더 좋은 선택이고, 게임에서의 독재자조차 자기 몫을 약간 떼어 상대에게 줄 때 더 기분이 좋아지는 것이죠.

실제로도 뇌과학에서 나온 연구 결과들은 이 두 가설을 뒷받침합니다. 칭찬이나 미소는 뇌의 보상네트워크에서 돈을 딴 것과 동일한 활성화를 유발하기 때문이죠. 부에도 여러 형태가 있는 법입니다.

하지만 유감스럽게도 우리의 이타심에는 한계가 있습니다. 집단이 더 커지는 즉시 자신의 성과는 내놓지 않고 오직 자신에게 돌아올 이득만 노리는 구성원들이 나타납니다. '죄수의 딜레마'와 마찬가지로 이 '공공재 게임public goods game'도 실험적 경제 연구 experimental economic research에서 나온 것입니다.

규칙은 금세 설명됩니다. 처음에 모든 게임 참가자가 일정한 액수를 받습니다. 마찬가지로 10유로라고 하죠. (이 액수는 진가를 인정받았습니다. 10유로는 얻고 싶어 할 만큼 충분히 큰 액수지만 아직은 미미해서 연구소의 재정을 거덜 낼 정도는 아닙니다.) 각 개인은 의논하지 않고 그중 얼마를 공공재를 보관하는 항아리에 넣을 것인지 숙고합니다. 받은 금액 전부를 넣을 수도 있고, 전혀 내지 않을 수도 있고, 또는 그 사이의 어떤 액수를 내놓을 수도 있습니다. 모두가 돈을 넣었을 때 게임 진행자는 공공재를 몇 배로 늘린 후에 그 돈을 모든 참가자들에게 각자가 불입한 액수에 상관없이 균등하게 나누어 줍니다.

이 게임에서 오로지 자신에게 돌아올 최대의 이득만을 생각하는 사람은 공공재의 항아리에 한 푼도 넣지 않을 것입니다. 넣는 액수만큼 자신의 자본에서 빠져나가겠지만, 돌아오는 증가액도 두드러지게 높이지 못하는 것입니다. 이것이 소위 '내쉬 균형 Nash-equilibrium'을 불러오게 될 순전한 이기심입니다. 내쉬 균형이란 각자가 자신에게 가장 합당한 금액을 넣고, 그렇게 함으로써 다른 모든 사람들에게도 그렇게 행동하지 않을 수 없도록 하는 것을 말하죠. 모든 게임 참가자들이 최대의 이득을 생각하고 있을 테니 항아리에는 한 푼도 투입되지 않을 것입니다. 이것은 바람직한 생각은 아니지만, 미국의 수학자 존 포브스 내쉬John Forbes Nash 가 자신의 박사 학위 논문으로 세상에 퍼뜨린 것이죠.

또 다른 극단은 '파레토 최적Pareto optimum'에 이르게 될 것입니다. 이것은 이탈리아의 사회경제학자 빌프레도 파레토Vilfredo Pareto 의 이름을 따 지어진 것입니다. 모든 게임 참가자들이 공공재의 증대가 모두에게 최대한의 이득을 안겨 주도록 자신의 전 재산을 항아리에 넣는다고 전제합니다. 이 전략에는 커다란 위험을 감수해야 하지만, 마지막에는 그래도 현금을 받습니다.

하지만 진짜 게임 세계에서는 초이기적인 내쉬 균형도 최대한 협력적인 파레토 최적도 나타나지 않습니다. 대부분의 게임 참가자들은 비록 이성적으로 근거를 밝힐 수는 없지만 어쩐지 좋은 느낌이 드는 중도를 택하기로 결정합니다. 이것을 위해 많은 사람들이 일단은 함께 게임을 하는 사람들이 어떻게 행동하는지 기다리며 지켜보다가 다수의 행동을 따릅니다. (당신에게는 이것이 친숙한 방식인가요?) 이렇게 해서 거의 모두가 절반 이상 지출하지 않으려고 신경 쓰면서 1, 2유로를 항아리에 던져 넣습니다.

거의 모두가 그렇게 한답니다!

여러 번의 라운드를 거치면서, 완전히 자본주의적으로 공공재에는 한 푼도 내지 않고 나중에 수익을 받아 사용하려는 개인들이 나타납니다. 이 무임 승차자들은 게임이 오래 진행될수록 수가 더 많아집니다.

이 지독한 이기주의자들은 게임 규칙에 처벌하는 요소가 더 추가될 때에야 마지못해 공익에 협력합니다. 예를 들어, 라운드를 마친 후에 다른 사람들에게 벌금을 내도록 판정할 심판을 참가자 중에서 무작위로 정할 수 있습니다. 여기서 곤란한 점은 심판이 판정할 때 충분히 숙고하도록 하기 위해 심판에게도 약간의 돈을 지출하게 만든다는 데 있습니다. 경험상으로는 대부분의 게임 라운드에서 무임 승차자들에 대한 공동 제재로 공공재에 약간의 기여금을 내도록 촉구할 수 있는 이 가능성을 돈이 지출되는데도 불구하고 활용합니다. 그러므로 대중은 마땅한 계기가 생기면 노선 이탈자들을 바로잡는 것이죠.

이러한 제재는 지나치게 이타적인 게임 참가자들에게도 적용됩니다.

놀랍게도 많은 게임 참가자들은 누군가가 처음부터 끝까지 자신의 전 자본을 공공재의 항아리에 던져 넣을 때 약간 불평을 합니다. 누군가 극단적으로 협력하려는 각오를 보이면 대개는 처벌을 받습니다. 냉철하게 따져 볼 때, 어떤 게임 참가자가 사심 없이 공공재에 투입한 것에 대해 벌을 내리는 것은 사리에 맞지 않습니다. 왜냐하면 라운드가 끝나면 모두가 그 사람이 공공재에 기여한 것에서 이득을 얻기 때문이죠. 그러나 인간과 뇌는 하여간 많은 상황에서 비이성적으로 행동합니다. 심리학자들의 추측에 의하면, 아마 그 이유는 관대한 참가자에 비하면 자신의 처지가 옹색해져서 좋은 평판을 잃을까 봐 두려워하기 때문이라고 합니다. 이런 상황에서는 자칭 모범적인 인물을 견제해서 공동의 노선으로 돌아오게 하는 편이 더 나을 것입니다. (이 때문에 실제 생활에서는 많은 사람들이 도덕적으로 옳게 행동하는 시민들을 흔히 '위선자'라고 몰아세웁니다. 마치 모두에게 인정받는 규범을 지키는 것이 비난받을 만하다는 듯이 말이죠.)

처벌과 여러 번의 실험 라운드에서 효과를 보인 보상 외에도 게임 참가자들을 협력적인 행동으로 이끌 수 있는 또 하나의 가능성이 있었습니다. 그것은 시간 제한이었습니다. 참가자들은 아주 빨리 결정을 내려야 하면 주로 관대해집니다. 반면에 충분한 시간이 남아서 자신의 선택과 결과에 관해 많은 생각을 할 수 있게 되면 더 인색해집니다. 어쩌면 우리 인간들은 선천적으로 씀씀이가 크지만, 이성이 우리를 인색하게 만드는 것인지도 모릅니다. (문득 이런 생각이 떠오르네요. 나의 은행 잔고가 완전히 바닥입니다. 당신이 나에게 돈을 약간 이체해 주면 어떨까요? 오래 생각하지 말고 서둘러야 해요! 지금 당장!)

최고의 팀을 만드는 비밀

이런 종류의 게임 실험들에서 나온 결과에 의하면, 어떤 목표를 위해 다 함께 협력하는 것은 우리 인간들에게 자연스러운 행동 방식으로 보입니다. 따라서 뇌과학자인 나에게는 이것은 중요한 깨달음이죠. 그러나 대기업에서는 더 많은 것을 알고 싶어 합니다. 대기업에서는 직원들이 일반적으로 크고 작은 팀을 이루어 근무하며, 성과가 높아지기도 하고 때로는 낮아지기도 합니다. 하지만 회사 운영자는 '성과가 낮은' 팀을 그리 좋아하지 않겠죠. 그래서 검색엔진 운영 회사인 구글은 2012년에 '아리스토텔레스 프로젝트Project Aristotle'라는 이름으로 인사 담당자, 심리학자, 사회학자, 통계학자, 프로그래머로 이루어진 특별 팀을 만들어 가장 중요한 의문을 풀려고 했습니다. 즉, '어떤 팀을 뛰어난 팀으로 만드는 것은 무엇인가?' 하는 것입니다.

구글에서 통상적으로 행해지듯이 그 프로젝트 초기에는 온갖 종류의 데이터들을 열성적으로 모으는 일에 매달렸습니다. 팀의 규모는 얼마나 되는가? 직원들은 어떤 교육을 받는가? 그들은 얼마나 자주 함께 식사를 하러 가는가? 그들은 업무 외의 일로도 만나는가? 그들은 미팅을 얼마나 자주 하는가? 그들은 어떤 취미를 가지고 있는가? 팀원들 중 몇 명이 내향적이고 몇 명이 외향적인가? 아리스토텔레스 프로젝트에 투입된 사람들은 다 합쳐서 180개 이상의 팀에서 나온 250가지 특성에 관해 분석했습니다. 그 후에 그들은 여러 분야에서 나온 자료들을 서로 연결시키고, 가정을 세우고, 도표와 차트를 그렸습니다. 구글에서조차 그 전에는 누구도 그토록 집중적으로 조사되고 분석된 적은 없었습니다. 이 대기업은 직원들에게 메신저로 이제 곧 재채기를 하거나 정강이뼈를 의자에 부딪치게 될 것이라고 사전에 통보해 줄 수도 있을 정도였습니다. 전문가들은 그토록 정확히 파악하고 있었던 것입니다. 이 산더미 같은 정보들 어딘가에 분명 효율적인 팀과 부실한 팀을 구분해 주는 무엇인가 결정적인 비결이 숨겨져 있을 것이라고 모두들 기대했습니다. 다음과 같은 식의 처방 말이죠.

"MIT 졸업생 한 명과 외향적인 애완견 비글 소유자 두 명, 전직 NASA 기술자 한 명, 그리고 스위스의 고원 목장주 한 명을 선발해 격일 저녁마다 치즈 나초와 과카몰리를 앞에 놓고 옛날 도널드 덕 이야기에 관해 수다를 떨게 하시오. 그러면 바로 다음 날 아침, 혁신적인 앱에 대한 아이디어가 나올 것입니다."

하지만 그 모든 노력과 비용에도 불구하고 기대하던 결과는 나오지 않았습니다!

팀들은 성공의 사다리 전체에 걸쳐 완전히 서로 달랐습니다. 그 방대한 데이터에서 단 한 가지 사실만 알아낼 수 있었습니다. 팀이 어떻게 구성되든 전혀 상관이 없다는 것이었죠. MIT 천재도 로켓 기술자나 광적인 환경 보호론자도 어떤 집단을 성공적인 팀으로 만들지는 못했습니다. 누구를 팀원으로 뽑느냐는 성공이나 실패에서 전혀 아무런 역할도 하지 않았습니다.

중요한 것은 누구를 뽑느냐가 아니라 어떻게 팀원들이 협력하는가였습니다!

연구자들은 여러 집단 내에서 일반적으로 통용되는 규범들에

초점을 맞추고 나서야 비로소 해결책을 정확히 알게 되었습니다. 이러한 규범들이 모여서 팀 문화team culture라는 것을 확정하게 되는데, 여기에는 명시적으로 거론되거나 또는 문서화되지 않은 모든 규칙들이 포함되었습니다. 예를 들어, 통상적으로 정해진 회의 시간에 정확히 모여서 사전에 정해진 의사 일정 항목을 집중적으로 완수했는가? 그때마다 해당 전문가들만 발언이 허용되었는가? 아니면 강요받지 않고 모여 커피를 홀짝거리며 주말에 관해 시시콜콜 잡담을 나누다가, 때마침 떠오른 업무 테마에 관해 이야기를 나누었는가? 협동에 대한 이 분석은 성공에 대한 다섯 가지 요인들을 단계적으로 밝혀냈습니다. 그러나 그중 한 가지가 다른 모든 것을 능가했습니다. 그것은 바로 '심리적 안정감'이라고 하는 요인이었습니다.

심리적 안정감이라는 개념은 그 반대의 경우를 들어 설명하면 가장 좋습니다. 왜냐하면 우리들 모두가 이미 그런 경우의 경험들을 쌓아 두었기 때문이죠. 당신의 팀에서 대화가 무덤덤하게 제자리를 맴돌던 미팅을 기억하고 있나요? 그리고 늘 같은 사람들이 늘 똑같은 사안을 말했던 미팅은요? 그런데 당신에게 느닷없이 어떤 아이디어가 떠올랐습니다. 놀라운 아이디어입니다. 당신의 팀이 과제를 훨씬 더 쉽게 시작하고 끝낼 수 있는 아이디어니까요. 당신은 그 기억을 눈앞에 생생하게 그려 보고 있나요? 당신은 그때 어떻게 했나요? 벌떡 일어서서 '유레카!' 하고 외쳤나요? 그리고 나서 곧장 팀장한테서 조용히 하라는 경고를 받았나요?

아니면 이런 반응을 미리 예상하고서 차라리 입을 꾹 다물고 있었나요? 만약 안 좋은 반응을 의식해 알아서 입을 다물고 있었다면, 이것이 바로 심리적 안정감의 반대되는 경우입니다!

정말 효율적이고 창의적인 팀에서는 구성원 각자가 자신의 의견을 자유롭게 말합니다. 거기에 대해 비웃거나 질책하지도 않습니다. 실행이 불가능한 망상으로 드러나는 의견들조차 환영받습니다. 심리적으로 안정된 집단에서는 실수를 해도 아무도 탓하지 않는다는 것을 알기 때문에 개인은 저마다 자신의 잠재력을 충분히 펼칠 수 있습니다. 왜냐하면 누구나 다 안심하고 실수를 저지를 수 있고, 따라서 걱정하지 않고 새로운 아이디어를 추구해 볼 수 있으니까요. 개방적인 팀 문화에서는 실수와 약점을 모두 인정합니다. 그렇기 때문에 우리가 스스로를 검열할 때 사용하는 머릿속 가위가 필요 없는 것이죠. 아주 멋진 아이디어가 비웃음을 살지 모른다는 불안 때문에 사라져 버리는 일은 더 이상 없습니다.

안심하고 위험을 무릅쓰도록 하세요! 그래도 아무 일도 일어나지 않습니다! 당신의 집단 내에 심리적 안정감이 퍼져 있는 한 말이죠.

당신은 당신의 회사 사장이나 팀장에게 한 번쯤 '심리적 안정감'이라는 말을 구글에서 검색해 보라고 제안할 수도 있을 것입니다. (당신의 팀 분위기에 따라서 그리 좋은 아이디어는 아닐 수도 있겠지만 말입니다.)

다른 사람들과 협력하려는 성향은 모든 인간이 타고난 것입니다. 남과 협력을 생각하지 않던 사람들조차도 살아가면서 채찍과 당근이 되는 수많은 동기부여를 받게 되고, 그렇게 되면 나 자신이라는 울타리를 넘어서 다른 사람과의 관계에 대해서 생각해 보게 되지요. 협력, 그리고 팀워크는 우리가 마음 편하게 느끼고 신뢰하는 공동체 안에 있을 때 가장 잘 이루어집니다. 우리의 뇌에게 가장 큰 보상은 늘 다른 사람들과 함께했을 때 옵니다. 활짝 웃는 따뜻한 미소도, 두둑이 느껴지는 현금의 보상도 모두 뇌를 기쁘게 합니다.

이는 모든 문화와 국경을 초월해 통용됩니다. 사람은 겉으로 봤을 때 모두가 서로 달라 보이지만, 우리 내면에서 우리를 기쁘고 슬프게 하는 것들은 모두가 비슷하기 때문입니다. 사람은 사람으로 타고났으며, 똑같이 우리 모두는 사람입니다.

오해하기 쉬운 눈길과 거역하기 힘든 상황

문화적 배경은 지각을 어떻게 조종하는가

서로가 모르는 사이일 때
우리 모두는 서로에게
하나의 수수께끼다.

메리 셸리 Mary Shelley

내가 10대 시절에 어떤 커피 제품을 선전하는 광고가 있었습니다. 그 광고는 모든 텔레비전 채널에 나와서 한국인이라면 누구나 다 알고 있었지요.

한 남자와 한 여자가 사람들이 가득 찬 버스를 타고 갑니다. 남자가 여자를 쳐다봅니다. 여자도 남자를 쳐다봅니다. 그들의 눈길이 서로 마주칩니다. 그때 버스가 여자가 내려야 할 정류장에 도착합니다. 남자 곁을 지나가며 그녀는 이렇게 말합니다.

"저 여기서 내려요."

남자는 잠시 망설이다가 대답합니다.

"저도 벌써 두 정거장이나 지났는걸요."

두 사람은 함께 내려서 새로 맺어진 인연을 축하하며 커피를 마십니다. 짠!

낭만적이죠! 아닌가요?

글쎄 뭐, 아무튼 사춘기 무렵의 저에게는 낭만적으로 여겨졌습니다. 그 나이에는 누구나 그런 상황을 꿈꾸기 마련이니까요. 다만 그런 일이 실제로 일어나지 않는다는 아쉬움이 있을 뿐이죠. 하지만 어느 날…….

나는 서울의 지하철을 타고 있었습니다. 사람들이 꽤 많이 탔고, 나는 서서 가야 했지만 아무렇지도 않았습니다. 나의 눈길은

지하철 반대쪽 끝에 타고 있던 내 또래의 예쁜 소녀에게서 떠나지 않았기 때문입니다. 나는 마치 마법에 걸린 것처럼, 그야말로 눈을 뗄 수가 없었지요. 그녀가 내 쪽을 쳐다보는 순간만 빼고요. 그녀와 눈이 마주치는 순간이면 이유 없이 얼굴이 화끈거려서 얼른 다른 곳을 보고 있는 척 눈길을 돌렸습니다. 하지만 몇 초 지나지 않아 나의 눈은 마치 자석에 이끌리듯이 그녀에게로 되돌아갔고, 또다시 눈이 마주치는 순간 나는 급히 다른 곳을 바라보았습니다. 우리의 눈길은 몇 번이고 이렇게 아슬아슬하게 서로 비켜 지나갔지요.

난 머릿속이 무척이나 복잡했습니다. 그녀도 나를 좋아해서 바라본 걸까요? 그녀에게 다가가서 말이라도 걸어 보는 것이 좋을까요? 그렇다면 뭐라고 말을 걸어야만 할까요? 이런 생각에 골몰하다가, 문득 그녀가 내 쪽으로 걸어오는 것을 알아차렸습니다. 처음에는 착각으로 여겼죠. 그러나 아니었어요. 그녀는 사람들을 헤치며 곧장 내가 있는 쪽으로 다가왔습니다. 나의 심장이 계속 뛸 것인가, 아니면 흥분해서 멎어 버릴 것인가 결정을 내리기도 전에 그녀가 내 앞에 서 있었죠. 그녀는 내 눈을 똑바로 쳐다보며 말했습니다.

"저 여기서 내려요."

설마……, 이건 광고에 나오는 장면과 똑같잖아! 꿈이 현실로 변한 걸까? 도저히 믿을 수가 없어서, 나의 뇌는 텅 비어 버린 것 같았습니다. 그리고 그 순간 나도 모르게 이렇게 말하는 내 목소리가 들렸습니다.

"저도 벌써 두 정거장이나 지났는걸요."

문제는 바로 그 순간 열차 안이 갑자기 쥐 죽은 듯 조용해졌다는 것입니다. 그 광고는 나 말고도 수많은 사람들이 알고 있었으니까요. 우리가 주고받은 말은 사람들의 마음속에서 일종의 스위치를 돌려놓은 것이 틀림없었습니다. 그 스위치가 사람들에게 텔레비전을 통해서 알고 있던 작은 기적이 지금 바로 눈앞에서 이루어지고 있다는 신호를 보낸 것이죠. 모두가 호기심에 가득 차서 우리 쪽을 바라보았습니다. 이제 무슨 일이 벌어질까? 저 두 사람이 열차에서 내려 정말로 낭만적으로 커피를 마시러 갈까? 열차에는 긴장이 가득 찬 침묵이 깔렸습니다. 그때 소녀가 작은 목소리로 대답했습니다.

"저……, 문 앞에 서 계시거든요. 죄송하지만 옆으로 조금만 비켜 주셔야 제가 내릴 수 있는데…….."

그제서야 나는 그녀의 눈빛에 드러난 짜증을 읽을 수 있었습니다. 나는 더듬거리며 미안하다는 말을 하고 얼른 그녀에게 길을 비켜 주었고, 그녀는 잽싸게 지하철에서 내려 나에게 눈길 한 번 주지 않고 휑하니 떠나 버렸죠. 지하철 문이 닫히자마자 갑자기 지하철 안에 있던 모든 사람들이 한꺼번에 웃기 시작했습니다. 그들은 몸도 제대로 가누지 못했고, 모두 배꼽을 잡고 웃었습니다. 이것은 10대 청소년으로서 겪을 수 있는 거의 최악의 상황이었죠. 쥐구멍에라도 숨어 버리고 싶었지만 갈 곳이 없었습니다. 너무 창피했던 나는 지하철이 다음 정거장에서 서자마자 도망치듯 내려야만 했습니다. 그런데 바로 뒤에서 여고생 몇 명이 쑥덕거리는 소리가 들려왔습니다.

"쟤, 그럼 이제 세 정거장이나 지난 거지?"

눈 맞춤의 의미

무엇이 어긋났던 것일까요? 왜 우리는 광고에서와 같은 해피엔딩을 경험하지 못했던 것일까요? 물론 그건 내가 광고에 나온 남자처럼 멋진 몸짱 배우가 아니기 때문이기도 했겠지만, 아마도 우리는 처음 눈빛이 마주치는 순간부터 어긋났던 것인지도 모릅니다. 나는 그녀에게 관심이 있어서 쳐다봤지만, 그녀는 내게 전혀 관심이 없었을지도 모르니까요.

우리의 뇌는 누군가 나를 쳐다보는 눈길을 알아차리는 데는 전문가입니다. 사람의 눈은 유인원을 포함한 모든 동물 중에서 눈의 흰자위의 비율이 검은자위에 비해서 가장 높습니다. 그것은 바로 우리가 다른 사람을 볼 때 그들이 어디를 쳐다보는지, 또한 다른 사람의 눈이 보고 있는 위치를 정확히 읽어 낼 수 있도록 진화했기 때문이라고 합니다. 그만큼 우리는 다른 사람의 눈의 움직임을 지각해서 다른 사람이 어디를 보고 있는지, 그리고 누군가가 나를 쳐다보는 것을 잘 알아챌 수 있도록 발달했습니다. 그 능력은 실로 놀라울 정도입니다. 컴퓨터 화면의 픽셀만을 놓고 생각해 본다면, 100미터 떨어진 곳에 있는 누군가의 눈이 나를 쳐다보는지 쳐다보지 않는지의 차이는 고해상도 모니터 위에서 점 하나가 움직이는 단 한 개의 픽셀 차이 정도밖에 되지 않는지도 모릅니다. 그럼에도 불구하고 우리의 뇌는 그 차이를 분명하게 읽어 내서 누군가가 나를 보고 있는지 아닌지를 판단해 냅니다. 그런데 누군가가 나를 보고 있다는 것은 우리의 뇌에게 대체 어떠한 신호를 보내는 걸까요?

이 경우에는 문화마다 약간 차이가 있는데, 독일을 비롯한 대부분의 서양 국가에서는 누군가를 직접 쳐다보는 것이 관심이 있다는 것을 표현하는 수단이 됩니다. 반면에 한국을 포함한 대부분의 동양 국가에서는 호감을 표시하기 위해 직접 눈을 보는 일이 드뭅니다. (누군가의 눈을 오래 쳐다보았다가는 자칫 시비가 붙을 수도 있지요. 경험해 봤나요?) 아시아에서 다른 사람의 눈을 직접 쳐다보는 것은 그에게 자신이 짜증이 나거나 기분 나쁘다는 것을 표현하는 방법으로 자주 사용됩니다. 내가 지하철 안에서 잘 알지도 못하는 여학생의 눈을 계속 쳐다보았다는 것은 분명 그녀를 불편하게 했을 수도 있습니다. 그리고 반대로 그녀가 나의 눈을 직접 쳐다보았을 때는 "나도 너에게 관심이 있어."라는 호감을 표현한 것이 아니라, "뭘 그렇게 자꾸 보는 거야?"라는 짜증을 표현한 것이었을 가능성이 더 높은 거죠. 나는 완전히 오해한 것이었죠.

아마도 내가 독일에서 귀국한 지 얼마 되지 않았기에 이런 오해가 생겼던 듯합니다. 문화적 배경이 우리의 지각 작용에 어떻게 개입하는지 단순한 눈 맞춤에도 명확히 깨달을 수 있었지요. 그렇다면 눈 맞춤을 포함해 소통을 할 때, 유럽인과 아시아인의 뇌에서 일어난 지각의 차이에는 어떠한 것이 있는지 좀 더 꼼꼼히 살펴볼까요?

우리는 이미 2장에서 얼굴이 말보다 더 많은 것을 전해 준다는 사실을 알게 되었습니다. 특히 우리의 얼굴은 우리의 감정과 정서를 잘 드러내 주지요. 여기까지는 여러 문화들 사이의 차이가 거의 드러나지 않습니다. 하지만 문화 차이가 드러나는 부분은 바로 뇌가 어떠한 정보를 중요하다고 간주하고 해석하는 부분입니다.

쾰른 대학 병원의 카타리나 크레머Katharina Krämer와 카이 포겔라이Kai Vogeley는 이 차이들을 뇌 스캔을 이용해 밝혀냈습니다. 그들은 중국과 독일 출신의 실험 참가자들에게 양쪽 문화권에서 행복해하거나 화난 눈빛을 한 얼굴들을 보여 주었습니다. 그들의 눈길은 실험의 절반에서는 똑바로 실험 참가자를 향하고 있었고, 나머지 절반에서는 실험 참가자를 살짝 비켜서 바라보고 있었습니다.

결과는 다음과 같았습니다. 우리의 뇌는 전반적으로 눈길이 직접 우리를 향할 때, 그리고 같은 민족의 얼굴을 바라볼 때 (독일인은 독일인의 얼굴에, 중국인은 중국인의 얼굴에) 더 강한 반응들을 보였습니다. 그러나 흥미로운 것은, 누군가 우리를 직접 바라볼 때 유럽인들은 미소 짓는 얼굴에 더 강한 반응을 보인 반면에 아시아인들은 화난 얼굴에서 공명을 더 크게 일으켰다는 사실입니다.

짐작건대 그것은 우리가 남들과 눈 맞춤을 시도할 때의 계기가 서로 다르기 때문인 것 같습니다. 이는 앞에서 설명한 문화 차이의 내용과 일치합니다. 원칙적으로 두 문화권에서 모두 누군가를 오랜 시간에 걸쳐 똑바로 쳐다보는 것은 불손한 행동으로 여깁니다. 이 때문에 우리는 누군가가 우리를 쳐다보고 있다는 것을 깨달을 때는 곧 눈길을 돌리죠.

이 통례를 깨기 위해서는 정말이지 어떤 특별한 이유가 필요합니다. 누군가가 우리의 마음에 든다는 것이 더 멋진 이유가 되겠죠. 유럽에서는 그럴 때 바라보는 것으로 상대가 우리를 주목하게 만들려고 시도합니다. 상대가 눈 맞춤을 유지한다면 그것은 관심이 있다는 명확한 표시가 됩니다. 그래서 탐색전은 다음 단계로 넘어갈 수 있는 것이죠. (자신이 갓 외국에서 돌아온 사춘기 소년이 아니고, 수줍음을 타지 않는다고 전제할 때는요.) 반면 아시아에서는 누군가의 눈을 똑바로 바라보는 데 또 다른 이유가 있을 수 있습니다. 위에서도 언급한 것처럼 아시아에서 똑바로 쳐다보는 눈길은 오히려 짜증난다는 것을 나타내는 표시이기도 합니다. 유럽에서는 마음에 들지 않으면 말로 "왜 그렇게 째려보는 거요?"하고 불평을 나타냅니다. 대신 아시아에서는 무언가 마음에 들지 않는 구석이 있을 때 말없이 상대방을 노려보기도 합니다. 비록 미미한 신호이지만 사정에 정통한 사람들이라면 눈빛으로 말보다 명확하게 의미를 전달할 수 있습니다. 다만 나는 사정에 정통한 사람이 아니었던 거지요.

나의 또 다른 실수는 "저 여기서 내려요."라는 그녀의 말을 오해한 것이었습니다. 나는 그녀도 나에게 관심을 가지고 있다고 확신하고 있었고, 그래서 실수했던 것입니다. 다르게 말하자면, 나는 그녀가 했던 말의 의미를 정확히 판단해 내는 데 실패했고, 좀 더 학술적으로 표현하자면, '저맥락 의사소통low context communication'과 '고맥락 의사소통high context communication'의 차이를 간과했다고 할 수 있지요.

미국의 인류학자 에드워드 홀Edward Hall은 2차 세계대전 중에 군에서 복무하는 동안, 다른 문화권에서 온 사람들을 대할 때 많은 오해가 생기는 원인을 밝혀냈습니다. 그것은 사람들이 서로 소통할 때 그 방식이 근본적으로 다르기 때문이었습니다. 어떤 사회에서는 자신이 생각하는 바를 세부적인 면까지 아주 명확하고 직접적으로 말합니다. 그는 이것을 '저맥락 문화low context culture'라고 불렀습니다. 이 문화에서의 소통은 직접적이며 그 문화의 말은 이해하는 데 필수적인 모든 정보들을 직접 담고 있기 때문이죠. 반면 '고맥락 문화high context culture'에 속하는 사람들의 관점에서 보자면 그런 소통 방식은 꽤 무례하고 일일이 간섭하는 듯이 들립니다. 왜냐하면 이 문화에서는 말 자체에 모든 정보를 직접 담기보다는 대화 상대의 생각의 동기를 이해하고 모든 소통을 적절한 상황에 어울리게 해 나가는 것이 더 중요하기 때문이지요. 즉 문장 사이사이에, 그리고 말 자체보다는 어떻게 말을 하느냐에 더 큰 의미가 담겨 있는 경우가 많습니다.

예를 들어 누군가가 열린 창문으로 찬 공기가 밀려드는 대형 사무실에서 추위에 떨고 있다면, 독일 같은 저맥락 국가에서는 이렇게 외칩니다. "이봐, 창문 좀 닫아 줘!" 고맥락 문화를 가진 한국 같은 아시아 국가에서는 이런 식으로 말할 것입니다. "날씨가 정말 추워졌는데! 내일은 더 두꺼운 스웨터를 가져와야겠어요." 아마도 한국 식으로 (나처럼 독일 식이 아니라) 생각하는 뇌를 가진 한국인이라면 그 암시를, 완곡한 부탁을 대부분 알아듣고 바로 창문을 닫아 줄 것입니다.

고맥락 스타일로 하는 말의 참뜻을 파악하기 위해서는 전문적 사전 지식이 많이 필요합니다. 따라서 이런 형태는 특히 지식이 전승되는 집단 공동체들에 대한 의존도가 높은 문화에서 확산되어 있습니다. 아시아 국가들 외에 수많은 아프리카, 아랍, 남유럽 국가들, 그리고 아일랜드도 고맥락 문화를 가지고 있습니다. 사회의 구성 방식이 매우 심한 변천을 겪었거나 각 개인이 확고한 집단에 강하게 편입되어 있지 않은 사회에서는, 폭넓은 공통적 배경이 없기 때문에 진술 내용이 명시적으로 표현되어야만 합니다. 이런 저맥락 문화에는 독일뿐 아니라 영국, 이스라엘, 스칸디나비아 반도 국가들, 그리고 미국이 속합니다.

따라서 지하철에서 그 소녀가 "저 여기서 내려요."라는 고맥락 말로 원래 나에게 전하려 했던 내용은, 저맥락 문장이라면 다음과 같았을 것입니다. "좀 옆으로 비켜 주시겠어요? 한 걸음 비켜 주셔야 제가 내릴 수 있어요."

물론 상황을 수습하기 위한 적절한 대응은 전혀 달랐을지도 모릅니다. 아마도 지하철에서 함께 내린 후 그녀에게 이렇게 물어보는 것도 나쁘지 않았을지 몰라요.

"오해해서 미안해요. 하지만 이왕이면 광고를 끝까지 따라 해 보는 건 어떨까요, 우리? 짠! 커피 딱 한 잔만 함께 마시고 헤어져요!"

어쩌면 어이가 없어서라도 그녀가 피식 웃지 않았을까요? 유머는 인간 상호 관계에서의 긴장을 풀어 주는 데 아주 좋은 역할을 합니다. 그리고 약간의 유머 감각은 문화를 초월해 세계 어느 곳에서나 중요한 필수 자산이라고 해요.

이상하거나 독특한, WEIRD-people

당신이 저맥락 문화 속에서 자라나 오랜 기간 동안 고맥락 문화에서 살고 싶다면, 외국어의 어휘를 아는 것만으로는 충분하지 않습니다. 당신은 거기에 더해 어떤 단어가 어떤 특정한 상황에 적합하고, 서로 다른 대화 상대들에게 어떻게 적절하게 말을 걸지에 대한 직감력도 키워야 합니다. 이 장애를 극복하고 정말로 뛰어난 외국어, 예를 들어 한국어를 습득하는 유럽인들은 얼마 되지 않습니다.

나의 미국 친구 아담은 이것을 해냈습니다.

아담은 미국 출신이지만 한국 사회에 아주 잘 적응해서 그를 전적으로 한국인으로 여길 수도 있을 정도였죠. (그의 서양인으로 보이는 외모만 무시할 수 있다면 말이죠.) 아담은 이러한 한국말 솜씨 덕분에 촬영진과 함께 한국의 외딴 마을들을 찾아가는 텔레비전 프로그램을 찍은 적이 있습니다. 대부분의 마을 주민들이 유럽인이나 미국인을 실제로 한 번도 만나 본 적이 없었습니다. 그리고 그 프로그램의 재미있는 점은 별안간 아담이 그들 앞에 나타났을 때 보이는 그들의 반응이었습니다. (그 프로그램은 늘 똑같은 개그를 하고, 숨겨져 있지 않은 카메라를 이용하는 일종의 '몰래 카메라'였죠.)

아담과 촬영진이 산골의 어느 조그만 마을을 찾아갔던 에피소드가 가장 내 마음에 들었습니다. 그들은 어떤 할머니가 물건을 팔고 있는 가게에 들어갔습니다. 아담을 보고 깜짝 놀란 할머니는 아담에게 무엇을 원하는지 물었습니다. 이때 그녀는 일부러 큰 소리로 천천히 또박또박 말했습니다. (사람들은 대부분 누군가 자기 나라 말을 못 알아듣는다는 느낌을 받으면 목소리를 높여 더 큰 소리로, 그리고 더 천천히 말하기 시작합니다. 마치 그러면 더 잘 알아들을 거라고 생각하죠. 그런데 정말 효과가 있나요?) 여기까지는 다른 마을들과 비슷했습니다. 그런데 재미있는 부분은 바로 아담이 유창한 한국어로 목이 마르니 물 한 잔을 달라고 부탁했을 때부터입니다. 할머니는 뻣뻣하게 제자리에 서 있었고, 다시 아담이 물어보자 커다란 충격을 받은 듯한 얼굴로 종종걸음을 치며 뒷문으로 빠져나갔습니다. 할머니는 큰 소리로 딸을 불렀습니다. "애야! 이리 좀 와 봐! 내 머리가 좀 이상해졌어! 갑자기 영어가 들리네? 내가 별안간 영어를 알아들을 수 있게 되었다니까! 내가 미쳐……, 정말 미쳤나 봐!"

우리의 뇌가 기대하는 바는 우리가 무엇을 지각하고 경험하게 되는지에 지대한 영향을 미칩니다. 그러니 할머니의 생각 속에서 완벽한 한국어를 구사하는 미국인이 존재할 수 없다면, 뇌는 가장 그럴듯한 해답을 제시하게 되고, 결국 그것은 신기하게도 오직 그녀가 별안간 영어를 알아듣는다는 사실로 받아들이는 것입니다. 우리의 뇌는 가장 기대하는 바를 경험하게 되는 거죠.

그렇다면 뇌가 경험하는 바는 세계 어디의 누구에게나 공통적으로 적용될까요? 이러한 질문을 하는 것은 첫 순간에 여겨지는 만큼 그리 어긋나는 것은 아닙니다. 왜냐하면 행동 연구, 심리학, 뇌과학에 관한 거의 모든 연구 조사들이 소위 'WEIRD-people'을 대상으로 시행되었기 때문입니다. 영어 'weird'는 '이상한' 혹은 '독특한'이라는 의미를 가집니다. 이것은 어떤 단어들의 이니셜을 따서 이루어진 것이지만 결코 우연히 만들어진 이니셜들은 아닌 듯합니다. 캐나다의 브리티시 컬럼비아 대학의 조지프 헨리히Joseph Henrich를 중심으로 하는 학자들에 따르면 실험실 실험의 전형적인 실험 참가자를 나타내는 표제어들인 Western, Educated, Industrialized, Rich, Democratic이 간략히 'WEIRD'로 되었다고 합니다. (이 형용사들은 일부는 인물과 또 일부는 국가와 관련되어 있습니다. 서구의, 교양 있고, 산업화된, 부유하고, 민주적인 국가에 살고 있는 사람들을 의미합니다.) 오직 이런 식의 선발을 통해서는 유럽인, 오스트레일리아인, 미국인만 대상이 된다는 사실만이 문제가 되는 것은 아닙니다. (미국인들은 대단한 우위를 차지합니다. 왜냐하면 미국에서 아주 많은 수의 과학자들이 활동하고 있기 때문이죠.) 학자들이 거의 대부분의 실험을 편리성 때문에 자신이 강의하는 대학교의 대학생들을 대상으로 시행한다는 사실도 추가됩니다. 적어도 그렇게 되면 원래는 전체 인류를 대표해야 할 그 소규모 집단은 세계 인구의 한 자리 수 퍼센티지 이하로 줄어듭니다. 그만큼 대부분의 연구 결과들은 정말로 소수의 피험자들을 대상으로 이루어진 것이라고 할 수 있습니다.

헨리히와 그의 팀은 WEIRD-people 연구에서 나온 다수의 결과들을, 다른 민족적 배경과 문화를 가진 실험 참가자들을 이용해 진행된 몇몇 실험과 비교하는 과정에서 WEIRD-people이 그 외의 대다수 사람들과 상당히 차이가 날 때도 있다는 사실을 밝혀냈습니다. WEIRD-people은 미국의 전체 인구를 놓고 보더라도 전형적이지 않습니다. 심지어 전 세계적으로 거의 모든 실험 참가자들에게서 비슷한 결과가 나오는 여러 항목들에서조차 WEIRD-people은 때로 기본 틀에서 벗어납니다. 엄밀히 말하자면 그들은 인류 전체를 대표하기에 부적합한 모델이라고도 할 수 있는 것이죠. 이럴 수가!

이것을 구체적인 사례를 가지고 더 자세히 살펴보도록 하죠. 〈그림 26〉은 소위 뮐러-라이어 착시Müller-Lyer illusion를 보여 줍니다. 즉, 길이가 같은 두 개의 직선이 서로 다른 길이로 보이는 것

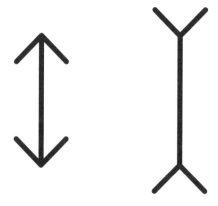

〈그림 26〉 이 선들은 실제로 길이가 다를까?

입니다. 한 직선은 양쪽 끝에 밖으로 향하는 낫표가 달려 있고, 다른 직선은 안으로 향하는 낫표가 달려 있기 때문이죠. 여기에 대해 가능한 해명 중 하나는 우리가 그 선들을 삼차원 현실을 이차원적으로 투사한 것으로 해석한다는 것입니다. 이것은 〈그림 28〉의 예에서 명확해집니다. 따라서 우리 뇌는 자신이 실제로 보는 것을 자신의 사전 지식을 근거로 그때 생각하는 것과 다시 섞는 것이죠.

만약 WEIRD-people인 우리들에게 보여 준다면 이 같은 착각이 일어납니다. 그러나 주변에 직선과 모가 난 건물이 별로 없는 그런 환경에서 사는 사람들은 이 선들을 어떻게 볼까요?

전 세계의 14개의 서로 다른 공동체들을 비교해 보니 이 착시는 매번 실험 참가자로 등장하는 미국 대학생들에게서 가장 강하게 나타났습니다. 다른 여러 집단에서는 그 효과가 훨씬 약했고, 아프리카의 샌san 민족과 부시먼들에게서는 전혀 나타나지 않았습니다. 이들의 경험과 지각은 우리와 공유하는 바가 적었던 것입니다.

일본인들과 미국인들에게 간단한 기하학 도형들을 본떠서 그리도록 시킨 미시건 대학의 일본계 심리학자 시노부 기타야마 Shinobu Kitayama도 이와 비슷한 결과를 얻었습니다. 예컨대 그는 실험 참가자들에게 안에 별도로 선이 하나 더 그어진 사각형(그림 28)을 보여 주었습니다. 그런 다음 그들에게 이미 다른 크기의 사각형이 나와 있는 종이 한 장을 주고 추가로 그어진 선을 될수록

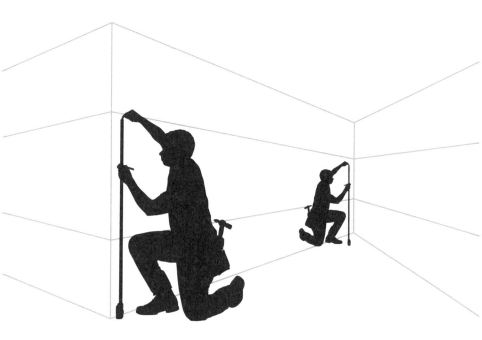

〈그림 27〉 시각(원근법)은 삼차원 구조물을 이차원으로 포착한다.

정확하게 그려 넣게 했습니다.

이 과제는 명확히 제시되었음에도 불구하고 양쪽 문화권의 참가자들은 그것을 서로 다르게 파악했습니다. 미국인들은 절대 수치로 생각해서 길이가 원본과 매우 가까운 선을 그려 넣어, 더 작아진 사각형에 비하면 훨씬 더 길어 보였습니다. 반대로 일본인들은 조화와 비율에 더 많이 신경을 많이 썼습니다. 그들은 선의 길이를 사각형의 크기에 맞추어 비율이 항상 일정하게 유지되도록 했습니다.

누가 그 과제를 더 잘 풀었을까요? 실제로는 어느 쪽도 아닙니다. (혹은 양쪽 모두 다입니다!) 왜냐하면 서로 다름에도 불구하고 두 개의 풀이가 모두 옳은 것이기 때문이죠. 결국 문화적 배경이 우리 뇌가 무엇을 중요시하고, 뇌가 어떠한 경험과 지식에 기반을 두고 지각을 하게 될지 결정하는 것입니다. 뮐러-라이어 착시에서처럼 직선을 알지 못하는 사람은 이 시각적 속임수에 걸려들지 않는 것입니다. 그리고 모든 것을 주변의 상황에 연관 지어 보는 고맥락 문화의 사람은 선의 길이를 판단하는 데서도 주변의 사각형의 크기에 연관 지어서 선의 길이를 봅니다.

이러한 지각의 차이들은 단순한 기하학적 도형과 같은 간단한 지각 작용에만 국한되지는 않습니다. 비언어적 의사소통 같은 복잡한 과정들도 서로 다른 문화에서는 많은 차이가 나게 진행됩니다.

이와 관련하여 연구자들은 미국인들의 뇌의 보상네트워크는 인물의 눈에 띄는 두드러진 몸자세를 볼 때 더 강하게 반응한다는 사실을 밝혀냈습니다. 반면에 일본인들의 경우에는 묘사된 인물이 눈에 띄지 않는 겸손한 포즈를 취할 때 뇌의 보상네트워크가 더욱 활성화됩니다. 이 차이가 행동에 어떤 영향을 미치는지는 하이델베르크나 튀빙겐 같은 도시들의 단체 관광객들에게서 쉽게 관찰할 수 있습니다. 당신은 그곳에서 유난히 눈에 띄는 미국인 관광객들을 꽤 많이 볼 수 있을 것입니다. 반면에 한 그룹의 동양인들은 거의 들키지도 않고 당신 곁을 지나갈 수도 있습니다.

나와 같은 연구소에서 근무하던 러시아 출신 박사 과정 학생 레오니드는 러시아 출신 사람들과 미국 출신 사람들은 무엇보다 표정에서 커다란 차이가 난다고 얘기해 준 적이 있습니다. 러시아에서는 얼굴 표정을 비교적 많이 사용하지 않습니다. 얼굴의 작고 미묘한 표정 변화도 이미 정보를 담고 있으니까요. 러시아인의 눈썹의 세밀한 움직임은 그들이 입을 굳게 다물고 있을 때도 많은 정보를 전해 줍니다. 그렇지만 그러한 미세한 차이에 익숙하지 않은 미국인들에게는 러시아인들의 표정이 대부분 냉담해 보입니다. (러시아 대통령 푸틴의 얼굴을 떠올려 보세요.) 반면 미국인들은 대부분 매우 변화무쌍하고 활기찬 표정을 보여 줍니다. 레오니드는 미국에서 처음 생활할 때 그들의 표정 변화에 대해 이렇게 느꼈다고 설명합니다.

"늘 조용한 발라드만 듣고 있다가 갑자기 엄청나게 큰 소리로 헤비메탈 음악을 듣는 느낌이었다니까."

오히려 표정 변화가 너무 풍부해서 제대로 그들의 감정을 읽어

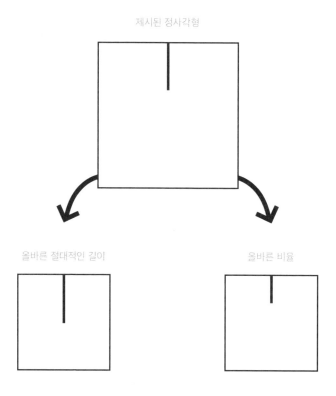

제시된 정사각형

올바른 절대적인 길이   올바른 비율

〈그림 28〉 미국인들은 선의 절대적인 길이를, 일본인들은 비율을 더 잘 기억한다.

낼 수 없었다고 레오니드는 설명했습니다. 바로 문화 차이에 기인한 지각의 차이를 몸소 경험했던 거죠.

3장에서 나는 중국인들이 '자기 자신'의 범주 안에 때로 자신들의 '어머니'를 포함해서 생각한다고 설명했습니다. 북경 대학의 잉 주Ying Zhu와 스훼이 한Shihui Han은 중국인과 미국인이 자기 자신, 그들의 어머니, 혹은 낯선 인물들을 묘사하거나 어떤 묘사에 편입시켜야 할 때 그들의 뇌에서 일어나는 일들을 비교해 보았습니다.

실제로 중국인 대상자들의 뇌 속에서는 그들 자신과 그들의 어머니를 대표하는 신경네트워크의 반응이 강하게 중첩되었습니다. 반면에 낯선 사람들은 명확히 다른 네트워크의 활성화 패턴을 보여 주었지요. 미국인들의 활성화된 뇌 반응 패턴에 의하면 자신의 어머니를 자기 자신보다는 오히려 낯선 사람에 가깝게 여겼습니다.

따라서 '자기 자신'이라는 개념은 그 다층적이고 복합적인 면에도 불구하고, 우리 뇌 안의 신경네트워크 활성화 패턴에까지 문화가 영향을 미치고 있는 것입니다. "네가 어디 출신인지 말해 주면 나는 네가 누구인지 알려 주겠다!"라는 말을 우리는 다음처럼 바꿀 수도 있겠지요. "네가 어디 출신인지 말해 주면 나는 네가 어떻게 생각하는지 알려 주겠다!"

문화 차이를 보여 주는 이 모든 예들에도 불구하고, 그러한 차이가 결국은 겉으로 드러나는 부분일 뿐이라는 사실을 잊어서는 안 됩니다. 우리 내면의 핵심에서 우리 모두는 같은 인간입니다. 따라서 유전자와 도덕적 가치를 모두 아울러 우리 모두가 인간으로서 공유하는 부분들이 더 많습니다. 그리고 (이것을 다시 한 번 강조하고 싶습니다.) 결과적으로 우리 모두는 생각보다 서로 훨씬 더 비슷한 인간입니다.

혹시 'Fist-Bump'라 불리는 주먹 인사를 알고 있나요? 사실 몰라도 괜찮아요. 하지만 미국이나 독일의 청소년들 사이에서는 서로 주먹을 가볍게 부딪치며 하는 이 인사가 전통적으로 하는 인사인 악수보다도 훨씬 더 인기가 있습니다. (버락 오바마 대통령도 이 인사를 즐겨 하곤 했었죠.) 반면 한국인을 포함한 아시아인들은 대부분 이 인사를 잘 모릅니다. 잘 하지 않는 인사니까요. 그런데 신기한 건 독일인이건 한국인이건 이 인사를 보았을 때 인지하는 뇌의 패턴이 비슷하다는 것입니다. 이것은 우리 연구소에서 나와 슈테판 데 라 로자Stephan de la Rosa와 하인리히 뷜토프Heinrich Bülthoff가 했던 연구에서 나온 결과입니다. 설령 그 행동('Fist-Bump'라는 인사)이 정확히 어떠한 인사인지 모르더라도 그것이 친절하고 좋은 의도를 가진 제스처라는 것은 누구나 알아차릴 수 있었던 것입니다.

우리의 뇌가 외부의 자극에 반응하고 세상에 대해 배워 가는 방식은 세계 어느 문화를 통틀어 모두가 비슷하다고 많은 학자들이 말하고 있습니다. 세계 어느 나라에서 태어났건 모든 아이들은 다섯 살과 아홉 살 사이에 '마음 이론theory of mind'을 발달시켜 다른 사람에 대한 관념을 지니게 되고, 또 다른 사람들이 모두 제각각 독자적인 존재이지만 자기 자신과 똑같이 생각하고 느끼는 존재라는 것을 깨닫습니다.

심지어 어떠한 장래의 배우자가 매혹적인지 판단하는 직감력도 모든 문화권에서 공통되는 몇 가지 표시가 있습니다. 예를 들어 특별함이 돋보이는 얼굴보다는 오히려 모든 얼굴들의 평균에 해당하는 균형 잡힌 얼굴이 어디에서나 거의 모두가 선호하는 것으로 판명되었습니다. 진화생물학자와 진화심리학자들은 우리가 이런 선호도를 가지고 무의식적으로 뛰어난 유전자를 가진 배우자를 찾는다고 가정합니다. 뛰어난 유전자는 바로 균형이 잘 잡힌 모습으로 드러나기 때문이죠. 더구나 세계 모든 대륙의 남자들은 여자들에게서 허리 대 엉덩이의 비율이 0.7이 되는 것을 그야말로 매혹적이라고 여깁니다. 비교적 넓은 골반은 후손의 출산을 쉽게 해 주기 때문이라는 것이죠.

우리의 글로벌한 뇌는 종족 번식의 문제에서만 문화를 초월해 동의하는 것이 아니라 도덕과 윤리에서도 서로 동의하는 바가 많습니다. 세계 어느 곳에서건 죽음이나 수치심, 범죄의 처벌과 같이 공통적으로 존재하는 개념들이 있습니다. 그 안의 세세한 내용들은 약간씩 차이가 있을지언정 이러한 규범들은 제대로 돌아가는 사회를 만들기 위해서는 어디에서나 똑같이 중요한 역할을 하고 있습니다.

우리 모두는 서로 많이 비슷하면서도 많이 다릅니다. 그리고 우리의 뇌는 어디에 가더라도 잘 적응합니다. 각 문화의 아주 오래된 전통뿐 아니라 시대의 변화에도 말입니다. 그리하여 작은 차이들로부터 새로운 문화들이 생겨나기도 합니다. 각 세대마다 새로이 생겨나는 청소년 문화들이 있고, 이 청소년 문화들은 늘 자신의 부모들과 거리를 두려고 할 때 생겨나는 것 같습니다. 매번 다른 것 같아도 결국은 비슷한 원리에서 생겨나는 문화지요.

그렇게 우리 인간들은 다양한 문화 차이에도 불구하고 우리 내면의 핵심적인 부분에서는 어디에 가나 서로 비슷합니다. 우리가 인간이기 때문입니다.

의지와 무관한 플라세보와 '나'보다 높은 '우리'

우리는 어떻게 자신과 남들을 변화시킬 수 있는가

어떤 사람도 섬이 아니라,
온전함 그 자체다.
누구나 다 대륙의 일부이며,
전체의 한 부분이다.

— 존 던 John Donne

당신은 이미 눈치챘을 것입니다, 내가 학교에서 모범생이 아니었다는 것을요. 나의 별명은 '자유인'이었습니다. 나는 학교 규정들을 그다지 중요하게 여기지 않았고, 대신 내가 하고 싶은 것을 했기 때문이죠. 자주 학교 수업을 빼먹었고, 온종일 수업 시간에 나타나지 않을 때도 있었습니다. 그 때문에 종종 선생님들께 벌을 받았습니다. 당시 한국에서는 체벌도 허용되고 있었죠. 하지만 체벌은 내게 아무 소용이 없었습니다. 나를 보다 나은 학생으로 만들어 주지 않았거든요.

고등학교에서 졸업반이 되었을 때 나는 특별히 엄한 선생님이 담임이 되었다는 사실을 알았습니다. '맛세이'라는 별명이 붙은 그 선생님은 당구 큐대를 가지고 호되게 벌을 내리는 것으로 유명했지요. 학교 친구들은 나와 그 선생님 사이에 일종의 막판 대결이 벌어질 것으로 기대했습니다. 어떤 학생이든 꺾어 놓는 선생님과, 못 말리는 자유주의자 학생. 나도 그 만남은 결코 쉽지 않으리라 이미 예상하고 있었습니다.

그런데 실제 상황은 모든 예상을 벗어났습니다. 학기가 시작되자마자 담임 선생님은 나를 조용히 교무실로 불렀죠.

"넌 똑똑하고 너만의 생각이 있다. 그리고 너에게는 아무리 엄하게 벌을 내려도 소용이 없다는 걸 나도 알고 있다."

선생님은 이렇게 말을 시작했습니다.

"이 마지막 학년이 너희들 모두에게 얼마나 중요한지, 그리고 대학에 진학하려면 얼마나 열심히 공부해야 하는지 너도 알 거다. 누군가가 긍정적인 반 분위기를 망치는 것은 좋지 않아. 약속하마, 난 너에게 끝까지 벌을 내리지 않겠다. 대신 앞으로 나는 널 전적으로 믿을 터이고, 또 네가 최선을 다하기를 기대한다. 너와 우리 반 아이들 모두를 위해. 나를 실망시키지 말기 바란다. 나는 너를 믿는다."

그것이 전부였죠. 선생님은 나에게 무작정 신뢰를 보였습니다. 나에게, 권위로는 어떻게 해 볼 도리가 없는 반항아에게.

그리고 선생님은 약속을 지켰습니다. 같은 반 친구들이 규정을 어기면 심한 벌을 받았지만, 나에게는 자신이 신뢰를 하고 있으며 내가 옳다고 여기는 대로 행동해야 한다고 상기시켜 주기만 했습니다. 선생님의 태도는 그 어떤 벌보다 더 나에게 큰 효과가 있었습니다. 반항아로서의 역할에 익숙해져 있던 나의 삶을 온통 뒤집어 놓았지요.

얼마 후부터 나는 반항적인 행동을 차마 더는 하지 못하게 되었습니다. 같은 행동을 했는데 친구들은 벌을 받고, 나만 아무렇지도 않게 빠져나오는 것을 견딜 수 없었습니다. 나는 그 상황을 벗어날 길이 단 하나뿐이라고 판단했습니다. 벌을 받을 행동을 하지 않는 것이었죠.

선생님으로 인해 나의 내면에서는 나 자신이 진지하게 받아들여지고 존중받고 있다는 느낌이 들었습니다. 이 느낌은 나 자신의 시각을 바꾸어 놓았지요. 그리고 나 자신도 바꾸어 놓았습니다.

"난 어차피 그런 사람이야!" 우리는 흔히 이렇게 말합니다. 어떤 때는 당당하게, 또 어떤 때는 반항적으로. 우리가 일정한 나이가 들고 성인이 되고 나면 우리는 마치 돌이킬 수 없는 '나'라는 존재가 생긴다고 가정합니다. 확고한 원칙에 따라 행동하고 특정한 상황에서 예측할 수 있는 방식으로 행동하는 나. 나의 모든 행동에는 특별한 이유가 있는 듯 행동합니다. 나는 나야, 나는 나이기 때문에 그렇게 행동하고, 그건 나 외에는 누구도 바꿔 놓을 수 없어! 우리는 마치 '나'라는 존재가 예전부터 늘 있어 왔고, 앞으로도 늘 그대로 존재할 것처럼 생각합니다. 하지만 그 '나'가 어디에 있나요? 알고 보면 우리가 마치 실제로 존재하는 것처럼 여기는 '나'라는 존재는 허깨비에 불과합니다.

지금 당신을 이루고 있는 '나'라는 자아는 지금 이 순간에만 존재합니다. 당신이 이 책을 끝까지 다 읽었을 때, 당신이 오늘 밤에 잠자리에 누울 때, 당신이 내일 아침에 일어날 때, 당신은 매번 다른 사람입니다. 왜 그런지는 이미 여러 번 언급했지요. 우리의 뇌는 매 순간 세상을 경험하고 지각할 때 늘 예전의 경험을 바탕으로 세상을 지각하기 때문이지요. 우리는 깨어 있는 모든 시간마다, 심지어는 꿈을 꾸고 있는 동안에도, 매 순간 우리를 끊임없이 새롭게 형성하는 새로운 경험들을 모읍니다.

이러한 뇌의 유연성은 가끔 실험을 계획하고 진행하려는 뇌과학자들을 어려운 문제에 직면하게 만듭니다. 우리 한번 아주 간단한 실험을 상상해 보기로 해요. 어떠한 특정한 소리가 점점 더 커집니다. 실험 참가자인 당신이 이 소리를 듣는 동안 당신의 뇌가 반응하는 패턴을 측정하는 것입니다. 실험에서 알아내려는 것은 '소리가 점점 커지면 뇌는 어떠한 반응을 보이는가?'처럼 아주 간단합니다. 첫 번째 시행을 거치면서 의외로 아주 명확한 패턴이 관측됩니다. 그래서 나는 다시금 반복 시행을 하려 합니다. 그런데 갑자기 모든 패턴이 달라졌습니다. 조금 전까지만 해도 반응을 보이던 신경네트워크들이 잠잠해지고, 대신 예상치 못한 다른 신경네트워크들이 활성화되기 시작했습니다.

무슨 일이지? 나는 잘못된 곳이 있는지 열심히 찾아봅니다. 조절을 잘못했나? 케이블 연결이 느슨해졌나? 어디서 에러가 들어왔지? 모든 기기를 반복해서 점검해 보아도 아무런 문제점을 발견할 수 없습니다. 그때 실험 참가자인 당신이 말합니다.

"당신이 무엇을 측정하려는지 알겠어요! 내가 점점 커지는 소리에 어떻게 반응하는가를 측정하려고 한 거죠?"

바로 그거야! 그 때문에 신호가 바뀌었군! (그래요, 이때가 손바닥으로 자신의 이마를 찰싹 때리는 순간입니다.) 실험 참가자인 당신의 뇌는 자신이 어떠한 실험에 참가하는지가 궁금했던 것이고, 새로운 정보를 얻어서 그것을 자신의 활동에 포함시켰던 것이죠. 그저 소리를 들을 때와, 자신이 듣는 소리가 자신의 뇌에서 어떤 반응을 불러일으키는지, 그리고 그것이 어떻게 측정되는지 궁금해하며 소리를 들을 때 뇌의 반응이 다른 것은 당연했습니다.

우리의 자아는, '나'라는 존재는, 결코 단단한 돌로 된 조각상이 아닙니다. 자아는 오히려 반죽 덩어리로 만든 소조상과 비슷합니다. 이것은 멋진 일입니다! 왜냐하면 반죽 덩어리는 가지각색이기 때문입니다. 그리고 우리는 그것을 변형시켜 우리의 마음에 들도록 바꿀 수 있기 때문입니다. 우리가 우리 자신을 다른 사람으로 만들 수 있는 몇 가지 메커니즘들을 살펴봅시다.

자유의지를 믿는가

자유의지는 늘 까다로운 문제입니다. 우리가 어떤 상황에서 어떻게 행동할지를 대체 누가 결정짓나요? DNA 구조의 발견자이자 노벨상 수상자인 프랜시스 크릭Francis Crick은 그에 대해 하나의 답을 지니고 있었습니다. 1994년에 발행된 그의 저서 『놀라운 가설The Astonishing Hypothesis』에서 그는 이렇게 주장했습니다.

"당신이 '나'라고 생각하는 존재, 그러니까 당신의 '자아', 당신의 기쁨과 슬픔, 당신의 모든 기억들과 삶의 목표들, 개인적인 정체성과 자유의지를 가지고 있다는 당신의 모든 믿음들은 사실 모두가 어마어마한 양의 신경세포들과 그 세포들을 구성하는 분자들의 활동에 지나지 않는다."

정말 이것뿐이란 말입니까? 우리가 생각하고, 느끼고, 경험하는 세상의 모든 것들이 결국은 신경세포와 분자 들의 활동에 의해서 결정되는 것일 뿐이라고요? 우리는 그저 매달려 있으면서도 자신이 매달린 줄이 없다고 믿고 싶어 하는 꼭두각시일 뿐일까요? 자유의지는 끝까지 뇌가 만들어 낸 환상일 뿐인가요?

나 역시도 이 질문에 대한 답을 가지고 있지 않습니다. 이 논쟁은 아주 오래된 것입니다. 철학자·심리학자·법률가·물리학자·생물학자·신학자 사이에서, 숙명론자와 자유의지론자, 양립론자와 양립불가론자 사이에서 벌어진, 아직도 끝나지 않은 논쟁입니다. 물론 그중에서는 나를 충분히 설득할 수 있을 만한 멋진 논거들도 많이 발견할 수 있었습니다. 아주 똑똑하고 박식한, 교양과 지식이 풍부한 여러 학자들이 제시한 논거들이니까요.

하지만 그 모든 것은 상관없어요!

우리의 뇌에게 정말로 우리가 자유의지를 지니고 있는가를 판단하는 참과 거짓의 유무는 중요하지 않기 때문이죠. 결정적인 것은 우리 스스로가 자유의지를 믿는가 믿지 않는가 하는 것입니다.

심리학자인 캐나다 브리티시 컬럼비아 대학의 조나단 스쿨러 Janathan Schooler와 미네소타 대학의 캐슬린 보스 Kathleen Vohs는 실험 참가자들을 두 그룹으로 나누었습니다. 그들 중 한 그룹에는 자유의지를 반대하는 숙명론적 세계관을 옹호하는 글을 읽게 했습니다. 이 세계관에 따르면 모든 사건, 행동, 결정은 오래전부터 물리적 법칙에 의해 정해져 있고, 자유의지란 환상에 지나지 않는다는 것이죠. 다른 그룹에는 자유의지와는 상관없는 다른 주제를 다룬 중

립적인 글을 주었습니다.

이렇게 준비를 마친 참가자들은 그 후 컴퓨터를 이용하는 수학 시험을 치렀습니다. 연구자들은 참가자들에게 이렇게 알려 주었습니다. 프로그램에 사소한 오류가 있어서 문제와 동시에 해답도 보여 주므로, 그 오류를 피하기 위해 다음 문제로 넘어갈 때 스페이스 키를 누르고 있어야 한다는 것이었죠. 예상되었던 것처럼 정직하게 행동하라는 호소가 몇몇 참가자들에게는 먹혀들지 않았습니다. 무엇보다 자유의지는 없고 모든 것이 어차피 미리 정해져 있다는 글을 읽은 사람들이 이 변명을 자신의 양심을 속이는 데 이용했습니다. 당연히 그 '오류'는 연구자들이 참가자들의 행동을 시험해 보기 위해 의도적으로 끼워 넣은 것이었습니다.

그리고 연구자들은 이어서 시험을 추가했습니다. 두 번째 라운드에서 그들은 참가자들에게 IQ 검사에 사용되는 그런 까다로운 문제들을 한 무더기 내주었습니다. 누구나 혼자서 그 문제를 풀어야 했고, 한 문제 맞힐 때마다 1달러씩 받기로 되어 있었습니다. 그 돈은 시험을 마친 후, 직접 봉투에서 꺼내 가게 했습니다. 이번에도 숙명론을 추종하는 글을 읽은 사람들은 유혹을 이겨 내지 못하고 원래 받아야 할 액수보다 더 많은 돈을 챙겨 갔습니다.

이것은 우리가 더 이상 자유의지를 믿지 않는다면 마찬가지로 정직성과 도덕에 대한 감각도 사라진다는 뜻일까요? 어쩌면 정말로 그럴지도 모릅니다. 또 다른 과학자 팀들이 서로 다른 여러 방법과 실험을 이용해 진행한 연구들 역시 결정론적인 믿음을 가지고 있었던 사람들은 선택에 대한 책임감을 덜 느낀다는 연구 결과들을 내놓았거든요. 자유의지를 믿지 않는 이들은 더 이기적인 패턴을 보였으며, 더 공격적으로 행동했고, 도움을 주는 데 더 인색했으며, 자신의 행동에 대해 덜 성찰하는 경향을 보였습니다. 자유의지를 믿지 않는 이들은 심지어 어떠한 선택을 위해 자신의 몸 근육을 사용하는 능력조차 떨어진다는 연구 결과가 있었습니다.

마르세유 대학의 실험심리학자 다비데 리고니Davide Rigoni는 자신의 실험에서 실험 참가자들에게 간단한 동작을 하게 시켰고, 그러는 동안 그는 참가자들의 뇌 전류를 EEG 뇌파 기록 장치로 살펴보았습니다. 예를 들어 어떤 실험 참가자가 모니터에 나온 어떤 아이콘을 클릭하면, 그가 자신의 클릭하려는 의도를 의식하기도 전에 이미 측정 그래프에는 소위 근육의 준비 전위readiness potential가 나타났습니다. (말하자면 내면의 명령입니다. '주의! 이제 곧 시작된다!') 그런 다음에야 신경세포들은 근육에 수축하라는 명령을 보냈습니다. 그런데 2011년에 18세에서 24세 사이의 남녀 30명에게 시행한 일련의 실험에서 참가자가 실험 전에 어떤 글을 읽고 자신의 자유의지에 대한 믿음을 잃어버렸을 때에는 그러한 준비 전위가 훨씬 더 약하게 나왔습니다. 마치 그들이 자유의지를 믿지 않을 때에는 그들의 뇌와 그에 연결된 근육들조차도 그러한 믿음을 따라 한다는 듯이.

그러므로 우리 스스로에게 자유의지가 있다는 믿음은 또는 반대로 자신의 존재를 그저 수동적으로 경험한다는 확신은, 이미 우리 뇌 속 깊숙이 개입하고 있다고 볼 수 있는 것입니다. 우리의 성격과 행동만 영향을 받는 것이 아니라, 우리 스스로가 의식적으로 인지하고 있지 않는 근육과 세포의 운동조차도 그러한 믿음에 영향을 받습니다.

우리의 뇌는 그저 수동적으로 물리적 세상의 자극들에 반응하는 것이 아니라, 우리 스스로가 상상하는 그대로의 세상에 맞추어 반응하는 것입니다.

치료 효과가 있는 생각

우리가 그리고 상상하는 세상은 치료 효과에도 영향을 끼칠 수 있습니다. 당신은 분명 '플라세보 효과placebo effect'에 관해 들어 본 적이 있을 것입니다. 이 말은 '나는 기분이 좋아진다'는 뜻을 나타내는 라틴어인데, 그 효과와 연관 지으면 어쩌면 다음과 같이 번역하는 것이 더 나을 것입니다.

"나는 당신이 바라는 것을 허용해 준다."

플라세보 효과를 이용하면 당신은 객관적으로 병의 진행에 개입하는 것은 아니지만 병을 낫게 할 수 있습니다. 다시 말해 당신은 환자에게 의료상의 작용 물질을 건네주거나 수술을 해 주는 것은 아닙니다. 대신 환자에게 단순한 설탕 알갱이를 주거나 피부를 살짝 긁어 줍니다. 환자가 그 조치가 효과를 보인다고 확신하는 것으로 충분합니다. (그러면 그의 믿음이 태산을 옮기는 것이죠!) 예컨 대 몸은 통증을 완화시키는 자체적인 오피오이드opioide 합성 진통 마취제를 분비합니다. 환자는 실제로 치료를 받지 않았는데도 상태가 측정 가능할 정도로 나아집니다.

미국 하버드 대학의 테드 캡척Ted Kaptchuk은 플라세보 효과에 대한 연구를 집중적으로 해 온 학자들 중 한 명입니다. 그는 설탕 약을 삼키는 것만이 몸의 자기 치유 능력을 활성화시키는 것은 아니라는 것을 확인했습니다. 치료의 전체 과정이 그렇게 한다는 것이죠. 병원의 시설과 장비에서부터 의사와 상담할 때의 분위기, 의사의 공감 능력, 손을 들어 올리는 것과 같은 효과가 없는 것이 분명한 몸짓에 이르기까지 전체 과정이 영향을 끼칩니다. 환자가 집중적으로 보살핌을 받는다고 느낄수록 플라세보 효과는 더욱 성공적으로 환자의 좋지 않은 증상들을 누그러뜨려 줍니다.

이때 가동되는 메커니즘은 명백하게 효과를 보이는 의약품들이 몸속에서 영향을 미칠 때 거치는 진행 과정과 매우 흡사합니다. 오피오이드 외에도 특수한 신경세포들을 활성화시키거나 억제하는 신경전달물질들이 분비됩니다. 병의 증세가 변한다는 믿음이 증세가 완화되는 데 실제로 기여하는 것입니다. 기대가 효과를 불러오는 셈이죠. 더 큰 치료 효과를 열망하는 사람들이 그렇지 않은 사람들보다 플라세보 효과가 더 잘 일어납니다.

최근의 연구 결과에 따르면 모종의 유전자들도 우리 몸이 플라세보 치료를 얼마나 민감하게 받아들일지에 영향을 미칩니다. 그 유전자들은 예를 들어 신경전달물질의 합성, 발산과 흡수에 영향을 미칠 수 있습니다.

심지어 환자들이 자신이 실은 플라세보 약을 복용한다는 사실을 알아도 됩니다. 일반적으로 플라세보 약은 형태와 색깔에서 진짜 약품과 닮았습니다. 의사도 환자도 그것이 모조품이라는 것을 알아차리지 못하도록 하기 위해서죠. 그러나 캡척은 몇 차례 연구에서 자신의 실험 참가자들에게 명시적으로 자신이 그들에게 플라세보 약을 줄 것이며, 그런 플라세보 약도 많은 경우에 도움이 되었다고 알려 주었습니다. 신기한 것은 그럼에도 불구하고 그 약이 효과가 있었다는 것입니다! 과민성 대장 증후군이 있는 환자들뿐 아니라 편두통이 있는 환자들도 플라세보 치료를 통해 상태가 훨씬 나아졌다고 느꼈습니다.

약제의 이름도 일정한 역할을 합니다. 편두통 환자들을 대상으로 행한 일련의 실험에서 한 그룹의 경우에, 사탕 약에 진짜 약제의 이름이 붙어 있었고, 반면에 실제 작용 물질이 든 약에는 '플라세보'라는 글이 새겨져 있었습니다. 그런데 두 가지 약이 다 동일한 성과를 올렸습니다. 이름만으로도 플라세보 효과를 통해 진짜 의약품과 똑같이 효과를 보였던 것이죠. 그리고 그 두 가지가 결합될 수도 있었습니다. 작용 물질을 함유한 약제에 이름이 바르게 찍혀 있었다면 성과가 추가로 50퍼센트 높아졌습니다. 이중으로 해 두면 훨씬 안전한 법이죠.

그러나 플라세보 약에 작용 물질이 들어가지 않는다고 해서 그 것이 부작용이 없을 것이라는 의미는 아닙니다. 그 반대라고 해야 옳겠죠! 많은 환자들을 치료하는 과정에서 '노시보nocebo 효과'라 불리는 새로운 증상들에 관해 보고되었습니다. 노시보 효과는 의 사가 환자에게 사전에 진짜 작용 물질을 통해 어떤 불편함이 유발 될 수 있는지 설명해 주었을 때만 나타났습니다. 예를 들어 어떤 편두통 환자들은 플라세보 약에 관한 연구 조사 중에 갑자기 기 억력 문제에 시달렸습니다. 실제의 약이 아닌 플라세보 약을 받은 조사 대상 집단의 무려 4분의 1이 병원에서의 테스트에서 객관적 으로는 근거도 없지만 주관적으로는 전적으로 존재하는 부작용 때문에 복용을 중단했습니다.

그렇지만 플라세보 약이 만병통치약은 아니죠! 통상적으로 머 리 위에 손을 얹고 기도를 한다고 해서 종양이, 한두 개의 설탕 약 때문에 천식에서 보이는 기침 발작이 사라지지는 않았습니다. 이 효과의 장점은 오히려 주관적인 느낌이 나아지도록 해 주는 데 있 습니다. 통증이 줄어들고, 피로가 덜하고, 불편한 느낌이 사라지 는 것이죠.

따라서 우리 뇌는 자신의 몸에서 발생되는 신호를 기반으로 자 신이 기대하는 것을 지각하기도 합니다. 어떠한 의미에서 우리의 뇌는 자기 자신의 건강 상태를 스스로 만들어 내는 능력이 있는 것이죠.

프로이트가 된 환자

4장에서 나는 우리 연구소에서 실험하는 가상현실의 세계에 관해 이야기했습니다. 우리가 실험 참가자들을 환상적인 가상현실의 세계로 옮겨 주는 유일한 과학자들은 아닙니다. 2015년에 바르셀로나 대학의 멜 슬레이터Mel Slater 를 중심으로 하는 팀이 대단히 재미있는 실험을 하나 공개했습니다.

소개하지요, 바로 지그문트 프로이트 씨입니다! 물론 부활한 것은 아니고 인공적인 컴퓨터 세계에서 만들어진 아바타일 뿐이죠. 이 실험에는 가벼운 정신적 문제가 있고, 그 때문에 심리 치료를 받으려 했던 사람들이 참가했습니다.

'스스로 치료하는 것이 안 될 건 없지 않은가?' 슬레이터는 참가자들에게 이렇게 제안하며 참가자들에게 가상현실로 들어가 볼 수 있다는 가능성을 제시했습니다. 그것을 위해 그의 동료들은 대학의 실험실에서 각각의 실험 참가자처럼 보이는 아바타를 만들었습니다. 이 가상의 모습(아바타)은 이외에도 움직임 감지 센서로 조종을 맡은 자신의 실물 인간과 똑같이 행동했습니다. 헬멧을 통해 참가자는 또 다른 인물과 함께 어떤 공간에 들어와 있었습니다. 그 인물은 바로 다름 아닌 지그문트 프로이트였습니다. (그림 29)

두 인물이 기술적인 이유로 소파에 드러누울 수는 없고 대신 서 있어야만 한다는 사실을 제외하면 상담은 일반적인 상담 시간과 똑같이 진행되었습니다. 참가자는 그 유명한 상담치료사인 프로이트에게 자신의 마음을 짓누르는 것들에 관해 설명했습니다. 그 후에 결정적인 조처가 따랐죠. 즉, 실험 참가자의 신호에 따라 과학자들은 그를 환자의 모습에서 상담사의 아바타로 바꿔 놓고, 그때까지 상담한 것의 녹화 장면을 틀어 주었습니다. 지그문트 프로이트가 된 실험 참가자는 자신이 무엇을 어떻게 이야기했는지 듣고 지켜보았습니다. 그는 외부에서부터 들려오는 자신의 음성의 울림을 지각했고, 신체언어의 무의식적인 신호를 주의 깊게 관찰했습니다. 그의 뇌의 입장에서는 그가 실제로 프로이트였고, 더구나 컴퓨터도 그 상담사가 무슨 말을 할 때는 목소리가 더 굵게 들리도록 해 놓았죠. 이런 식으로 해서 실험 참가자는 프로이트가 되어 환자의 모습(아바타)에게 조언을 해 주거나 아니면 한두 가지 질문을 했습니다. 그 후에 그는 다시 역할을 바꾸어 이제 환자로서 상담사의 반응을 받아들였습니다. 이 역할 바꾸기는 참가자 자신이 상담이 끝났다고 선언할 때까지 계속 진행되었습니다.

이 치료법은 대단히 성공적이었죠. 모든 실험 참가자들이 상담 전보다 상태가 더 나아졌다고 보고했습니다. 건강이 나아진 것은 일부분에서 그들이 가상현실의 도움으로 접할 수 있었던 제3자 관점(밖에서부터 자신을 보는)의 시각 때문인 것으로 짐작됩니다. 그러나 분석자라는 인물도 거기에 한몫 거들었습니다. 두 번째 실험에서 실험 참가자의 아바타가 환자 역할뿐 아니라 자신이 상담사 역할도 맡게 했는데, 이때는 프로이트와 상담을 한 후만큼 효과가

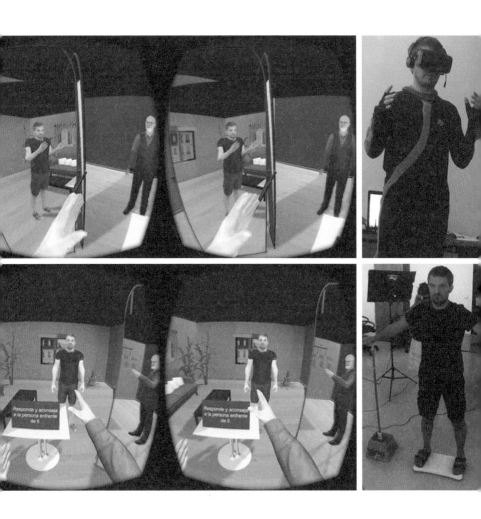

〈그림 29〉 환자인가 상담사인가? 가상현실에서는 그 둘 다 가능하다.

높지 않았습니다. 프로이트라는 저명한 대가의 후광이 심리치료상의 플라세보 효과로 작용한 것이 분명했습니다.

그런데 그 모의실험은 매우 정확해야만 했습니다. 프로이트의 모습이 참가자의 움직임과 완전히 일치하지 않으면 환상이 순식간에 깨져 버렸고, 참가자는 그 역할에서 떨어져 나갔습니다. 하지만 모든 것이 진짜 세계에서와 거의 같이 돌아가면 뇌는 그 속임수를 순순히 받아들였습니다. 그리고 자신이 믿던 바들을 실제 현실 세계에서도 순순히 변화시켰습니다.

우리 뇌가 자기 판단을 할 때는 약간 속이는 경향이 있다는 사실을 MPI의 바이오사이버네틱스 분야의 베티 몰러Betty Mohler와 MPI의 지능 시스템 분야의 마이클 블랙Michael Black이 밝혀냈습니다. 22개의 스테레오 카메라와 22개의 컬러 카메라를 이용해 초당 60프레임으로 돌아가는 (이 수치들을 음미하시길!) 전 세계적으로 단 하나뿐인 4D 전신 스캐너를 이용해 그들은 실험 참가자들과 일치하는 정확한 아바타를 만들어 낼 수 있었습니다. 그런 다음 컴퓨터를 이용해 아바타를 마음대로 조작할 수 있었습니다. 그렇게 해서 그들은 그 가상의 모습(아바타)을 때로는 더 뚱뚱하게 때로는 더 날씬하게 만들었습니다. 마침내 실험 참가자들은 자신의 아바타가 처음에 어떤 모습이었는지 잊어버렸습니다. 마지막으로 실험 참가자들은 자신의 실제 몸이 얼마나 뚱뚱한지 날씬한지, 자신의 진짜 몸이 어떤 모습인지 본인의 몸의 느낌에 따라서 대답하도록 했습니다.

재미있게도 그 결과는 대부분 실제의 모습과 이상형이 뒤섞인 것이었습니다. 예를 들어 여성들은 자신의 모습을 실제보다 약간 날씬한 편으로 보았는데, 더 뚱뚱하게 본 경우는 전혀 없었습니다. 특히 위축증이 있는 여자들의 경우에는 자기 몸의 모습이 가상 세계에서는 이상적으로 상상해 왔던 모습이라고 생각하는 것이 힘들지 않았습니다.

여기서 우리 뇌는 그 가능성의 한계에까지 도달합니다. 뇌는 자존감, 내적인 태도, 심지어 통증의 느낌에도 놀라운 방식으로 영향을 미칠 수 있습니다. 그러나 정말로 멋진 몸을 얻기 위해서는 상상만으로는 안 되고 계속해서 근육을 단련하지 않으면 안 됩니다.

'나'보다 '우리', 사회적 뇌

2015년 11월 13일, 베이루트에서는 테러리스트 두 명이 자살폭탄 테러를 저질렀습니다. 첫 번째 테러범은 마흔다섯 명을, 두 번째 테러범은 단 두 명(자기 자신과 어느 젊은 가장)을 죽였습니다. 두 번째 테러의 희생자인 가장은 더 많은 사람들이 죽지 않도록 테러범에게 달려들어 폭탄을 자신의 맨몸으로 막아 냈던 것입니다.

무엇이 우리를 영웅이 되게 만들까요?

만약 당신이 나에게 물어본다면, 그것은 다름 아닌 '믿음'이라고 대답하겠습니다. 꼭 종교적 의미에서의 믿음이 아니라 휴머니즘적인 의미에서의 믿음. 그 가장이 자신의 고귀한 생명을 아무런 거리낌 없이 희생할 수 있었던 이유는 자신의 딸과 가족, 그리고 많은 다른 사람들을 위해서 목숨을 내어주는 것이 옳은 일이라는 굳은 믿음을 가지고 있었기 때문입니다.

그는 생물학적으로 프로그래밍되어 있는 모든 규칙들과 정반대로 행동했습니다. 모든 생물은 생존을 위해 프로그래밍되어 있고, 그에 따르면 그는 도망치는 것이 마땅했죠. 자신의 목숨을 지키려고 노력하는 생존 본능이 우위를 점해야 했습니다. 하지만 그것은 그의 공동체에서 수 세대에 걸쳐 만들어지고, 그가 부모로부터 배운, 그리고 자녀에게로 전해져 내려가는, 그의 윤리와 가치관에 부합하지 않았을 것입니다. 그가 자기 자신만을 살리기 위해 도망쳤다면 그는 그의 사회와 문화에서 가치 있게 여기는 많은 것들, 그리고 무엇보다 스스로가 가장 중요하다고 믿었던 많은 것들을 저버리는 행동을 한 것이 되었겠죠. 따라서 그의 뇌는 오직 인간만이 가능한 업적을 이루어 냈습니다. 개인 위에 공동체를, '나' 위에 '우리'라는 가치를 세운 것이죠. 어떠한 것에 대한 믿음은 이렇게 나 자신이라는 개인의 한계를 초월할 수 있게 해 줍니다.

진화가 인간을 인간의 최고의 친구이자 최악의 적으로 만들어 놓은 이래로 우리는 늘 사회적 공존을 위해 노력하고 있습니다. 우리 뇌의 발달은 평생 동안 이 목표를 향해 나아간다고 할 수도 있습니다. 색과 소리들의 혼란스러운 첫인상을 정리하는 과정을 거쳐, 우리 주변에서 수많은 다른 사람들의 얼굴들을 익히고, 친숙하고 낯선 다양한 문화들을 경험하며 우리의 뇌는 다른 사람들과의 공존을 배워 갑니다.

우리는 혼자가 아닙니다. 뇌를 사용해 생각을 할 때면 우리는 거의 언제나 다른 사람에 대해 생각하고, 그들이 어떻게 생각할지, 행동할지, 느낄지, 말할지에 대해 고민합니다. 우리가 세상에서 배우는 모든 지식들은 늘 모두 다른 사람들을 통해서 배웁니다. 그리고 우리는 언제 가장 큰 행복감을 느낄까요? 결코 혼자일 때가 아닙니다. 행복함을 느낄 때는 대부분 우리가 아끼고 사랑하는 사람들과 함께 있을 때입니다. 이렇게 돌려 보고 저렇게 돌려 보아도 우리들에게, 우리의 뇌에게 가장 중요한 것은 다른 사람들입니다.

1939년부터 시작된 하버드 대학의 '그랜트 연구Grant-study'는 처음에는 268명이었던 하버드 대학 졸업생들의 삶을 계속해서 추적하고 있습니다. 그들은 모두가 백인, 모두가 남자, 모두가 미국인들입니다. 그들은 2년마다 한 번씩 거의 상상 가능한 모든 것들에 관해서 질문들을 받았습니다. 그들의 건강 상태, 직업, 생활 습관, 가정생활……, 수많은 정보를 정기적인 설문 조사를 통해 남겨야 했죠. 이 정보의 수집은 이 연구의 마지막 참가자가 삶을 마감할 때까지 계속해서 진행됩니다. 우리들에게 아주 중요한 하나의 질문에 대한 답을 찾기 위해서지요. 바로 '오래도록 행복하게 사는 비결은 무엇인가?'라는 질문입니다.

2012년에 이 연구의 총책임자 조지 베일런트George Vaillant는 세 번째 중간 결과를 발표했습니다. 그런데 그 질문에 대한 답은 점점 더 분명하게 실체를 드러냅니다.

돈이 중요한 것이 아닙니다. (기본적인 생존을 걱정할 필요가 없는 한 말입니다.) 지능이 중요한 것도, 교육이 중요한 것도, 정치나 종교가 중요한 것도 아닙니다. 오래도록 행복하기 위해 가장 중요한 요인은 늘 '다른 사람들'이었습니다.

어린 시절에 어머니로부터 세심한 보살핌을 받은 사람은 그렇지 못한 사람들에 비해 평균적으로 1년에 8만 7000달러를 더 벌었습니다. 그리고 노인성 치매에 걸릴 확률이 확연히 적었죠. 어린 시절에 아버지와 좋은 관계를 유지할 수 있었던 사람들은 어른이 되어서도 불안감을 덜 느꼈고, 휴가에서 더 많은 재미를 느낄 수 있었습니다.

이 연구의 결과들은, 무엇보다 다른 사람들과의 사회적 관계가 우리 삶의 질을 좌우하는 가장 중요한 핵심 요인이라고 밝혀낸 수많은 다른 연구의 결과들과도 부합합니다. 연구의 총책임자 조지 베일런트는 이것을 이렇게 요약했습니다.

"행복? 그것은 다름 아닌 사랑입니다. 끝."

우리 뇌를 가장 행복하게 만들어 주는 것은 다른 사람들입니다. 우리의 뇌는 다른 사람과 소통하고 관계를 나누기 위해 진화했기 때문이죠. 따라서 우리는 모두 사회적인 뇌를 지니고 있다고 할 수 있습니다. 우리의 뇌에게 가장 중요한 것이 하나 있다면 그것은 바로 사람입니다.

답을 찾는 뇌, 인간적인 뇌

우리 모두는 삶의 의미를 설명해 줄 답을 찾고 있습니다. 끊임 없이 답을 찾아 헤매는 일은 인간의 본성인 듯싶습니다.

이 문장이 마음에 드나요? 아니면 다르게 표현해 볼까요?

우리의 뇌는 늘 새로운 답을 찾기 위해 진화해 왔습니다. 뇌야 말로 우리 삶의 의미를 설명해 줄 수 있으리라 우리는 믿습니다.

만약 두 번째 문장이 더 마음에 든다면, 당신은 미국 예일 대학 의 디나 와이즈버그Deena Weisberg가 2006년에 수행한 한 연구 결과 에 부합하는 것입니다. 그 연구 결과에 따르면, 사람들은 어떠한 문장이나 기사에 '뇌' 또는 '뇌과학'이라는 표현이 들어 있으면 그 것을 보다 신빙성 있게 여기고 신뢰한다고 합니다. 한번 예를 들 어 볼까요?

'사람들이 저주를 믿는 이유는 다른 사람들이 그것을 믿기 때 문이다.' 그다지 논리적이거나 과학적으로 보이지 않는 이 문장도 우리가 다음과 같은 식으로 표현하면 절대적 진실이라는 신비한 기운을 얻습니다. '최신 뇌과학 연구들에 따르면 사람들이 저주를 믿는 이유가 다른 사람들이 그것을 믿기 때문이라고 한다.'

어때요, 훨씬 더 신뢰가 가지 않나요?

사람들은 뇌과학 연구에 관심이 많습니다. 우리 뇌에서 일어나는 일들에 대해서 설명하면 많은 사람들이 그것에 귀를 기울이고 신뢰와 감탄의 눈길을 보냅니다. 이 책에 담긴 수많은 뇌과학의 연구 결과들과 그와 관련된 저의 개인적인 이야기들도 여러분의 뇌에 즐거움을 주었기를 바랍니다. 하지만 마지막으로 몇 가지 말을 덧붙이고 싶네요.

우리의 뇌가 정말로 세상의 모든 것들을 설명해 줄 수 있을까요? 아닙니다!

첫째, 우리의 뇌에 관한 지식은 아직 완성된 것이 아닙니다. 우리는 날마다 뇌에 관해 새로운 연구 결과들을 접하고 있습니다. 이 책에 소개된 일부 이론들은 독자들이 이 책을 읽을 즈음이면 벌써 전문가들에 의해 뒤집어졌을 수도 있고, 그사이 또 새로운 이론들이 나왔을 수도 있지요. 과학은 늘 수많은 사람들에 의해 지속적으로 만들어지고 있는 과정의 일부이며, 내가 여러분에게 보여 줄 수 있었던 지식은 그 안의 아주 작은 부분에 불과하죠. 그러므로 세상의 모든 것을 설명하기에는 턱없이 모라랍니다. 하지만 여러분의 호기심을 조금이라도 이끌어 낼 수 있었다면 그걸로 만족합니다.

둘째, 우리의 뇌 하나로 설명할 수 있는 것들은 사실 너무나 적습니다. 뇌 하나만을 들여다본다면, 그곳에서 얻을 수 있는 정보는 대단히 제한적입니다. 우리의 뇌가 제대로 작동하려면 더 많은 것들이 필요하거든요. 시각 정보를 보여 주는 눈, 청각 정보를 전달해 주는 귀, 우리를 움직일 수 있게 해 주는 손과 발, 그리고 그 모든 것들과 연결되어 있는 우리의 몸이 없다면 뇌 혼자로는 할 수 있는 것이 거의 없습니다. 또한 우리의 몸을 둘러싸고 있는 주변 환경과의 소통이 없다면 뇌는 지각의 기본이 되는 경험의 보고를 채울 수 없겠죠.

하지만 무엇보다 우리 뇌는 다른 사람들을 필요로 합니다. 다른 사람들과의 소통과 상호작용을 통해서야 비로소 우리는 우리 자신이 누구인지 알 수 있게 됩니다. 아주 개인적인 우리의 자아는 남들로부터 배우고, 남들과 함께 느끼고, 남들과 함께 존재하며 생겨나기 때문입니다.

우리의 뇌는 몸을 필요로 하고, 그 뇌가 있는 몸은 환경과의 교류를 필요로 합니다. 또한 가장 중요한 교류는 결국 다른 사람들, 다른 사람들의 뇌와의 상호작용이라고 할 수 있습니다. 모든 것은 연결되어 있고 우리가 보고 있는 뇌는 거대한 정보망 안의 한 작은 접점일 뿐이지요

셋째, 모든 사람의 뇌는 서로 비슷하지만 조금씩 다르며, 우리가 보고 있는, 지각하고 있는 세상도 제각각 조금씩 다릅니다. 우리 모두는, 그리고 우리 모두의 뇌는 하나하나 정말 특별한 존재입니다. 따라서 많은 연구 결과들의 내용을 절대적 진리처럼 믿지는 마세요. 수많은 사람들의 데이터를 기반으로 어떠한 패턴과 경향만을 보여 줄 뿐이지 모든 사람의 뇌가 이 연구 결과들의 내용처럼 작동한다는 증거는 아니니까요.

이 책도 많은 다른 사람들의 도움이 없었다면 세상에 나오는 것이 불가능했을 것입니다. 그들에게 진심으로 감사를 드리고 싶습니다. 먼저 제 한국어 번역본이 나올 수 있게 도움을 준 북이십일의 박진희 님, 그리고 무한한 인내심으로 끝까지 친절하고 프로페셔널하게 번역·편집·디자인 등의 모든 일을 총괄해 주신 장미희 팀장님과 인문교양팀 신원제 님, 전민지 님, 그리고 교정을 봐 주신 이지현 님, 디자인을 해 주신 박대성 님께 큰 감사를 전하고 싶습니다. 예전부터 저의 과학 커뮤니케이션 롤모델이며, 너무 좋은 말씀으로 추천사를 써 주신 정재승 교수님께도 진심으로 감사드립니다. 제가 뇌인지과학이라는 학문을 공부할 수 있게 조언

을 해 주고, 책을 쓸 수 있도록 북돋아 주셨던 장학퀴즈 동문 모임 '수람'의 많은 선배님들과 동기들도 감사합니다. 고등학교 때부터 야간 자율 학습 시간에 서로의 습작들을 빨간 펜으로 수정해 주며 함께 작가의 꿈을 키워 왔던 친구 손아람 작가에게도요. 오랜 기간 꿈을 포기하지 않고 노력하면 꼭 이루어진다는 것을 같이 확인해 준 친구이기도 합니다.

로볼트 출판사에서 이 책의 편집을 맡아 준 크리스토프 블로메Christof Blome와 율리아 포어라트Julia Vorrath는 이 책에 대한 신뢰와 믿음을 보여 주었고, 내가 이 책을 완성할 수 있도록 처음부터 끝까지 지원해 주었습니다. 나의 북 에이전트 다니엘 무르사Daniel Mursa는 나의 첫 저서 프로젝트 전 과정을 나와 함께 진행해 주었습니다. 그가 없었다면 많은 것이 불가능했을 것입니다. 나의 사이언스 슬램 친구이자 세계 메모리대회 신기록을 지니고 있는 보리스 니콜라이 콘라트Boris Nikolai Konrad 또한 나에게 다니엘을 소개해 이 책이 나올 수 있는 기반을 마련해 주었습니다. 저자이자 프리랜서 편집자인 올라프 프리췌Olaf Fritsche는 내가 저술하고 글을 구성하는 데 긴요한 도움을 주었습니다. 메디오믹스mediomix의 데니스 핑크Dennis Fink와 티나 코흐Tina Koch는 짧은 기간이지만 책에 들어갈 삽화를 그리는 데 많은 도움을 주었습니다.

나의 박사 논문 지도 교수인 하인리히 빌토프Heinrich H. Bülthoff, 나의 감독자 슈테판 데 라 로사Stephan de la Rosa 그리고 막스플랑크 바이오사이버네틱스연구소의 많은 동료들에게도 마찬가지로 아주 진심에서 우러나는 감사를 표합니다. 이곳에서 최근 몇 년 동안 새롭고 흥미로운 것을 무척이나 많이 배우고 경험할 수 있었습니다. 동료들과 함께 보낸 시간이 항상 나에게는 엄청난 영감이 되었습니다. 나의 과학적 영감의 원천에는 독일 귄네에서 매년 열리는 독일인지과학협회 인터디시플리너리 컬리지와 그리스의 아이기나 섬머 스쿨에서 모을 수 있었던 멋진 인상과 생각 들도 포함됩니다. 수많은 생각과 아이디어를 수년에 걸쳐 교환해 준 슈테판 슈트로이버Stephan Streuber, 오마르 나심Omar Nasim, 아담 엘샤하비 Adham Elshahabi, 프랑크 네어Frank Neher, 펠릭스 베트Felix Weth에게도 진심으로 감사드립니다.

그러나 가장 큰 감사는 물론 나의 가족들에게 돌아갑니다. 가족들은 내가 이 책과 박사 학위 논문을 쓸 때 믿기 힘든 인내심과 헌신으로 나를 후원해 주었습니다. 나와 함께할 많은 시간들을 빼앗기고 지낸 나의 아들 태오, 무엇보다 사랑하는 아내 유진 덕분에 나는 대부분의 것을 이루어 냈습니다. 정말 사랑해.

1장

Gegenfurtner, K. R., Sharpe, L. T., & Boycott, B. B. (2000). *Color Vision: From Genes to Perception.* Cambridge University Press.

Gegenfurtner, K. R., Bloj, M., & Toscani, M. (2015). The many colours of «the dress». *Current Biology, 25,* R543–R544.

Schlaffke, L., Golisch, A., Haag, L. M., Lenz, M., Heba, S., Lissek, S., ... Tegenthoff, M. (2015). The brain's dress code: How The Dress allows to decode the neuronal pathway of an optical illusion. *Cortex, 73,* 271– 275.

Arnold, K. E. (2002). Fluorescent Signaling in Parrots. Science, 295, 92.

Hausmann, F., Arnold, K. E., Marshall, N. J., & Owens, I. P. F. (2003). Ultraviolet signals in birds are special. *Proceedings. Biological Sciences/ The Royal Society, 270,* 61–67.

Chabris, C., & Simons, D. (2010). The Invisible Gorilla: And Other Ways Our Intuitions Deceive Us. *Trends in Cognitive Sciences, 14,* 434.

Madrigal, A. C. (2014). A Sound You Can't Unhear (and What It Says About Your Brain). *The Atlantic.* http://www.theatlantic.com/ technology/archive/2014/06/sounds-you-cant-unhear/373036.

McWhinnie, H. J. (1992). Contributions to the history of psychology: XCI. Gestalt psychology and art education: Adelbert Ames and Hoyt Sherman. *Perceptual and Motor Skills.*

Bateson, G., Luhmann, N., Communication, E., Mathur, P., & Mathur, P. (2008). Gregory Bateson, Niklas Luhmann, and ecological communi- cation. *The Communication Review, 11,* 151–175.

Bale, L. S. (1995). Gregory Bateson, Cybernetics, and the social / Behavioral sciences. *Cybernetics & Human Knowing, 3,* 27–45.

Foxman, D., & Bateson, G. (1973). *Steps to an Ecology of Mind. The Western Political Quarterly* (Vol. 26). doi:10.2307/446833.

Thompson, E. (2004). Life and mind: From autopoiesis to neurophenomenology. A tribute to Francisco Varela 1. *Phenomenology and the Cognitive Sciences, 3,* 381–398.

Beck, C., Kardatzki, B., & Ethofer, T. (2014). Mondegreens and Soramimi as a method to induce misperceptions of speech content – Influence of familiarity, wittiness, and language competence. *PLoS ONE, 9.* doi:10.1371/ journal.pone.0084667.

Beck, C., Krueger, O., Schwarz, L., Erb, M., Kardatzki, B., Scheffler, K., & Ethofer, T. (2016). Neurobiology of knowledge and misperception of lyrics. *NeuroImage, 134,* 12–21.

Ashmore, J. (2008). Cochlear outer hair cell motility. *Physiological Reviews, 88,* 173–210.

Dallos, P. (2008). Cochlear amplification, outer hair cells and prestin. *Current Opinion in Neurobiology.*

Fettiplace, R., & Hackney, C. M. (2006). The sensory and motor roles of auditory hair cells. *Nature Reviews. Neuroscience, 7,* 19–29.

Raphael, Y., & Altschuler, R. A. (2003). Structure and innervation of the cochlea. *Brain Research Bulletin.*

Kuhl, P. K. (2004). Early language acquisition: cracking the speech code. *Nature Reviews. Neuroscience, 5,* 831–843.

Aoyama, K., Flege, J. E., Guion, S. G., Akahane-Yamada, R., & Yamada, T. (2004). Perceived phonetic dissimilarity and L2 speech learning: The case of Japanese / r / and English / l / and / r/. *Journal of Phonetics, 32,* 233– 250.

McClelland, J. L., Fiez, J. A., & McCandliss, B. D. (2002). Teaching the / r / - / l / discrimination to Japanese adults: Behavioral and neural aspects. *Physiology and Behavior,* 77, 657–662.

Gatys, L. A., Ecker, A. S., Bethge, M. (2015). A Neural Algorithm of Artistic Style. arXiv:1508.06576v2.

von Senden, M., & Heath, P. (1962). Space and Sight: The Perception of Space and Shape in the Congenitally Blind before and after Operation. *Social Forces, 41,* 91–93.

Gregory, R. L. (1997). Knowledge in perception and illusion. *Philosophical Transactions of the Royal Society of London. Series B, Biological Sciences, 352*, 1121–1127.

Epstein, R., Roberts, G., & Beber, G. (2009). *Parsing the Turing Test: Philosophical and methodological issues in the quest for the thinking computer*. doi:10.1007/978–1–4020–6710–5.

Moor, J. H. (1976). An analysis of the turing test. *Philosophical Studies, 30*, 249–257.

French, R. M. (2000). The Turing Test: The first 50 years. *Trends in Cognitive Sciences*.

Saygin, A. P., Cicekli, I., & Akman, V. (2001). Turing Test: 50 Years Later. *Minds and Machines*, 10, 463–518.

Warwick, K., & Shah, H. (2015). Can machines think? A report on Turing test experiments at the Royal Society. *Journal of Experimental & Theoretical Artificial Intelligence*, 1–19.

Pfeiffer, U. J., Timmermans, B., Bente, G., Vogeley, K., & Schilbach, L. (2011). A non-verbal turing test: Differentiating mind from machine in gaze-based social interaction. *PLoS ONE, 6*. doi:10.1371/journal. pone.0027591.

Pfeiffer, U. J., Schilbach, L., Jording, M., Timmermans, B., Bente, G., & Vogeley, K. (2012). Eyes on the mind: Investigating the influence of gaze dynamics on the perception of others in real-time social interaction. *Frontiers in Psychology, 3*. doi:10.3389/fpsyg.2012.00537.

Pfeiffer, U. J., Schilbach, L., Timmermans, B., Kuzmanovic, B., Georgescu, A. L., Bente, G., & Vogeley, K. (2014). Why we interact: On the functional role of the striatum in the subjective experience of social interaction. *NeuroImage, 101*, 124–137.

Pfeiffer, U. J., Timmermans, B., Vogeley, K., Frith, C. D., & Schilbach, L. (2013). Towards a neuroscience of social interaction. *Frontiers in Human Neuroscience, 7*, 22–23.

Wilms, M., Schilbach, L., Pfeiffer, U., Bente, G., Fink, G. R., & Vogeley, K. (2010). It's in your eyes-using gaze-contingent stimuli to create truly interactive paradigms for social cognitive and affective neuroscience. *Social Cognitive and Affective Neuroscience, 5*, 98–107.

Adolphs, R. (1999). Social cognition and the human brain. *Trends in Cognitive Sciences*.

Dunbar, R. I. M. (1998). The Social Brain Hypothesis. *Evolutionary Anthropology*, 178–190.

Frith, C. D. (2007). The social brain? *Philosophical Transactions of the Royal Society of London. Series B, Biological Sciences, 362*, 671–678.

Roth, G., & Dicke, U. (2005). Evolution of the brain and intelligence. *Trends in Cognitive*

Sciences.

Dunbar, R. I. M. (2009). The social brain hypothesis and its implications for social evolution. *Annals of Human Biology, 36*, 562–572.

Insel, T. R., & Fernald, R. D. (2004). How the brain processes social information: searching for the social brain. *Annual Review of Neuro- science*, 27, 697–722.

Darwin, C. (1871). The descent of man and selection in relation to sex, in Charles Darwin, The origin of species and The descent of man (combined volume). *Journal of Anatomy and Physiology, 5*, 363–372.

Kleinfeld, J. (2010). David C. Geary: Male, Female: The Evolution of Sex Differences. *Gender Issues*.

Geary, D. C. (1998). What Is the Function of Mind and Brain? *Educational Psychology Review, 10*, 377–387.

Bailey, D. H., & Geary, D. C. (2009). Hominid brain evolution: Testing climatic, ecological, and social competition models. *Human Nature, 20*, 67–79.

Adolphs, R. (2009). The social brain: neural basis of social knowledge. *Annual Review of Psychology, 60*, 693–716.

Dávid-Barrett, T., & Dunbar, R. I. M. (2013). Processing power limits social group size: computational evidence for the cognitive costs of sociality. *Proceedings. Biological Sciences / The Royal Society, 280*, 20131151.

Dunbar, R. I. M. (1992). Neocortex size as a constraint on group size in primates. *Journal of Human Evolution, 22*, 469–493.

Dunbar, R. I. M. (2003). The Social Brain: Mind, Language, and Society in Evolutionary Perspective. *Annual Review of Anthropology, 32*, 163–181.

MacLean, E. L., Sandel, A. A., Bray, J., Oldenkamp, R. E., Reddy, R. B., & Hare, B. A. (2013). Group Size Predicts Social but Not Non- social Cognition in Lemurs. *PLoS ONE, 8*. doi:10.1371/journal. pone.0066359.

Sallet, J., Mars, R. B., Noonan, M. P., Andersson, J. L., O'Reilly, J. X., Jbabdi, S., ... Rushworth, M. F. S. (2011). Social network size affects neural circuits in macaques. *Science (New York, N. Y.), 334*, 697–700.

van Schaik, C. P., Isler, K., & Burkart, J. M. (2012). Explaining brain size variation: From social to cultural brain. *Trends in Cognitive Sciences*.

Bennett, D. (2013). The Dunbar Number, From the Guru of Social Networks. *BusinessWeek: Technology*. Retrieved from http://www.

businessweek.com/articles/2013–01–10/the-dunbar-number-from- the-guru-of-social-networks.

Dunbar, R. (2010). The magic number. *RSA Journal, 156*, 16–19.

Gonçalves, B., Perra, N., & Vespignani, A. (2011). Modeling Users', Activity on Twitter Networks: Validation of Dunbar's Number. *PLoS ONE, 6*, e22656.

Summerfield, C., & Egner, T. (2009). Expectation (and attention) in visual cognition. *Trends in Cognitive Sciences.*

2장

Kato, M., & Mugitani, R. (2015). Pareidolia in infants. *PLoS ONE, 10.* doi:10.1371/journal. pone.0118539

Liu, J., Li, J., Feng, L., Li, L., Tian, J., & Lee, K. (2014). Seeing Jesus in toast: Neural and behavioral correlates of face pareidolia. *Cortex, 53*, 60–77.

Takahashi, K., & Watanabe, K. (2013). Gaze cueing by pareidolia faces. *I-Perception, 4*, 490–492.

Elfenbein, H. A., & Ambady, N. (2003). Universals and Cultural Differences in Recognizing Emotions. *Current Directions in Psychological Science, 12*, 159–164.

Park, J., Barash, V., Fink, C., & Cha, M. (2013). Emoticon Style: Interpreting Differences in Emoticons Across Cultures. *Proceedings of the 7th International AAAI Conference on Weblogs and Social Media (ICWSM)*, 466–475.

Cohen, K., & Johnson, M. H. (2007). Developing a cortex specialized for face perception. *Trends in Cognitive Sciences.*

Farah, M. J., Wilson, K. D., Drain, M., & Tanaka, J. N. (1998). What is «special» about face perception? *Psychological Review, 105*, 482–498.

Haxby, J. V., Hoffman, E. A., & Gobbini, M. I. (2000). The distributed human neural system for face perception. *Trends in Cognitive Sciences.*

Kanwisher, N. G. (2000). Domain specificity in face perception. *Nature Neuroscience, 3*, 759–763.

Tsao, D. Y., & Livingstone, M. S. (2008). Mechanisms of face perception. *Annual Review of Neuroscience, 31*, 411–437.

Dotsch, R., & Todorov, A. (2012). Reverse Correlating Social Face Perception. *Social Psychological and Personality Science, 3*, 562–571.

Little, A. C., Jones, B. C., & DeBruine, L. M. (2011). The many faces of research on face perception. *Philosophical Transactions of the Royal Society of London. Series B, Biological Sciences, 366*, 1634–1637.

Adolphs, R. (2002). Recognizing Emotion From Facial Expressions: Psychological and Neurological Mechanisms. *Current Opinion in Neurobiology, 12*, 169–177.

Ekman, P. (1993). Facial expression and emotion. *American Psychologist, 48*, 384–392.

Ekman, P., Friesen, W. V, O'Sullivan, M., Chan, a, Diacoyanni-Tarlatzis, I., Heider, K., ... Tomita, M. (1987). Universals and cultural differences in the judgments of facial expressions of emotion. *Journal of Personality and Social Psychology, 53*, 712–717.

Ekman, P., & Friesen, W. V. (1986). A new pan-cultural facial expression of emotion. Motivation and Emotion, 10, 159–168.

Ekman, P., & Oster, H. (1979). Facial expressions of emotion. *Annual Review of Psychology.*

Russell, J. A. (1994). Is there universal recognition of emotion from facial expression? A review of the cross-cultural studies. *Psychological Bulletin, 115*, 102–141.

Kelly, D. J., Quinn, P. C., Slater, A. M., Lee, K., Ge, L., & Pascalis, O. (2007). The other-race effect develops during infancy: Evidence of perceptual narrowing. *Psychological Science, 18*, 1084–1089.

Sangrigoli, S., & de Schonen, S. (2004). Recognition of own-race and other-race faces by three-month-old infants. *Journal of Child Psychology and Psychiatry and Allied Disciplines, 45*, 1219–1227.

Walker, P. M., & Tanaka, J. W. (2003). An encoding advantage for own- race versus other-race faces. *Perception, 32*, 1117–1125.

Calder, A. J., Keane, J., Cole, J., Campbell, R., & Young, A. W. (2000). Facial expression recognition by people with Moebius syndrome. *Cognitive Neuropsychology, 17*, 73–87.

Emery, N. J. (2010). Cognition, Evolution, and Behavior. *Animal Behaviour, 80*, 769–770.

Schwartz, B., Tesser, A., & Powell, E. (1982). Dominance Cues in Non-verbal Behavior. *Social Psychology Quarterly, 45*, 114.

Weisfeld, G. E., & Beresford, J. M. (1982). Erectness of posture as an indicator of dominance or success in humans. *Motivation and Emotion, 6*, 113–131.

Bente, G., Leuschner, H., Issa, A. Al, & Blascovich, J. J. (2010). The others: Universals and cultural specificities in the perception of status and dominance from nonverbal behavior. *Consciousness and Cognition, 19*, 762–777.

Jacob, H., Kreifelts, B., Brück, C., Nizielski, S., Schütz, A., & Wildgruber, D. (2013).

Nonverbal signals speak up: association between perceptual nonverbal dominance and emotional intelligence. *Cognition & Emotion, 27*, 783–799.

Carney, D. R., Cuddy, A. J. C., & Yap, A. J. (2010). Power posing: brief nonverbal displays affect neuroendocrine levels and risk tolerance. *Psychological Science, 21*, 1361–1368.

Ambady, N., Bernieri, F. J., & Richeson, J. A. (2000). Toward a histology of social behavior: Judgmental accuracy from thin slices of the behavioral stream. *Advances in Experimental Social Psychology.*

Ambady, N., & Rosenthal, R. (1992). Thin slices of expressive behavior as predictors of interpersonal consequences: A meta-analysis. *Psychological Bulletin, 111*, 256–274.

Ambady, N., & Rosenthal, R. (1993). Half a minute: Predicting teacher evaluations from thin slices of nonverbal behavior and physical attractiveness. *Journal of Personality and Social Psychology, 64*, 431–441.

Borkenau, P., Mauer, N., Riemann, R., Spinath, F. M., & Angleitner, A. (2004). Thin slices of behavior as cues of personality and intelligence. *Journal of Personality and Social Psychology, 86*, 599–614.

Curhan, J. R., & Pentland, A. (2007). Thin slices of negotiation: Predicting outcomes from conversational dynamics within the first 5 minutes. *The Journal of Applied Psychology, 92*, 802–811.

Murphy, N. A., Hall, J. A., Schmid Mast, M., Ruben, M. A., Frauendorfer, D., Blanch-Hartigan, D., ... Nguyen, L. (2015). Reliability and validity of nonverbal thin slices in social interactions. *Personality & Social Psychology Bulletin, 41*, 199–213.

Murphy, N. A. (2005). Using thin slices for behavioral coding. *Journal of Nonverbal Behavior.*

Richeson, J. A., & Shelton, J. N. (2005). Brief report: Thin slices of racial bias. *Journal of Nonverbal Behavior, 29*, 75–86.

Bar, M., Neta, M., & Linz, H. (2006). Very first impressions. *Emotion (Washington, D.C.), 6*, 269–278.

Carney, D. R., Colvin, C. R., & Hall, J. A. (2007). A thin slice perspective on the accuracy of first impressions. *Journal of Research in Personality, 41*, 1054–1072.

Schiller, D., Freeman, J. B., Mitchell, J. P., Uleman, J. S., & Phelps, E. A. (2009). A neural mechanism of first impressions. *Nature Neuroscience, 12*, 508–514.

Willis, J., & Todorov, A. (2006). First impressions: Making up your mind after a 100-ms exposure

to a face. *Psychological Science, 17*, 592–598.

Zebrowitz, L. A., & Montepare, J. M. (2015). Faces and First Impressions. *The APA Handbook of Personality and Social Psychology: Attitudes and Social Cognition, 1*, 251–276.

Cogsdill, E. J., Todorov, a. T., Spelke, E. S., & Banaji, M. R. (2014). Inferring Character From Faces: A Developmental Study. *Psychological Science, 25*, 1132–1139.

Oosterhof, N. N., & Todorov, A. (2008). The functional basis of face evaluation. *Proceedings of the National Academy of Sciences of the United States of America, 105*, 11087–11092.

Spezio, M. L., Rangel, A., Alvarez, R. M., O'Doherty, J. P., Mattes, K., Todorov, A., ... Adolphs, R. (2008). A neural basis for the effect of candidate appearance on election outcomes. *Social Cognitive and Affective Neuroscience, 3*, 344–352.

Todorov, A. (2008). Evaluating faces on trustworthiness: an extension of systems for recognition of emotions signaling approach / avoidance behaviors. *Annals of the New York Academy of Sciences, 1124*, 208–224.

Todorov, A., Mandisodza, A. N., Goren, A., & Hall, C. C. (2005). Inferences of competence from faces predict election outcomes. *Science (New York, N.Y.), 308*, 1623–1626.

Finkel, E. J., & Eastwick, P. W. (2008). Speed-dating. *Current Directions in Psychological Science.*

Valentine, K. a, Li, N. P., Penke, L., & Perrett, D. I. (2014). Judging a man by the width of his face: the role of facial ratios and dominance in mate choice at speed-dating events. *Psychological Science, 25*, 806–811.

Chung, H., Lee, H., Chang, D. S., Kim, H. S., Lee, H., Park, H. J., & Chae, Y. (2012). Doctor's attire influences perceived empathy in the patient-doctor relationship. *Patient Education and Counseling, 89*, 387–391.

Lightstone, K., Francis, R., & Kocum, L. (2011). University Faculty Style of Dress and Students' Perception of Instructor Credibility. *International Journal of Business and Social Science, 2*, 15–22.

Peluchette, J. V., Karl, K., & Rust, K. (2006). Dressing to impress: Beliefs and attitudes regarding workplace attire. *Journal of Business and Psychology, 21*, 45–63.

Rehman, S. U., Nietert, P. J., Cope, D. W., & Kilpatrick, A. O. (2005). What to wear today? Effect of doctor's attire on the trust and confidence of patients. *American Journal of Medicine, 118*, 1279–1286.

Apicella, C. L., Feinberg, D. R., & Marlowe, F.

W. (2007). Voice pitch predicts reproductive success in male hunter-gatherers. *Biology Letters, 3*, 682–684.

Bartholomew, W. T. (1934). A Physical Definition of «Good Voice-Qua- lity» in the Male Voice. *The Journal of the Acoustical Society of America, 5*, 224.

Heylen, L., Wuyts, F. L., Mertens, F., De Bodt, M., & Van de Heyning, P. H. (2002). Normative voice range profiles of male and female professional voice users. *Journal of Voice, 16*, 1–7.

Puts, D. A. (2005). Mating context and menstrual phase affect women's preferences for male voice pitch. *Evolution and Human Behavior, 26*, 388–397.

Puts, D. A., Gaulin, S. J. C., & Verdolini, K. (2006). Dominance and the evolution of sexual dimorphism in human voice pitch. *Evolution and Human Behavior, 27*, 283–296.

Chartrand, T. L., & van Baaren, R. (2009). Chapter 5 Human Mimicry. *Advances in Experimental Social Psychology.* van Baaren, R. B., Holland, R. W., Kawakami, K., & van Knippenberg, A. (2004). Mimicry and prosocial behavior. *Psychological Science, 15*, 71–74.

Bourgeois, P., & Hess, U. (2008). The impact of social context on mimicry. *Biological Psychology, 77*, 343–352.

Hess, U., & Fischer, A. (2013). Emotional Mimicry as Social Regulation. *Personality and Social Psychology Review, 17*, 142–157.

Ashton-James, C., van Baaren, R. B., Chartrand, T. L., Decety, J., & Karremans, J. (2007). Mimicry and Me: the Impact of Mimicry on Self-Construal. *Social Cognition, 25*, 518–535.

Efron, D. (1972). Gesture, race and culture. *Approaches to Semiotics.*

Kendon, A. (1997). Gesture. *Annual Review of Anthropology, 26*, 109–128.

McNeill, D. (2000). *Language and Gesture. Language, Culture & Cognition.* doi:10.1353/lan.2003.0195.

Bergmann, K., & Kopp, S. (2008). Multimodal content representation for speech and gesture production. *In Symposium at the AISB Annual Convention: Multimodal Output Generation* (pp. 61–68).

Kopp, S., & Wachsmuth, I. (2002). Model-based animation of co-verbal gesture. *Proceedings of Computer Animation 2002 (CA 2002).* doi:10.1109/CA.2002.1017547.

Wagner, P., Malisz, Z., & Kopp, S. (2014). Gesture and speech in interaction: An overview. *Speech Communication, 57*, 209–232.

Samochowiec, J., Wanke, M., & Fiedler, K.

(2010). Political ideology at face value. *Social Psychological and Personality Science, 1*, 206–213.

Albright, L., Kenny, D. a, & Malloy, T. E. (1988). Consensus in Personality Judgments at Zero Acquaintance. *Journal of Personality and Social Psychology, 55*, 387–395.

Desteno, D., Breazeal, C., Frank, R. R. H., Pizarro, D., Baumann, J., Dickens, L., & Lee, J. J. (2012). Detecting the Trustworthiness of Novel Partners in Economic Exchange. *Psychological Science, 23*, 1549–1556.

Chang, D.-S., Bülthoff, H. H., & de la Rosa, S. (2014). Actions revealing cooperation: predicting cooperativeness in social dilemmas from the observation of everyday actions. In *Cognitive Processing* (Vol. 15, pp. S33–S34).

Axelrod, R., Hamilton, W. D., Series, N., & Mar, N. (2008). The Evolution of Cooperation The Evolution of Cooperation. *Evolution, 211*, 1390–1396.

Chang, D. S., Burger, F., Bülthoff, H. H., & de la Rosa, S. (2015). The perception of cooperativeness without any visual or auditory communication. *I-Perception, 6*, 1–6.

Lee, Y.-K. (2013). Babyfacedness, Sex of Face Stimulus, and Social Context in Face Perception and Person Evaluation. *Psychological Reports, 112*, 800–817.

Sparko, A. L., & Zebrowitz, L. A. (2011). Moderating Effects of Facial Expression and Movement on the Babyface Stereotype. *Journal of Nonverbal Behavior, 35*, 243–257.

Zebrowitz, L. A., Luevano, V. X., Bronstad, P. M., & Aharon, I. (2009). Neural activation to babyfaced men matches activation to babies. *Social Neuroscience, 4*, 1–10.

Zebrowitz, L. A., & Montepare, J. M. (1992). Impressions of babyfaced individuals across the life span. *Developmental Psychology, 28*, 1143–1152.

Zebrowitz-McArthur, L., & Montepare, J. M. (1989). Contributions of a babyface and a childlink voice to impressions of Moving and Talking Faces. *Journal of Nonverbal Behavior, 13*, 189–203.

Lieberman, D. (2013). Social: Why our brains are wired to connect. *Social: Why Our Brains Are Wired to Connect.*

Haslam, S. A., & Reicher, S. D. (2012). Contesting the «Nature» Of Conformity: what Milgram and Zimbardo's studies really show. *PLoS Biology, 10*, e1001426.

Berns, G. S., Chappelow, J., Zink, C. F., Pagnoni, G., Martin-Skurski, M. E., & Richards, J. (2005). Neurobiological correlates of social conformity and independence during mental rotation. *Biological Psychiatry, 58*, 245–253.

Bond, R. (2005). Group size and conformity. *Group Processes & Intergroup Relations, 8*, 331–354.

Cialdini, R. B., & Goldstein, N. J. (2004). Social influence: compliance and conformity. *Annual Review of Psychology, 55*, 591–621.

Cialdini, R., & Trost, M. (1998). Social influence: Social norms, conformity and compliance. The *Handbook of Social Psychology, Vol. 2.*

Moscovici, S. (1985). Social Influence and Conformity. In *The Handbook of Social Psychology* (pp. 347–412).

Moscovici, S., & Faucheux, C. (1972). Social Influence, Conformity Bias, and the Study of Active Minorities. *Advances in Experimental Social Psychology, 6*, 149–202.

Bond, R., & Smith, P. B. (1996). Culture and conformity: A meta-analysis of studies using Asch's Line judgment task. P*sychological Bulletin, 119*, 111–137.

Larsen, K. S. (1974). Conformity in the Asch Experiment. *The Journal of Social Psychology Psychol. Monog, 94*, 303–304.

Asch, S. E. (1951). The Effects of Group Pressure Upon the Modification and Distortion of Judgments. *Group Leadership and Men: Research in Human Relations*, 177–190.

Asch, S. E. (1955a). Opinions and Social Pressure. *Scientific American, 193*, 31–35.

Asch, S. E. (1955b). Studies of Independence and Conformity: I. A minority of One Against a Unanimous Majority. *Psychological Monographs: General and Applied, 70*, 1–70.

Marsh, A. A., Elfenbein, H. A., & Ambady, N. (2003). Nonverbal «accents»: Cultural Differences in Facial Expressions of Emotion. *Psychological Science, 14*, 373–376.

Matsumoto, D. (1990). Cultural similarities and differences in display rules. *Motivation and Emotion, 14*, 195–214.

Matsumoto, D., Olide, A., Schug, J., Willingham, B., & Callan, M. (2009). Cross-cultural judgments of spontaneous facial expressions of emotion. *Journal of Nonverbal Behavior, 33*, 213–238.

3장

Wellman, H.M. (1992). The child's theory of mind. *The MIT Press series in learning, development, and conceptual change.* doi:10.2307/3977400

Scholl, B., & Leslie, A. (1999). Modularity, development and «theory of mind». *Mind &*

Language, 15, 435–455.

Baron-Cohen, S., Leslie, A. M., & Frith, U. (1985). Does the autistic child have a «theory of mind»? *Cognition, 21*, 37–46.

Friederici, A. D. (2006). The Neural Basis of Language Development and Its Impairment. *Neuron.*

Friedrich, M., & Friederici, A. D. (2010). Maturing brain mechanisms and developing behavioral language skills. *Brain and Language, 114*, 66–71.

Decety, J., & Sommerville, J. A. (2003). Shared representations between self and other: A social cognitive neuroscience view. *Trends in Cognitive Sciences.*

Friederici, A. D. (2006). What's in control of language? *Nature Neuro-science, 9*, 991–992.

Tagini, A., & Raffone, A. (2010). The «I» and the «Me» in self-referential awareness: A neurocognitive hypothesis. *Cognitive Processing.*

Damon, W., & Hart, D. (1982). The Development of Self-Understanding from Infancy through Adolescence. *Child Development, 53*, 841–864.

Sebastian, C., Burnett, S., & Blakemore, S. J. (2008). Development of the self-concept during adolescence. *Trends in Cognitive Sciences.*

Wimmer, H., Hogrefe, G.-J., & Perner, J. (1988). Children's Understanding of Informational Access as Source of Knowledge. *Child Development, 59*, 386–396.

Blakemore, S. J., Wolpert, D., & Frith, C. (2000). Why can't you tickle yourself? *Neuroreport, 11*, R11–6.

Blakemore, S. J., Wolpert, D. M., & Frith, C. D. (1998). Central cancellation of self-produced tickle sensation. *Nature Neuroscience, 1*, 635–40.

Barr, C. C., Schultheis, L. W., & Robinson, D. A. (1976). Voluntary, non-visual control of the human vestibulo-ocular reflex. *Acta Otolaryngol, 81*, 365–75.

Dieterich, M., & Brandt, T. (1995). Vestibulo-ocular reflex. *Current Opinion in Neurology, 8*, 83–88.

Fetter, M. (2007). Vestibulo-ocular reflex. *Developments in Ophthalmo- logy, 40*, 35–51.

Ito, M. (1998). Cerebellar learning in the vestibulo-ocular reflex. *Trends in Cognitive Sciences.*

Raphan, T., & Cohen, B. (2002). The vestibulo-ocular reflex in three dimensions. *Experimental Brain Research.*

Raymond, J. L., & Lisberger, S. G. (1998). Neural learning rules for the vestibulo-ocular reflex. The Journal of Neuroscience: *The Official Journal of the Society for Neuroscience, 18*,

9112–9129.

Holst, E., & Mittelstaedt, H. (1950). Das Reafferenzprinzip. *Die Naturwis- senschaften (Vol. 37)*. doi:10.1007/BF00622503.

Holst, E., & Mittelstaedt, H. (1971). The principle of reafference: Inter- actions between the central nervous system and the peripheral organs. PC Dodwell (Ed. and Trans.), *Perceptual Processing: Stimu- lus Equivalence and Pattern Recognition*, 41–72.

Bell, C. C. (1981). An efference copy which is modified by reafferent input. *Science (New York, N.Y.), 214*, 450–453.

Casile, A., Caggiano, V., & Ferrari, P. F. (2011). The Mirror Neuron System: A Fresh View. *The Neuroscientist, 17*, 524–538.

Cattaneo, L., & Rizzolatti, G. (2009). The mirror neuron system. *Archives of Neurology, 66*, 557–560.

Hickok, G. (2009). Eight Problems for the Mirror Neuron Theory of Action Understanding in Monkeys and Humans. *Journal of Cognitive Neuroscience, 21*, 1229–1243.

Iacoboni, M., & Dapretto, M. (2006). The mirror neuron system and the consequences of its dysfunction. *Nature Reviews. Neuroscience, 7*, 942–951.

Iacoboni, M., & Mazziotta, J. C. (2007). Mirror neuron system: Basic findings and clinical applications. *Annals of Neurology*.

Keysers, C., & Fadiga, L. (2008). The mirror neuron system: new fron- tiers. *Social Neuroscience, 3*, 193–198.

Kilner, J. M., Friston, K. J., & Frith, C. D. (2007). Predictive coding: An account of the mirror neuron system. *Cognitive Processing*.

Kokal, I., Gazzola, V., & Keysers, C. (2009). Acting together in and beyond the mirror neuron system. *NeuroImage, 47*, 2046– 2056.

Rizzolatti, G., & Craighero, L. (2004). The mirror-neuron system. *Annual Review of Neuroscience, 27*, 169–192.

Decety, J., & Sommerville, J. A. (2003). Shared representations between self and other: A social cognitive neuroscience view. *Trends in Cognitive Sciences*.

Jeannerod, M. (2004). Visual and action cues contribute to the self-other distinction. *Nature Neuroscience, 7*, 422–423.

Novembre, G., Ticini, L. F., Schütz-Bosbach, S., & Keller, P. E. (2012). Dis- tinguishing self and other in joint action. Evidence from a musical paradigm. *Cerebral Cortex, 22*, 2894–2903.

Schütz-Bosbach, S., Mancini, B., Aglioti, S. M., & Haggard, P. (2006). Self and Other in the Human Motor System. *Current Biology, 16*,

1830 –1834.

Weiss, C., Herwig, A., & Schütz-Bosbach, S. (2011). The self in social interactions: Sensory attenuation of auditory action effects is stron- ger in interactions with others. *PLoS ONE, 6*. doi:10.1371/journal. pone.0022723.

Gallese, V. (1999). Agency and the self model. *Consciousness and Cognition, 8*, 387–389.

Gallese, V. (2005). «Being Like Me»: Self– Other Identity, Mirror Neurons, and Empathy. *Perspectives on Imitation: Mechanisms of Imitation and Imitation in Animals, 1*, 101.

Gallese, V., & Sinigaglia, C. (2010). The bodily self as power for action. *Neuropsychologia, 48*, 746–755.

Gallese, V., & Sinigaglia, C. (2011). Shapes the Self. *Journal of Con- sciousness Studies, 18*, 117–143.

Rizzolatti, G., Fogassi, L., & Gallese, V. (2001). From self-modeling to the self model: agency and the presentation of the self. *Neuro-Psychoanalysis, 4*, 35–50.

Heyes, C. (2010). Where do mirror neurons come from? *Neuroscience and Biobehavioral Reviews*.

Gallese, V., & Goldman, A. (1998). Mirror neurons and the mind-reading. *Trens in Cognitive Sciences, 2*, 493–501.

Calvo-Merino, B. (2010). Neural mechanisms for seeing dance. *The Neurocognition of Dance: Mind, Movement and Motor Skills*.

Christensen, J. F., & Calvo-Merino, B. (2013). Dance as a subject for empirical aesthetics. *Psychology of Aesthetics, Creativity, and the Arts, 7*, 76–88.

Casile, A., & Giese, M. A. (2006). Nonvisual motor training influences biological motion perception. *Current Biology, 16*, 69–74.

Stefanucci, J. K., Proffitt, D. R., Banton, T., & Epstein, W. (2005). Dis- tances appear different on hills. *Perception & Psychophysics, 67*, 1052–1060.

Bhalla, M., & Proffitt, D. R. (1999). Visual-motor recalibration in geographical slant perception. *Journal of Experimental Psychology. Human Perception and Performance, 25*, 1076–1096.

Proffitt, D. R. (1999). Inferential versus Ecological Approaches to Perception. In *The Nature of Cognition* (pp. 447–473).

Proffitt, D. R. (2006a). Distance perception. *Current Directions in Psychological Science*.

Proffitt, D. R. (2006b). Embodied Perception and the Economy of Action. *Perspectives on Psychological Science, 1*, 110–122.

Proffitt, D. R. (2009). Affordances matter in geographical slant perception. Psychonomic *Bulletin & Review, 16*, 970–972.

Witt, J. K., Proffitt, D. R., & Epstein, W. (2004). Perceiving distance: A role of effort and intent. *Perception, 33*, 577–590.

Witt, J. K., Proffitt, D. R., & Epstein, W. (2010). When and how are spatial perceptions scaled? *Journal of Experimental Psychology. Human Perception and Performance, 36*, 1153–1160.

Blake, R., & Shiffrar, M. (2007). Perception of human motion. *Annual Review of Psychology, 58*, 47–73.

Johnson, K. L., & Shiffrar, M. (2013). *People Watching: Social, Perceptual, and Neurophysiological Studies of Body Perception. People Watching: Social, Perceptual, and Neurophysiological Studies of Body Perception.* doi:10.1093/acprof:oso/9780195393705.001.0001.

Loula, F., Prasad, S., Harber, K., & Shiffrar, M. (2005). Recognizing people from their movement. *Journal of Experimental Psychology. Human Perception and Performance, 31*, 210–220.

Prasad, S., & Shiffrar, M. (2009). Viewpoint and the recognition of people from their movements. *Journal of Experimental Psychology. Human Perception and Performance, 35*, 39–49.

Strack, F., Martin, L. L., & Stepper, S. (1988). Inhibiting and facilitating conditions of the human smile: A nonobtrusive test of the facial feedback hypothesis. *Journal of Personality and Social Psychology, 54*, 768–777.

Kellerman, J., Lewis, J., & Laird, J. D. (1989). Looking and loving: The effects of mutual gaze on feelings of romantic love. *Journal of Research in Personality, 23*, 145–161.

Laird, J. D. (1989). Mood affects memory because feelings are cognitions. *Journal of Social Behavior & Personality, 4*, 33–38.

Laird, J. D. (2010). *Feelings: The perception of self. Feelings: The Percep- tion of Self.* doi:10.1093/acprof:oso/9780195098891.001.0001.

Laird, J. D., & Lacasse, K. (2013). Bodily Influences on Emotional Fee- lings: Accumulating Evidence and Extensions of William James's Theory of Emotion. *Emotion Review, 6*, 27–34.

Davis, J. I., Senghas, A., Brandt, F., & Ochsner, K. N. (2010). The effects of BOTOX injections on emotional experience. *Emotion (Washington, D.C.), 10*, 433–440.

Hennenlotter, A., Dresel, C., Castrop, F., Ceballos Baumann, A. O., Wohlschläger, A. M., & Haslinger, B. (2009). The link between facial feedback and neural activity within central circuitries of emotion – New insights from botulinum toxin-induced denervation of frown

muscles. *Cerebral Cortex, 19*, 537–542.

Neal, D. T., & Chartrand, T. L. (2011). Embodied Emotion Perception: Amplifying and Dampening Facial Feedback Modulates Emotion Perception Accuracy. *Social Psychological and Personality Science.*

Carney, D. R., Cuddy, A. J. C., & Yap, A. J. (2010). Power posing: brief nonverbal displays affect neuroendocrine levels and risk tolerance. *Psychological Science, 21*, 1363–1368.

Cuddy, A. J. C., Wilmuth, C. A., Yap, A. J., & Carney, D. R. (2015). Prepa- ratory power posing affects nonverbal presence and job interview performance. *Journal of Applied Psychology, 100*, 1286–1295.

Cuddy, A. J. C., Wilmuth, C. A., & Carney, D. R. (2012). *The Benefit of Power Posing Before a High-Stakes Social Evaluation. Harvard Business School Working Paper* (Vol. 13).

Tsakiris, M., & Haggard, P. (2005). The rubber hand illusion revisited: visuotactile integration and self-attribution. *J Exp Psychol Hum Percept Perform, 31*, 80–91.

Botvinick, M., & Cohen, J. (1998). Rubber hands «feel» touch that eyes see. *Nature, 391*, 756.

Kammers, M. P., de Vignemont, F., Verhagen, L., & Dijkerman, H. C. (2009). The rubber hand illusion in action. *Neuropsychologia, 47*, 204–211.

Ehrsson, H. H., Holmes, N. P., & Passingham, R. E. (2005). Touching a rubber hand: feeling of body ownership is associated with activity in multisensory brain areas. *The Journal of Neuroscience: The Offi- cial Journal of the Society for Neuroscience, 25*, 10564–10573.

Ehrsson, H. H., Wiech, K., Weiskopf, N., Dolan, R. J., & Passingham, R. E. (2007). Threatening a rubber hand that you feel is yours elicits a cortical anxiety response. *Proceedings of the National Academy of Sciences of the United States of America, 104*, 9828–9833.

Guterstam, A., Petkova, V. I., & Ehrsson, H. H. (2011). The illusion of owning a third arm. *PLoS ONE, 6*. doi:10.1371/journal.pone.0017208.

Petkova, V. I., & Ehrsson, H. H. (2008). If I were you: Perceptual illusion of body swapping. *PLoS ONE, 3*. doi:10.1371/journal.pone.0003832.

Bufalari, I., Porciello, G., Sperduti, M., & Minio-Paluello, I. (2014). Self-identification with another person's face: the time relevant role of multimodal brain areas in the enfacement illusion. *Journal of Neurophysiology, 22*–25.

Bufalari, I., Sforza, A. L., & Aglioti, S. M. (2010). My face in yours: Behavioural and Electrophysiological correlates of «enfacement». In *11th International Multisensory Research*

Forum (p. 36).

Tajadura-Jiménez, A., Longo, M. R., Coleman, R., & Tsakiris, M. (2012). The person in the mirror: Using the enfacement illusion to investi- gate the experiential structure of self-identification. *Consciousness and Cognition, 21*, 1725–1738.

Maister, L., Slater, M., Sanchez-Vives, M. V., & Tsakiris, M. (2015). Changing bodies changes minds: Owning another body affects social cognition. *Trends in Cognitive Sciences.*

Aspell, J. E., & Blanke, O. (2009). Understanding the Out-of-Body Expe- rience From a Neuroscientific Perspective. *Psychological Scientific Perspectives on Out of Body and Near Death Experiences*, 73–88.

Ehrsson, H. H. (2007). The experimental induction of out-of-body expe- riences. *Science, 317*, 1048.

Guterstam, A., & Ehrsson, H. H. (2012). Disowning one's seen real body during an out-of-body illusion. *Consciousness and Cognition, 21*, 1037 – 1042.

Slater, M., Perez-Marcos, D., Ehrsson, H. H., & Sanchez-Vives, M. V. (2009). Inducing illusory ownership of a virtual body. *Frontiers in Neuroscience, 3*, 214–220.

Yong, E. (2011). Out-of-body experience: Master of illusion. *Nature, 480*, 168–170.

Donoghue, J. P. (2008). Bridging the Brain to the World: A Perspective on Neural Interface Systems. *Neuron.*

Homer, M. L., Nurmikko, A. V, Donoghue, J. P., & Hochberg, L. R. (2013). Sensors and decoding for intracortical brain computer interfaces. *Annual Review of Biomedical Engineering, 15*, 383–405.

Serruya, M. D., Hatsopoulos, N. G., Paninski, L., Fellows, M. R., & Dono- ghue, J. P. (2002). Brain-machine interface: Instant neural control of a movement signal. *Nature, 416*, 141–142.

Hochberg, L. R., Serruya, M. D., Friehs, G. M., Mukand, J. A., Saleh, M., Caplan, A.H., ... Donoghue, J.P. (2006). Neuronal ensemble control of prosthetic devices by a human with tetraplegia. *Nature, 442*, 164–171.

Donoghue, J. P., Nurmikko, A., Black, M., & Hochberg, L. R. (2007). As- sistive technology and robotic control using motor cortex ensemble- based neural interface systems in humans with tetraplegia. *The Journal of Physiology, 579*, 603–611.

Birbaumer, N. (2006). Breaking the silence: Brain-computer interfaces (BCI) for communication and motor control. In *Psychophysiology* (Vol.43, pp. 517–532).

Birbaumer, N. (2010). Brain Computer Interfaces

in Paralysis. *Decade of the Mind – VI.*

Chaudhary, U., & Birbaumer, N. (2015). Communication in locked-in state after brainstem stroke: a brain-computer-interface approach. *Annals of Translational Medicine, 3*, 2–4.

De Massari, D., Ruf, C. A., Furdea, A., Matuz, T., Van Der Heiden, L., Halder, S., ... Birbaumer, N. (2013). Brain communication in the locked-in state. *Brain, 136*, 1989–2000.

Gallegos-Ayala, G., Furdea, A., Takano, K., Ruf, C. A., Flor, H., & Bir- baumer, N. (2014). Brain communication in a completely locked-in patient using bedside near-infrared spectroscopy. *Neurology, 82*, 1930 – 1932.

Kübler, A., Kotchoubey, B., Kaiser, J., Wolpaw, J. R., & Birbaumer, N. (2001). Brain-computer communication: unlocking the locked in. *Psychological Bulletin, 127*, 358–375.

De Massari, D., Ruf, C. A., Furdea, A., Matuz, T., Van Der Heiden, L., Halder, S., ... Birbaumer, N. (2013). Brain communication in the locked-in state. *Brain, 136*, 1989–2000.

Birbaumer, N. (2014). Neural Signatures of Modified Memories. *Neuron.*

Dornhege, G., Blankertz, B., Curio, G., & Müller, K. R. (2003). Combining Features for BCI. *Advances in Neural Information Processing Systems*, 1139–1146.

Blankertz, B., Losch, F., Krauledat, M., Dornhege, G., Curio, G., & Müller, K.-R. (2008). The Berlin Brain – Computer Interface: accurate perfor- mance from first-session in BCI-naive subjects. *IEEE Transactions on Biomedical Engineering, 55*, 2452–2462.

Fazli, S., Mehnert, J., Steinbrink, J., Curio, G., Villringer, A., Müller, K.-R., & Blankertz, B. (2011). Enhanced performance by a hybrid NIRS-EEG brain computer interface. *NeuroImage, 2004*, 519–529.

Müller, K.-R., Blankertz, B., Tangermann, M., & Curio, G. (2011). Forschen an einer neuen Schnittstelle zum Gehirn: Das Berliner Brain-Computer Interface. *Nova Acta Leopoldina, 110*, 235–257.

Müller, Klaus-Robert AND Krauledat, Matthias AND Dornhege, Guido AND Curio, Gabriel AND Blankertz, Benjamin. (2004). Machine Learning Techniques for Brain-Computer Interfaces. *Biomedizini- sche Technik, 49(1)*, 11–22.

Chiao, J. Y., Harada, T., Komeda, H., Li, Z., Mano, Y., Saito, D., ... Iidaka, T. (2010). Dynamic cultural influences on neural representations of the self. *Journal of Cognitive Neuroscience, 22*, 1–11.

Kitayama, S., & Park, J. (2010). Cultural neuroscience of the self: Un- derstanding the social grounding of the brain. *Social Cognitive and Affective Neuroscience, 5*, 111–129.

Zhu, Y., Zhang, L., Fan, J., & Han, S. (2007). Neural basis of cultural influence on self-representation. *NeuroImage, 34*, 1310–1316.

Strohminger, N., & Nichols, S. (2015). Neurodegeneration and Identity. *Psychological Science, 26*, 1469–1479.

4장

Tanz, J. (2011). The Curse of Cow Clicker: How a Cheeky Satire Became a Videogame Hit. Wired magazine. http://www.wired.com/2011/12/ ff_cowclicker.

Antomonov, Y. G. (1983). Biological cybernetics: Results and prospects. *Cybernetics, 18*, 670–679.

Arnold, D. B., & Robinson, D. A. (1991). Biological Cybernetics 9. *Biomedical Engineering, 454*, 447–454.

Hogan, N. (1989). Biological Cybernetics. *Biological Cybernetics, 101*, 89–101.

Von Foerster, H. (1979). Cybernetics of Cybernetics. *Review Literature And Arts Of The Americas, 8*, 5–8.

Wiener, N. (1948). Cybernetics. *Scientific American, 179*, 14–18.

Campos, J. L., & Bülthoff, H. H. (2012). Multimodal integration during self-motion in virtual reality. In *Frontiers in the Neural Bases of Multisensory Processes* (pp. 1–23).

Meilinger, T., Knauff, M., & Bülthoff, H. (2008). Working memory in wayfinding – A dual task experiment in a virtual city. *Cognitive Science, 32*, 755–770.

Sanchez-Vives, M. V, & Slater, M. (2005). From presence to consciousness through virtual reality. Nature Reviews. *Neuroscience, 6*, 332–339.

Leyrer, M., Linkenauger, S. A., Bülthoff, H. H., & Mohler, B. J. (2015). The importance of postural cues for determining eye height in immersive virtual reality. *PLoS ONE, 10*. doi:10.1371/journal.pone.0127000.

Piryankova, I. V., Wong, H. Y., Linkenauger, S. A., Stinson, C., Longo, M. R., Bülthoff, H. H., & Mohler, B. J. (2014). Owning an overweight or underweight body: Distinguishing the physical, experienced and virtual body. *PLoS ONE, 9*. doi:10.1371/journal.pone.0103428.

Riecke, B. E., Van Veen, H. A. H. C., & Bülthoff, H. H. (2002). Visual homing is possible without landmarks: A path integration study in virtual reality. *Presence: Teleoperators and Virtual Environments, 11*, 443–473.

Sveistrup, H. (2004). Motor rehabilitation using virtual reality. *Journal of Neuroengineering and Rehabilitation, 1*, 10.

Fox, J., Arena, D., & Bailenson, J. N. (2009). Virtual Reality: A Survi- val Guide for the Social Scientist. *Journal of Media Psychology, 21*, 95–113.

De Jaegher, H., Di Paolo, E., & Gallagher, S. (2010). Can social inter- action constitute social cognition? *Trends in Cognitive Sciences, 14*, 441–447.

Okita, S. Y., Bailenson, J., & Schwartz, D. L. (2007). The Mere Belief of Social Interaction Improves Learning. *The Proceedings of the 29th Meeting of the Cognitive Science Society*, 1355–1360.

Rauhoeft, G., Leyrer, M., Thompson, W. B., Stefanucci, J. K., Klatzky, R. L., & Mohler, B. J. (2015). Evoking and Assessing Vastness in Virtual Environments. In *Proceedings of the ACM SIGGRAPH Symposium on Applied Perception* (pp. 51–54).

Kosinski, M., Stillwell, D., & Graepel, T. (2013). Private traits and attri- butes are predictable from digital records of human behavior. *Proceedings of the National Academy of Sciences of the United States of America, 110*, 5802–5805.

Gratch, J., Rickel, J., André, E., Cassell, J., Petajan, E., & Badler, N. (2002). Creating interactive virtual humans: Some assembly required. *IEEE Intelligent Systems and Their Applications, 17*, 54–63.

Kenny, P., Hartholt, A., Gratch, J., Swartout, W., Traum, D., Marsella, S., ... Rey, M. Del. (2007). Building Interactive Virtual Humans for Training Environments. *Dreamworks, 2007*, 1–16.

McDonnell, R., Breidt, M., & Bülthoff, H. H. (2012). Render me Real? Investigating the Effect of Render Style on the Perception of Animated Virtual Humans. *ACM Transactions on Graphics, 31*, 1–11.

Repacholi, B. M., Meltzoff, A. N., Spiewak Toub, T., & Ruba, A. L. (2016). Infants' Generalizations About Other People's Emotions: Foundations for Trait-Like Attributions. *Developmental Psychology, 1–15*.

Repacholi, B. M., Meltzoff, A. N., Hennings, T. M., & Ruba, A. L. (2016). Transfer of Social Learning Across Contexts: Exploring Infants' Attribution of Trait-Like Emotions to *Adults*. *Infancy, 1–22*.

Notar, C. E., Padgett, S., & Roden, J. (2013). Cyberbullying: A Review of the Literature. *Journal of Educational Research, 1*, 1–9.

Sabella, R. A., Patchin, J. W., & Hinduja, S. (2013). Cyberbullying myths and realities. *Computers in Human Behavior*.

Smith, P. K. (2009). Cyberbullying. Zeitschrift Für Psychologie / *Journal of Psychology, 217*, 180–181.

Bailenson, J. N., & Yee, N. (2005). Digital chameleons: Automatic assi- milation of nonverbal gestures in immersive virtual environments. *Psychological Science, 16*, 814–819.

Yee, N., & Bailenson, J. (2007). The proteus effect: The effect of trans- formed self-representation on behavior. *Human Communication Research, 33*, 271–290.

Conboy, B. T., Brooks, R., Meltzoff, A. N., & Kuhl, P. K. (2015). Social Interaction in Infants' Learning of Second-Language Phonetics: An Exploration of Brain-Behavior Relations. *Developmental Neuro- psychology, 40*, 216–229.

Kuhl, P. K. (2007). Is speech learning «gated» by the social brain? *Developmental Science, 10*, 110–120.

Kuhl, P. K. (2014). Early Language Learning and the Social Brain, *LXXIX*.

Greitemeyer, T., & Mügge, D. O. (2014). Video games do affect social outcomes: a meta-analytic review of the effects of violent and prosocial video game play. *Personality & Social Psychology Bulletin, 40*, 578–589.

Greitemeyer, T., & Osswald, S. (2009). Prosocial video games reduce aggressive cognitions. *Journal of Experimental Social Psychology, 45*, 896–900.

Pfeiffer, U. J., Schilbach, L., Timmermans, B., Kuzmanovic, B., Georgescu, A. L., Bente, G., & Vogeley, K. (2014). Why we interact: On the functional role of the striatum in the subjective experience of social interaction. *NeuroImage, 101*, 124–137.

Pfeiffer, U. J., Timmermans, B., Vogeley, K., Frith, C. D., & Schilbach, L. (2013). Towards a neuroscience of social interaction. *Frontiers in Human Neuroscience, 7*, 22–23.

Soyka, F., Kokkinara, E., Leyrer, M., Buelthoff, H., Slater, M., & Mohler, B. (2015). Turbulent motions cannot shake VR. In 2015 IEEE Virtual Reality Conference, VR 2015 – Proceedings (pp. 33–40).

Streuber, S., Quiros-Ramirez, M., Hill, M., Hahn, C., Zuffi, S., O'Toole, A., Black, M. J. (2016). Body Talk: Crowdshaping Realistic 3D Avatars with Words. ACM Trans. Graph. (Proc. SIGGRAPH), 2016.

5장

Goldstone, R. L., & Hendrickson, A. T. (2009). Categorical perception. *Wiley Interdisciplinary Reviews: Cognitive Science, 1*, 69–78.

Harnad, S. (1987). *Categorical Perception: The Groundwork of Cognition*. Brain (Vol. 1). doi:10.1002/0470018860.s00490.

Macrae, C. N., & Bodenhausen, G. V. (2001). Social cognition: Categorical person perception. *British Journal of Psychology (London, England: 1953), 92 Part 1*, 239–255.

Harnad, S. (2003). Categorical Perception. *Encyclopedia of Cognitive Science*, 448–452.

Banaji, M. R., & Greenwald, A. G. (2015). *Vor- Urteile: Unser geheimes Schubladendenken*. dtv.

Kinzler, K., Dupoux, E., & Spelke, E. (2007). The native language of social cognition. *Proceedings of the National Academy of Sciences, 104*, 12577.

Spelke, E. S., & Kinzler, K. D. (2007). Core knowledge. *Developmental Science*.

Brewer, M. B. (1999). The psychology of prejudice: Ingroup love or out- group hate? *Journal of Social Issues, 55*, 429–444.

Castano, E., Yzerbyt, V., Paladino, M.-P., & Sacchi, S. (2002). I Belong, therefore, I Exist: Ingroup Identification, Ingroup Entitativity, and Ingroup Bias. *Personality and Social Psychology Bulletin, 28*, 135–143.

Dion, K. L. (1973). Cohesiveness as a determinant of ingroup-outgroup bias. *Journal of Personality and Social Psychology, 28*, 163–171.

Judd, C. M., Park, B., Yzerbyt, V., Gordijn, E. H., & Muller, D. (2005). At- tributions of intergroup bias and outgroup homogeneity to ingroup and outgroup others. *European Journal of Social Psychology*.

Machunsky, M., Meiser, T., & Mummendey, A. (2009). On the crucial role of the mental ingroup representation for ingroup bias and the ingroup prototypicality-Ingroup bias link. *Experimental Psychology, 56*, 156–164.

Schiller, B., Baumgartner, T., & Knoch, D. (2014). Intergroup bias in third-party punishment stems from both ingroup favoritism and outgroup discrimination. *Evolution and Human Behavior, 35*, 169–175.

Devos, T. (2006). Implicit bicultural identity among Mexican American and Asian American college students. *Cultural Diversity and Ethnic Minority Psychology, 12*, 381–402.

Devos, T., & Banaji, M. R. (2005). American = White?. *Journal of Personality and Social Psychology, 88*, 447–466.

Devos, T., & Ma, D. S. (2008). Is Kate Winslet more American than Lucy Liu? The impact of construal processes on the implicit ascription of a national identity. The British Journal of Social Psychology / The British Psychological Society, 47, 191–215.

Devos, T., & Ma, D. S. (2013). How «American» is Barack Obama? The Role of National Identity in a Historic Bid for the White House. Journal of Applied Social Psychology, 43, 214–226.

Efferson, C., Lalive, R., & Fehr, E. (2008). The Coevolution of Cultural Groups and Ingroup Favoritism. Science, 321, 1844–1849.

Billig, M. (2002). Henri Tajfel's «Cognitive aspects of prejudice» and the psychology of bigotry. British Journal of Social Psychology, 41, 171–188.

Morley, I. E. (1982). Henri Tajfel's Human Groups and Social Categories. British Journal of Social Psychology, 21, 189–201.

Tajfel, H. (1978). Social Categorization, Social Identity and Social Comparison. In Differentiation between Social Groups: studies in the social psychology of intergroup relations (pp. 61–76).

Tajfel, H., & Turner, J. (1979). An integrative theory of intergroup conflict. The Social Psychology of Intergroup Relations, 33, 47.

Phelps, E. A., O'Connor, K. J., Cunningham, W. a, Funayama, E. S., Gatenby, J. C., Gore, J. C., & Banaji, M. R. (2000). Performance on indirect measures of race evaluation predicts amygdala activation. Journal of Cognitive Neuroscience, 12, 729–738.

Phelps, E. A., Cannistraci, C. J., & Cunningham, W. A. (2003). Intact per- formance on an indirect measure of race bias following amygdala damage. Neuropsychologia, 41, 203–208.

Hart, A. J., Whalen, P. J., Shin, L. M., McInerney, S. C., Fischer, H., &

Rauch, S. L. (2000). Differential response in the human amygdala to racial outgroup vs ingroup face stimuli. Neuroreport, 11, 2351–2355.

Cosmides, L., Tooby, J., & Kurzban, R. (2003). Perceptions of race. Trends in Cognitive Sciences.

Kubota, J. T., Banaji, M. R., & Phelps, E. A. (2012). The neuroscience of race. Nature Neuroscience, 15, 940–948.

Freeman, J. B., Pauker, K., Apfelbaum, E. P., & Ambady, N. (2010). Continuous dynamics in the real-time perception of race. Journal of Experimental Social Psychology, 46, 179–185.

Freeman, J. B., Penner, A. M., Saperstein, A., Scheutz, M., & Ambady, N. (2011). Looking the part: Social status cues shape race perception. PLoS ONE, 6. doi:10.1371/journal. pone.0025107.

Rhodes, G., Locke, V., Ewing, L., & Evangelista, E. (2009). Race coding and the other-race effect in face recognition. Perception, 38, 232–241.

Ding, X. P., Fu, G., & Lee, K. (2014). Neural correlates of own- and other-race face recognition in children: A functional near-infrared spectroscopy study. NeuroImage, 85, 335–344.

Anzures, G., Quinn, P. C., Pascalis, O., Slater, A. M., & Lee, K. (2010). Categorization, categorical perception, and asymmetry in infants' representation of face race. Developmental Science, 13, 553–564.

Macchi Cassia, V., Luo, L., Pisacane, A., Li, H., & Lee, K. (2014). How race and age experiences shape young children's face processing abilities. Journal of Experimental Child Psychology, 120, 87–101.

Xiao, W. S., Quinn, P. C., Pascalis, O., & Lee, K. (2014). Own- and other-race face scanning in infants: Implications for perceptual narrowing. Developmental Psychobiology, 56, 262–273.

Xiao, W. S., Xiao, N. G., Quinn, P. C., Anzures, G., & Lee, K. (2013). Development of face scanning for own- and other-race faces in infancy. International Journal of Behavioral Development, 37, 100–105.

Rand, D. G., Pfeiffer, T., Dreber, A., Sheketoff, R. W., Wernerfelt, N. C., & Benkler, Y. (2009). Dynamic remodeling of in-group bias during the 2008 presidential election. Proceedings of the National Academy of Sciences, 106, 6187–6191.

Arlinghaus, R., & Krause, J. (2013). Wisdom of the crowd and natural resource management. Trends in Ecology and Evolution.

Herzog, S. M., & Hertwig, R. (2014). Harnessing the wisdom of the inner crowd. Trends in Cognitive Sciences.

Yi, S. K. M., Steyvers, M., Lee, M. D., & Dry, M. J. (2012). The Wisdom of the Crowd in Combinatorial Problems. Cognitive Science, 36, 452–470.

Ball, P. (2014). «Wisdom of the crowd»: The myths and realities. Re- trieved from http:// www.bbc.com/future/story/20140708-when- crowd-wisdom-goes-wrong\ninternal-pdf://1036/20140708-when- crowd-wisdom-goes-wrong.html.

Pratt, S. C. (2010). Collective Intelligence. Encyclopedia of Animal Beha- vior. doi:http:// dx.doi.org/10.1016/B978–0–08–045337–8.00352–1.

Berdahl, A., Torney, C. J., Ioannou, C. C., Faria, J. J., & Couzin, I. D. (2013). Emergent sensing of complex environments by mobile ani- mal groups. Science (New York, N.Y.), 339, 574–576.

Couzin, I.D. (2007). Collective minds. *Nature*, *445*, 715–715.

Couzin, I. D. (2006). Behavioral ecology: Social organization in fission-fusion societies. *Current Biology*. doi:10.1016/j.cub.2006.02.042.

Couzin, I. D., Ioannou, C. C., Demirel, G., Gross, T., Torney, C. J., Hart- nett, A., ... Leonard, N. E. (2011). Uninformed Individuals Promote Democratic Consensus in Animal Groups. *Science*, *334*, 1578–1580.

Couzin, I. D., Krause, J., Franks, N. R., & Levin, S. A. (2005). Effective leadership and decision – making in animal groups on the move. *Nature*, *433*, 513–516.

Hofmann, H. A., Beery, A. K., Blumstein, D. T., Couzin, I. D., Earley, R. L., Hayes, L. D., ... Rubenstein, D. R. (2014). An evolutionary framework for studying mechanisms of social behavior. *Trends in Ecology and Evolution*.

Nabet, B., Leonard, N. E., Couzin, I. D., & Levin, S. A. (2009). Dynamics of decision making in animal group motion. *Journal of Nonlinear Science*, *19*, 399–435.

Rosenthal, S. B., Twomey, C. R., Hartnett, A. T., Wu, H. S., & Couzin, I. D. (2015). Revealing the hidden networks of interaction in mobile animal groups allows prediction of complex behavioral contagion. *Proceedings of the National Academy of Sciences*, *112*, 4690–4695.

Lerman, K., Yan, X., & Wu, X. Z. (2016). The «majority illusion» in social networks. *PLoS ONE*, *11*. doi:10.1371/journal.pone.0147617.

O'Callaghan, T. (2011). Eli Pariser: The dark side of web personalisation. *New Scientist*, *211*, 23.

Pariser, E. (2011). The Filter Bubble: What the Internet Is Hiding from You. *ZNet*, 304.

6장

World Health Organization (2012). ICD 10.

World Health Organization (1993). The ICD-10 classification of mental and behavioural disorders: Diagnostic criteria for research. *The ICD- 10 Classification of Mental and Behavioural Disorders: Diagnostic Criteria for Research*, xiii+248p.

Rosenhan, D. L. (1974). On being sane in insane places. *Clinical Social Work Journal*, *2*, 237–256.

Rosenhan, D. L. (1975). The contextual nature of psychiatric diagnosis. *Journal of Abnormal Psychology*, *84*, 462–474.

Foucault, M. (1977). Madness & civilization: A history of insanity in the age of reason. *New York*, 202.

Vohs, K. D., Mead, N. L., & Goode, M. R. (2006). The psychological consequences of money. *Science*, *314*, 1154–1156.

Vohs, K. D., Mead, N. L., & Goode, M. R. (2008). Merely activating the concept of money changes personal and interpersonal behavior. *Current Directions in Psychological Science*.

Cohn, A., Fehr, E., & Maréchal, M. A. (2014). Business culture and dishonesty in the banking industry. *Nature*, 86–89.

Bettenhausen, K., & Murnighan, J. K. (1985). The emergence of norms in competitive decision-making groups. *Administrative Science Quarterly*, *30*, 350–372.

Civai, C., Corradi-Dell'Acqua, C., Gamer, M., & Rumiati, R. I. (2010). Are irrational reactions to unfairness truly emotionally-driven? Dissociated behavioural and emotional responses in the Ultimatum Game task. *Cognition*, *114*, 89–95.

Inzlicht, M., & Obhi, S. (2014). Powerful and Coldhearted. *New York Times*.

Burnett, D. (2016). The Idiot Brain: A Neuroscientist Explains what Your Head is Really Up To.

Obhi, S., & Haggard, P. (2004). Free will and free won't. *American Scientist*, *92*, 358–365.

Obhi, S. S., Swiderski, K. M., & Brubacher, S. P. (2012). Induced power changes the sense of agency. Consciousness and *Cognition*, *21*, 1547–1550.

Hogeveen, J., Inzlicht, M., & Obhi, S. S. (2014). Power changes how the brain responds to others. *Journal of Experimental Psychology*, *143*, 755–762.

Dunning, D. (2011). The Dunning-Kruger Effect. In *Advances in Experi- mental Social Psychology* (Vol.44, pp. 247–296).

Ehrlinger, J., Johnson, K., Banner, M., Dunning, D., & Kruger, J. (2008). Why the unskilled are unaware: Further explorations of (absent) self-insight among the incompetent. *Organizational Behavior and Human Decision Processes*, *105*, 98–121.

Kruger, J., & Dunning, D. (1999). Unskilled and unaware of it: how difficulties in recognizing one's own incompetence lead to inflated self-assessments. *Journal of Personality and Social Psychology*, *77*, 1121–1134.

Kruger, J., & Dunning, D. (2002). Unskilled and unaware – but why? A reply to Krueger and Mueller (2002). *Journal of Personality and Social Psychology*, *82*, 189–192.

Schlösser, T., Dunning, D., Johnson, K. L., & Kruger, J. (2013). How unaware are the unskilled? Empirical tests of the «signal extraction» counterexplanation for the Dunning-Kruger effect in self-evaluation of performance. *Journal of Economic Psychology, 39,* 85–100.

Parkinson, C.N. (1955). Parkinson's Law. *The Economist, 1–5.*

Herndon, F. (2008). Testing mindfulness with perceptual and cognitive factors: External vs. internal encoding, and the cognitive failures questionnaire. *Personality and Individual Differences, 44,* 32–41.

Lieberman, M. D. (2007). Social cognitive neuroscience: a review of core processes. *Annual Review of Psychology, 58,* 259–289.

Morewedge, C. K. (2009). Negativity bias in attribution of external agency. *Journal of Experimental Psychology. General, 138,* 535–545.

Munro, G. D., & Stansbury, J. A. (2009). The Dark Side of Self-Affir- mation: Confirmation Bias and Illusory Correlation in Response to Threatening Information. *Personality and Social Psychology Bulletin, 35,* 1143–1153.

Ross, L., Greene, D., & House, P. (1977). The «false consensus effect»: An egocentric bias in social perception and attribution processes. *Journal of Experimental Social Psychology, 13,* 279–301.

Shirouzu, H., Miyake, N., & Masukawa, H. (2002). Cognitively active externalization for situated reflection. *Cognitive Science, 26,* 469–501.

Wilke, A., & Mata, R. (2012). *Cognitive Bias. In The Encyclopedia of Human Behavior* (Vol.1, pp. 531–535).

Bègue, L. (2002). Beliefs in justice and faith in people: Just world, reli- giosity and interpersonal trust. *Personality and Individual Differences, 32,* 375–382.

Correia, I., Vala, J., & Aguiar, P. (2007). Victim's innocence, social categorization, and the threat to the belief in a just world. *Journal of Experimental Social Psychology, 43,* 31–38.

Furnham, A. (2003). Belief in a just world: Research progress over the past decade. *Personality and Individual Differences.*

Hamilton, V. L., & Lerner, M. J. (1982). *The Belief in a Just World: A Fundamental Delusion. Contemporary Sociology* (Vol. 11). doi:10.2307/2067083.

Lench, H. C., & Chang, E. S. (2007). Belief in an unjust world: when beliefs in a just world fail. *Journal of Personality Assessment, 89,* 126 – 135.

Lerner, M. J. (1997). What Does the Belief in a Just World Protect Us From: The Dread of Death or the Fear of Understanding Suffering? *Psychological Inquiry, 8,* 29–32.

Lerner, M. J. (2000). Just world belief. *In*

Encyclopedia of psychology, Vol.4 (pp. 425–427).

Lerner, M. J., & Miller, D. T. (1978). Just world research and the attribu- tion process: Looking back and ahead. *Psychological Bulletin, 85,* 1030–1051.

Rubin, Z., & Peplau, L. A. (1975). Who Believes in a Just World? *Journal of Social Issues, 31,* 65–89.

Okimoto, T. G., & Gromet, D. M. (2015). Differences in Sensitivity to Deviance Partly Explain Ideological Divides in Social Policy Support. *Journal of Personality and Social Psychology.* doi:10.1037/pspp0000080.

Jack, A. I., Friedman, J. P., Boyatzis, R. E., & Taylor, S. N. (2016). Why Do You Believe in God? Relationships between Religious Belief, Analytic Thinking, Mentalizing and Moral Concern. *PLoS ONE, 11,* e0149989.

Christensen, J. F., Flexas, A., de Miguel, P., Cela-Conde, C. J., & Munar, E. (2014). Roman Catholic beliefs produce characteristic neural respon- ses to moral dilemmas. *Social Cognitive and Affective Neuroscience, 9,* 240–249.

Decety, J., Cowell, J. M., Lee, K., Mahasneh, R., Malcolm-Smith, S., Selcuk, B., & Zhou, X. (2015). The Negative Association between Religiousness and Children's Altruism across the World. *Current Biology, 25,* 2951–2955.

Brandt, M. J., & Reyna, C. (2010). The role of prejudice and the need for closure in religious fundamentalism. *Personality and Social Psycho- logy Bulletin, 36,* 715–725.

Brandt, M. J., & Reyna, C. (2014). To love or hate thy neighbor: The role of authoritarianism and traditionalism in explaining the link between fundamentalism and racial prejudice. *Political Psychology, 35,* 207–223.

Brandt, M. J., & Van Tongeren, D. R. (2015). People Both High and Low on Religious Fundamentalism Are Prejudiced Toward Dissimilar Groups. *Journal of Personality and Social Psychology, ohne Seiten- angabe.*

7장

Axelrod, R., & Hamilton, W. D. (1981). The Evolution of Cooperation. *Science.*

Hardin, R. (1971). Collective action as an agreeable n-prisoners' dilemma. *Behavioral Science, 16,* 472–481.

Rapoport, A., & Chammah, A. M. (1965). *Prisoner's dilemma: a study in conflict and cooperation. Prisoners dilemma a study in conflict and cooperation* (Vol. Second pri). Retrieved from http://books.google. com/books?hl=de&lr =&id=yPtNnKjXaj4C&pgis=1.

Gächter, S. (2008). Behavioral Game Theory. In *Blackwell Handbook of Judgment and Decision Making* (pp. 485–503).

Yoshida, W., Dolan, R. J., & Friston, K. J. (2008). Game theory of mind. *PLoS Computational Biology, 4*. doi:10.1371/journal.pcbi.1000254.

Engemann, D. A., Bzdok, D., Eickhoff, S. B., Vogeley, K., & Schilbach, L. (2012). Games people play-toward an enactive view of cooperation in social neuroscience. *Frontiers in Human Neuroscience, 6*, 148.

Camerer, C., & Thaler, R. H. (1995). Anomalies: Ultimatums, Dictators and Manners. *Journal of Economic Perspectives, 9*, 209–219.

Stoop, J. (2014). From the lab to the field: Envelopes, dictators and man- ners. *Experimental Economics, 17*, 304–313.

Becchio, C., & Bertone, C. (2004). Wittgenstein running: Neural mecha- nisms of collective intentionality and we-mode. *Consciousness and Cognition, 13*, 123–133.

Gallotti, M., & Frith, C. D. (2013). Social cognition in the we-mode. *Trends in Cognitive Sciences.*

Longo, M. R., & Tsakiris, M. (2013). Merging second-person and first-person neuroscience. *Behavioral and Brain Sciences, 36*, 429–430.

Schilbach, L. (2010). A second-person approach to other minds. *Nature Reviews. Neuroscience, 11*, 449.

Schilbach, L., Timmermans, B., Reddy, V., Costall, A., Bente, G., Schlicht, T., & Vogeley, K. (2013). Toward a second-person neuroscience. *Behavioral and Brain Sciences, 36*, 393–414.

Archetti, M., & Scheuring, I. (2012). Review: Game theory of public goods in one-shot social dilemmas without assortment. *Journal of Theoretical Biology, 299*, 9–20.

Chaudhuri, A. (2011). Sustaining cooperation in laboratory public goods experiments: A selective survey of the literature. *Experimental Economics, 14*, 47–83.

Fehr, E., & Gächter, S. (2000). Cooperation and punishment in public goods experiments. *American Economic Review, 90*, 980–994.

Fischbacher, U., Gächter, S., & Fehr, E. (2001). Are people conditionally cooperative? Evidence from a public goods experiment. *Economics Letters, 71*, 397–404.

Helbing, D., Szolnoki, A., Perc, M., & Szab??, G. (2010). Punish, but not too hard: How costly punishment spreads in the spatial public goods game. *New Journal of Physics, 12*. doi:10.1088/1367–2630/12/8/08 3005.

Kurzban, Robert; Houser, D. (2001). Individual

differences in coopera- tion in a circular public goods game. *European Journal of Personality, 15*, 37–52.

Santos, F. C., Santos, M. D., & Pacheco, J. M. (2008). Social diversity pro- motes the emergence of cooperation in public goods games. *Nature, 454*, 213–216.

Rand, D. G., Dreber, A., Ellingsen, T., Fudenberg, D., & Nowak, M. A. (2009). Positive interactions promote public cooperation. *Science (New York, N.Y.), 325*, 1272–1275.

Rand, D. G., & Nowak, M. A. (2011). The evolution of antisocial punish- ment in optional public goods games. *Nature Communications, 2*, 434.

Rand, D. G., Greene, J. D., & Nowak, M. a. (2012). Spontaneous giving and calculated greed. *Nature, 489*, 427–430.

Chinchuluun, A., Pardalos, P. M., Migdalas, A., Pitsoulis, L., & Corporation., E. (2008). *Pareto Optimality, Game Theory and Equilibria. Optimization and Its Applications, 17.* doi:10.1007/978–0–387–772 47–9.

Frank, D. M., & Sarkar, S. (2010). Group decisions in biodiversity conser- vation: Implications from game theory. *PLoS ONE, 5.* doi:10.1371/ journal.pone.0010688

Lee, D. (2005). Neuroeconomics: making risky choices in the brain. Nature Neuroscience, 8, 1129–1130.

Lee, D. (2013). Decision Making: From Neuroscience to Psychiatry. *Neuron.*

Duhigg, C. (2016). New research reveals surprising truths about why some work groups thrive and others falter. *New York Times*, pp. 1–6.

Baer, M., & Frese, M. (2003). Innovation is not enough: Climates for initiative and psychological safety, process innovations, and firm performance. *Journal of Organizational Behavior, 24*, 45–68.

Edmondson, A. (1999). Psychological safety and learning behavior in work teams. *Administrative Science Quarterly, 44*, 350–383.

Leroy, H., Dierynck, B., Anseel, F., Simons, T., Halbesleben, J. R. B., McCaughey, D., ... Sels, L. (2012). Behavioral integrity for safety, priority of safety, psychological safety, and patient safety: A team-level study. *Journal of Applied Psychology, 97*, 1273–1281.

May, D. R., Gilson, R. L., & Harter, L. M. (2004). The psychological conditions of meaningfulness, safety and availability and the engagement of the human spirit at work. *Journal of Occupational and Organizational Psychology, 77*, 11–37.

Moll, H., & Tomasello, M. (2007). Cooperation and human cognition: the Vygotskian intelligence hypothesis. *Philosophical Transactions of the Royal Society of London. Series B, Biological Sciences, 362*, 639–648.

Tomasello, M., & Vaish, A. (2013). Origins of Human Cooperation and Morality. *Annual Review of Psychology, 12*, 231–255.

Tomasello, M. (2009). Why We Cooperate. Boston Review Books. Tomasello, M. (2012). Why be nice? Better not think about it. *Trends in Cognitive Sciences*.

8장

Hall, E. T. (1976). *Beyond culture. Contemporary Sociology* (Vol. 7). doi:10.2307/2064404.

Kim, D., Pan, Y., & Park, H. S. (1998). High-versus low-context culture: a comparison of Chinese, Korean and American cultures. *Psychology & Marketing, 15*, 507–521.

Kittler, M. G., Rygl, D., & Mackinnon, A. (2011). Special Review Article: Beyond culture or beyond control? Reviewing the use of Hall's high-/low-context concept. *International Journal of Cross Cultural Management, 11*, 63–82.

Matsumoto, D. (2007). Culture, context, and behavior. *Journal of Personality, 75*, 1285–1320.

Hofstede, G. (2011). Dimensionalizing Cultures: The Hofstede Model in Context. *Online Readings in Psychology and Culture, 2*, 1–26.

Hofstede, G. (1986). Cultural differences in teaching and learning. *Inter- national Journal of Intercultural Relations, 10*, 301–320.

Powell, I. B. S. (2006). Geert Hofstede: challenges of cultural diversity. *Human Resource Management International Digest, 14*, 12–15.

Georgescu, A. L., Kuzmanovic, B., Santos, N. S., Tepest, R., Bente, G., Tittgemeyer, M., & Vogeley, K. (2014). Perceiving nonverbal behavior: Neural correlates of processing movement fluency and contingency in dyadic interactions. *Human Brain Mapping, 35*, 1362–1378.

Han, S., Northoff, G., Vogeley, K., Wexler, B. E., Kitayama, S., & Varnum, M. E. W. (2013). A cultural neuroscience approach to the biosocial nature of the human brain. *Annual Review of Psychology, 64*, 335–359.

Krämer, K., Bente, G., Kuzmanovic, B., Barisic, I., Pfeiffer, U. J., Geor- gescu, A. L., & Vogeley, K. (2014). Neural correlates of emotion perception depending on culture and gaze direction. *Culture and Brain, 2*, 27–51.

Krämer, K., Bente, G., Luo, S., Pfeiffer, U. J., Han,

S., & Vogeley, K. (2013). Influence of Ethnic Group-Membership and Gaze Direction on the Perception of Emotions. A Cross-Cultural Study between Germany and China. *PLoS ONE, 8*. doi:10.1371/journal.pone. 0066335.

Vogeley, K., & Roepstorff, A. (2009). Contextualising culture and social cognition. *Trends in Cognitive Sciences, 13*, 511–516.

Rogers, E. M., & Hart, W. B. (2002). Edward T. Hall and The History of Intercultural Communication: The United States and Japan. *Communication, 24*, 3–26.

Henrich, J., Heine, S.J., & Norenzayan, A. (2010a). Beyond WEIRD: Towards a broad-based behavioral science. *Behavioral and Brain Sciences, 33*, 111–135.

Henrich, J., Heine, S. J., & Norenzayan, A. (2010b). Most people are not WEIRD. *Nature, 466*, 29.

Kitayama, S., & Park, J. (2010). Cultural neuroscience of the self: Un- derstanding the social grounding of the brain. *Social Cognitive and Affective Neuroscience, 5*, 111–129.

Kitayama, S., & Uskul, A. K. (2011). Culture, mind, and the brain: current evidence and future directions. *Annual Review of Psychology, 62*, 419–449.

Park, J., Uchida, Y., & Kitayama, S. (2015). Cultural variation in implicit independence: An extension of Kitayama et al. *International Jour- nal of Psychology*. doi:10.1002/ijop.12157.

Freeman, J. B., & Ambady, N. (2011). A dynamic interactive theory of person construal. *Psychological Review, 118*, 247–279.

Freeman, J. B., Rule, N. O., Adams, R. B., & Ambady, N. (2009). Culture shapes a mesolimbic response to signals of dominance and subordi- nation that associates with behavior. *NeuroImage, 47*, 353–359.

Freeman, J. B., Rule, N. O., & Ambady, N. (2009). The cultural neu- roscience of person perception. *Progress in Brain Research, 178*, 191–201.

Rule, N. O., Freeman, J. B., & Ambady, N. (2012). Culture in *social neu-roscience: A review. Social Neuroscience*, 1–8.

Han, S., & Northoff, G. (2008). Culture-sensitive neural substrates of human cognition: a transcultural neuroimaging approach. *Nature Reviews Neuroscience, 9*, 646–654.

Zhu, Y., Zhang, L., Fan, J., & Han, S. (2007). Neural basis of cultural influence on self-representation. *NeuroImage, 34*, 1310–1316.

Chang, D.-S., Ju, U., Bülthoff, H. H., & de la Rosa, S. (2015). How different is Action Recognition across Cultures? Visual Adaptation to Social Actions in Germany vs. Korea. In *Journal of Vision* (Vol. 15, p. 493).

9장

Baumeister, R., Mele, A., & Vohs, K. (2010). *Free Will and Consciousness. How Might They Work?* doi:10.1093/acprof.

Protzko, J., Ouimette, B., & Schooler, J. (2016). Believing there is no free will corrupts intuitive cooperation. *Cognition, 151*, 6–9.

Vohs, K. D., & Schooler, J. W. (2008). The value of believing in free will: Encouraging a belief in determinism increases cheating. *Psychological Science, 19*, 49–54.

Vohs, K. D., & Schooler, W. (2014). The Value of Believing in Free Will. Psychological Science, 19, 49–54.

Zhao, X., Liu, L., Zhang, X. X., Shi, J. X., & Huang, Z. W. (2014). The effect of belief in free will on prejudice. *PLoS ONE, 9*. doi:10.1371/journal.pone.0091572.

Brass, M., Lynn, M. T., Demanet, J., & Rigoni, D. (2013). Imaging voli- tion: What the brain can tell us about the will. *Experimental Brain Research, 229*, 301–312.

Rigoni, D., & Brass, M. (2014). From Intentions to Neurons: Social and Neural Consequences of Disbelieving in Free Will. *Topoi, 33*, 5–12.

Rigoni, D., Kuhn, S., Gaudino, G., Sartori, G., & Brass, M. (2012). Reducing self-control by weakening belief in free will. *Consciousness and Cognition, 21*, 1482–1490.

Rigoni, D., Kuhn, S., Sartori, G., & Brass, M. (2011). Inducing disbelief in free will alters brain correlates of preconscious motor preparation: the brain minds whether we believe in free will or not. *Psychological Science, 22*, 613–618.

Rigoni, D., Pourtois, G., & Brass, M. (2015). «Why should I care?» Challenging free will attenuates neural reaction to errors. *Social Cognitive and Affective Neuroscience, 10*, 262–268.

Rigoni, D., Wilquin, H., Brass, M., & Burle, B. (2013). When errors do not matter: Weakening belief in intentional control impairs cognitive reaction to errors. *Cognition, 127*, 264–269.

Benedetti, F. (2006). Placebo analgesia. *Neurological Sciences, 27*. doi:10.1007/s10072-006-0580-4.

Benedetti, F. (2008). Mechanisms of Placebo and Placebo-Related Effects Across Diseases and Treatments. *Annual Review of Pharmacology and Toxicology, 48*, 33–60.

Benedetti, F. (2014). Placebo effects: From the neurobiological paradigm to translational implications. *Neuron.*

Benedetti, F., Mayberg, H. S., Wager, T. D., Stohler, C. S., & Zubieta, J.-K. (2005). Neurobiological mechanisms of the placebo effect. *The Journal of Neuroscience: The Official Journal of the Society for Neuro- science, 25*, 10390–10402.

Colloca, L., & Benedetti, F. (2006). How prior experience shapes placebo analgesia. *Pain, 124*, 126–133.

Enck, P., Benedetti, F., & Schedlowski, M. (2008). New Insights into the Placebo and Nocebo Responses. *Neuron.*

Finniss, D. G., Kaptchuk, T. J., Miller, F., & Benedetti, F. (2010). Biological, clinical, and ethical advances of placebo effects. *The Lancet.*

Price, D. D., Finniss, D. G., & Benedetti, F. (2008). A comprehensive review of the placebo effect: recent advances and current thought. *Annual Review of Psychology, 59*, 565–590.

de Craen, A. J., Kaptchuk, T. J., Tijssen, J. G., & Kleijnen, J. (1999). Place- bos and placebo effects in medicine: historical overview. *Journal of the Royal Society of Medicine, 92*, 511–515.

Jensen, K. B., Kaptchuk, T. J., Kirsch, I., Raicek, J., Lindstrom, K. M., Berna, C., ... Kong, J. (2012). Nonconscious activation of placebo and nocebo pain responses. *Proceedings of the National Academy of Sciences, 109*, 15959–15964.

Kaptchuk, T. J., & Miller, F. G. (2015). Placebo effects in medicine. *The New England Journal of Medicine, 373*, 8–9.

Kaptchuk, T. J., Stason, W. B., Davis, R. B., Legedza, A. R. T., Schnyer, R. N., Kerr, C. E., ... Goldman, R. H. (2006). Sham device v inert pill: randomised controlled trial of two placebo treatments. *BMJ (Clinical Research Ed.), 332*, 391–397.

Kong, J., Gollub, R. L., Rosman, I. S., Webb, J. M., Vangel, M. G., Kirsch, I., & Kaptchuk, T. J. (2006). Brain activity associated with expectancy-enhanced placebo analgesia as measured by functional magnetic resonance imaging. The Journal of Neuroscience: *The Official Journal of the Society for Neuroscience, 26*, 381–388.

Kong, J., Kaptchuk, T. J., Polich, G., Kirsch, I., Vangel, M., Zyloney, C., ... Gollub, R. (2009). Expectancy and treatment interactions: A dissociation between acupuncture treatment and expectancy evoked placebo analgesia. *NeuroImage, 45*, 940–949.

Miller, F. G., Colloca, L., & Kaptchuk, T. J. (2009). The placebo effect: illness and interpersonal healing. *Perspectives in Biology and Medicine, 52*, 518–539.

Miller, F. G., & Kaptchuk, T. J. (2008). The power of context: reconcep- tualizing the placebo effect. *Journal of the Royal Society of Medicine, 101*, 222–225.

Moseley, G. L. (2008). Reconceptualising placebo. *British Medicial Journal, 336*, 1086–1086.

Patel, S. M., Stason, W. B., Legedza, A., Ock, S. M., Kaptchuk, T. J., Conboy, L., ... Lembo, A. J. (2005). The placebo effect in irritable bowel syndrome trials: A meta-analysis. In *Neurogastroenterology and Motility* (Vol.17, pp. 332–340).

Osimo, S. A., Pizarro, R., Spanlang, B., & Slater, M. (2015). Conversations between self and self as Sigmund Freud – A virtual body ownership paradigm for self counselling. *Scientific Reports, 5*, 13899.

Piryankova, I. V, Stefanucci, J. K., Romero, J., Rosa, S. D. E. L. a, Black, M. J., & Mohler, B. J. (2014). Can I recognize my body's weight? The influence of shapre and texture on the perception of self. *ACM Transactions on Applied Perception, 11*, 1–18.

Piryankova, I. V., Wong, H. Y., Linkenauger, S. A., Stinson, C., Longo, M. R., Bülthoff, H. H., & Mohler, B. J. (2014). Owning an overweight or underweight body: Distinguishing the physical, experienced and virtual body. *PLoS ONE, 9*. doi:10.1371/journal.pone.0103428.

Achenbaum, W. A. (2014). Review of Triumphs of experience: The men of the Harvard grant study. *Journal of the History of the Behavioral Sciences.*

Isaacowitz, D. M., Vaillant, G. E., & Seligman, M. E. P. (2003). Strengths and satisfaction across the adult lifespan. *International Journal of Aging & Human Development, 57*, 181–201.

Shenk, J. W. (2013). What Makes Us Happy? *The Atlantic Psychology*, 1–20.

Soldz, S., & Vaillant, G. E. (1999). The Big Five Personality Traits and the Life Course: A 45-Year Longitudinal Study Stephen Soldz and George E. Vaillant. *Journal of Research in Personality, 232*, 208–232.

그림 출처

〈그림 1〉 swiked / Tumblr

〈그림 2, 3, 6, 7, 12, 22〉 Creative Commons, wikipedia.org

〈그림 4〉 Article title-This cat looks like its going both up and down the stairs retrieved from http://imgur.com/gallery/I56Uepu

〈그림 5〉 AG Dyer; S. Williams, Melbourne

〈그림 8〉 Sandro Del-Prete, www.sandrodelprete.com

〈그림 9〉 L. Gatys, A. Ecker, M. Bethge / Universität Tübingen

〈그림 14〉 Cuddy, A. (2012, June). Amy Cuddy: Your body language shapes who you are [Video file]. Retrieved from http://www.ted.com/talks/amy_cuddy_your_body_language_shapes_who_you_are

〈그림 18〉 Frith, U.(1989) Autism: Explaining the Enigma, Basil Blackwell Ltd.

〈그림 19〉 Ehrsson H. H, et al.(2007). Threatening a rubber hand that you feel is yours elicits a cortical anxiety response. Proc. Natl. Acad. Sci. USA / https://youtu.be/GZDDWozq3b4

〈그림 20〉 Ehrsson, H. H.(2007). The experimental induction of out-of-body experiences. Science 317: 1048

〈그림 21〉 Leigh R. Hochberg, et al.(2012). Reach and grasp by people with tetraplegia using a neurally controlled robotic arm, Nature 485: 372-375

〈그림 23A, 23D〉 B. Steinhilber / Max-Planck-Institut für biologische Kybernetik, Tübingen

〈그림23B〉 F. Soyka & B. Mohler / Max-Planck-Institut für biologische Kybernetik, Tübingen

〈그림23C〉 H. Bülthoff / Max-Planck-Institut für biologische Kybernetik, Tübingen

〈그림23E〉 S. de la Rosa / Max-Planck-Institut für biologische Kybernetik, Tübingen

249쪽 Pentium5 / Shutterstock.com

〈그림29〉 M. Slater and S. Osimo: Conversations between self and self as Sigmund Freud – A virtual body. (Creative Commons)

옮긴이 **염정용**

서울대학교 독어교육과를 졸업하고 같은 학교 대학원에서 박사 학위를 받았다. 독일 마부르크 대학에서 독문학을 공부했으며, 서울대 강사 등을 거쳐 현재 전문 번역가로 활동하고 있다. 옮긴 책으로는 『마음과 질병의 관계는 무엇인가?』, 『왜 우리는 악에 끌리는가』, 『알을 낳는 개』, 『몸은 알고 있다』, 『안녕, 아인슈타인』 등 40여 권이 있다.

뇌 속에 또 다른 뇌가 있다

1판 1쇄 발행 2017년 3월 16일
1판 11쇄 발행 2025년 1월 2일

지은이 장동선
옮긴이 염정용
펴낸이 김영곤
펴낸곳 아르테

기획편집 장미희 김지영 최윤지
디자인 박대성
마케팅 한충희 남정한 최명열 나은경 한경화
영업 변유경 김영남 강경남 황성진 김도연 권채영 전연우 최유성
해외기획 최연순 소은선 홍희정
제작 이영민 권경민

출판등록 2000년 5월 6일 제406-2003-061호
주소 (10881) 경기도 파주시 회동길 201(문발동)
대표전화 031-955-2100 **팩스** 031-955-2151 **이메일** book21@book21.co.kr

ISBN 978-89-509-6942-4 03100

(주)북이십일 경계를 허무는 콘텐츠 리더

아르테 채널에서 도서 정보와 다양한 영상 자료, 이벤트를 만나세요!

인스타그램 instagram.com/21_arte   페이스북 facebook.com/21arte
          instagram.com/jiinpill21   facebook.com/jiinpill21
포스트 post.naver.com/staubin   홈페이지 arte.book21.com
      post.naver.com/21c_editors   book21.com